고구려 광개토왕의 정치와 외교

고구려 광개토왕의 정치와 외교

신 정 훈 지음

혜안

책을 내면서

　필자는 교수가 되기 위해 한국사 공부를 하지는 않은 것 같다. 만약 그랬다면 필자는 한국사 연구를 포기했을지도 모른다. 50대 초반에 필자는 대학에서 교수가 되었다. 한국사가 좋아서 공부하다 보니, 이때 와서야 겨우 대학의 교수가 될 수 있었다.

　최근 한 신문에서 누군가 광개토왕을 평가한 글을 본 적이 있다. 그는 "사람들은 광개토왕을 땅을 넓힌 위대한 군주라고 한다. 나는 다르게 본다. 그가 정복했다는 것은 남의 나라를 빼앗고 약탈한 것과 무엇이 다른가?"라고 하였다.

　광개토왕의 정치와 외교를 보면 이 말은 사실이 아니다. 광개토왕이 백제를 친 것은 이전인 고국원왕대에 백제와의 전투에서 왕과 고구려 인들이 전사한 것을 설원하기 위해서였다. 광개토왕이 거란을 정벌한 것도 소수림왕 8년에 거란이 고구려 북변을 침략해 1만 명을 끌고 갔기 때문이다. 북중국 지역에 있던 후연과의 전투도 후연이 먼저 도발해 이루어졌다. 후연은 400년에 고구려의 신성과 남소성의 두 성을 함락시키고 700여 리의 땅을 빼앗았다. 광개토왕은 이에 대한 응전으로 후연을 공격했다. 결국 광개토왕이 행한 전투는 명분과 정당 성이 있었다. 심지어 광개토왕은 신라로 쳐들어 온 가야와 왜를 물리쳐

주기까지 했다.

광개토왕은 정복군주라고 알려져 있지만, 불교를 깊게 믿은 군주였다. 그는 평양에 9개의 절을 한꺼번에 지었다. 고구려와 백제, 신라에서 이렇게 절을 짓는 일은 드물었다. 고대의 절은 왕궁과 같이 지어졌다. 그가 왕궁과 같은 사찰을 9개나 지었다는 것은 불교에 대한 믿음을 보여주는 것이다. 불교는 자비를 가르친다. 자비는 인간과 모든 생명에 대한 순수한 사랑이다. 광개토왕의 불교에 대한 믿음은 고구려 백성들을 자비로 대하도록 했을 것이다.

필자는 이 책에서 광개토왕의 정치와 외교가 무엇을 지향하는지를 살펴보았다. 그 지향점을 안다면 광개토왕의 정치와 외교가 갖는 의미가 드러날 것이다.

이 책은 필자가 광개토왕대의 정치와 외교에 관해 발표한 논문을 묶은 것이다. 필자는 광개토왕이 즉위한 초부터 말년까지 고구려의 동향을 파악하기 위해, 북중국 지역·남중국 지역·몽골지역 세력에 주목하였다. 고구려와 이들 세력과의 상호관계는 고구려와 숙적이었던 백제와의 관계에도 영향을 주고 있었다.

고구려는 북중국 지역에 있던 후연과 군사적 대립을 했다. 백제와도

6

치열한 쟁패를 거듭했다. 『廣開土王陵碑』에는 고구려가 백제에게 압승하였다고 되어 있다. 『三國史記』는 광개토왕에게 맞서는 아신왕의 활동을 기록하고 있다.

광개토왕이 즉위할 무렵에 고구려는 후연·백제라는 적대국에 둘러싸인 불리한 지리적 조건을 가지고 있었다. 고구려가 불리한 상황에 어떻게 대처하는지를 광개토왕대의 재위기간을 나누어서 살펴보았다. 필자는 이를 통해 광개토왕의 정치와 외교가 가지는 성격을 밝혀 보려 한다.

한편 보론에서는 백제의 입장에서 고구려와의 대립, 투쟁을 다루었다. 다음으로 신라의 수도인 경주에 있는 瑞鳳塚의 축조시기와 그 속에서 발견된 銀盒(은합 : 은 그릇) 문제를 다루었다. 이 논문은 신라와 고구려의 관계 변천을 통해, 은합이 부장된 서봉총의 축조시기를 살펴보았다.

필자는 한국사 연구를 계속하도록 도와주신 분들에게 이 자리를 빌어 감사드리고 싶다. 초당대학교의 故김기운 이사장님과 박종구 총장님은 필자가 대학 교단에 자리를 잡도록 해주셨다. 고개 숙여 감사드린다. 초당대학교의 교수님들과 교직원님들의 후의에도 고마움을 표하고 싶다.

　필자가 학문에의 길을 갈 수 있도록 격려해 주시는 택민국학연구원
의 김광순 원장님께 감사드린다.

　흔쾌히 출판을 허락해 주신 도서출판혜안의 오일주 사장님과 김태
규 실장님께 고마운 마음을 전해드린다.

2018년 7월

신 정 훈

8

차 례

12

제1장 고구려 廣開土王의 백제 정벌이 가진 의미에 대하여 −392~394년을 중심으로−

Ⅰ. 머리말

광개토왕이 즉위한 390년대에 동아시아에는 격변이 진행되고 있었다. 북중국지역과 몽골지역에서 後燕, 北魏, 翟釗 집단, 劉衛眞 집단, 柔然, 西燕, 東晉 등이 협력하거나 충돌하고 있었던 것이다.

특히 고구려와 국경을 접하고 있었던 강대국 후연과 후연의 경쟁자로 부상하고 있었던 북위가 주목된다. 이들 나라의 동향은 고구려에게 심대한 영향을 끼칠 수 있기 때문이다.

지금까지 많은 석학들의 광개토왕대에 관한 연구는 영역확장을 중심으로 이루어져 왔다. 그리하여 광개토왕의 백제정벌을 가능하게 했던 국제 정세는 간과된 측면이 있다. 광개토왕대 무렵의 북중국지역과 몽골지역의 정세에 대한 검토가 필요하다고 생각된다. 이를 통해 광개토왕의 백제정벌이 가진 의미가 보다 분명히 드러날 것이다. 이 장에서는 광개토왕이 즉위한 392년부터 394년까지를 중심으로 북중국지역과 몽골지역의 정세를 검토할 것이다.

또한 광개토왕이 재위한 392~394년 무렵에 고구려가 처한 특수성을 검토하는 것이 필요하다. 지금까지의 연구는 주로 고구려와 후연, 고구려와 백제의 관계 등으로 연구가 진행되어 왔다. 392~394년에, 고구려는 후연과 백제라는 적대국에 둘러싸여 있었다. 본 연구는 광개토왕이 이때 어느 방향으로 진출하려 했는가를 살필 것이다. 이를 통해 지도자의 혜안이 가진 중요성을 알아볼 수 있을 것이다.

지금까지 고구려 광개토왕대의 백제 정벌을 북중국, 몽골지역과의 역학관계에서 구체적으로 검토한 연구는 없었다. 본 연구는 고구려가 백제 정벌과 공방을 성공적으로 이끈 배경을 이들 지역과의 연관 속에서 구명하고자 한다.

II. 광개토왕 즉위 무렵의 주변정세와 백제정벌

392년 광개토왕이 즉위할 무렵에 오늘날의 북중국과 몽골지역은 약육강식의 시대가 전개되고 있었다. 여기에서 주목되는 것은 고구려와 백제의 관계이다. 만약 북중국과 몽골지역의 강력한 세력이 고구려를 압박하고 있었다면, 고구려는 적극적으로 백제에 대한 공세에 나서지 못할 것이기 때문이다. 그러므로 북중국과 몽골 지역의 동향 파악은 중요하다 할 것이다.

한 때 북중국지역을 통일하였던 前秦이 380년대에 몰락하면서 강력한 세력으로 떠오른 나라가 후연이었다. 384년 정월에 慕容垂는 後燕을 건국하였다.[1]

---

1) 『資治通鑑』 105, 晉紀 27, 孝武帝 太元 9年(384년). "春 正月……丙戌……(慕容)垂至滎陽, 羣下固請上尊號, 垂乃依晉中宗故事, 稱大將軍 大都督 燕王, 承制行事, 謂之統府. 羣下稱臣, 文表奏疏, 封拜官爵, 皆如王者."

고구려는 북중국지역이 전진의 몰락으로 혼란해지자, 遼東지역을 지배하려 하였다. 이에 대해 후연 역시 요동지역을 장악하려 하였다. 그리하여 고구려와 후연은 385년에 두 번에 걸쳐 요동지역을 놓고 전투를 치렀다. 이 전투의 승자는 후연이었다.[2]

그 이후에 요동을 경계로 국경을 접한 두 나라는 잠재적인 적대국으로 대립하고 있었다고 해석된다. 왜냐하면 두 나라 사이에 군사적 충돌이나 외교적 교섭은 보이지 않기 때문이다.

광개토왕이 즉위할 무렵인 390년대에 들어와, 북중국지역의 정세가 어떠했는지를 검토해보자.

390년에 들어와 선비족이 세운 후연과 북위가 북중국지역에서 기세를 떨치고 있었다. 우리들은 고구려와 국경을 접한 후연과 함께 북위를 주목할 수 있다. 그것은 북위가 후연과 우호적인 관계이냐, 대립하는 관계이냐에 따라 고구려의 안위에 영향을 주기 때문이다. 만약 북위가 후연과 대립한다면 후연의 주 전력은 북위로 향하게 될 것이다. 그럴 때 고구려는 북중국 방면에서의 커다란 압력을 덜 받게 된다. 그러므로 우리는 후연과 함께 북위의 동향도 검토할 필요가 있다.

390년에 北魏 王 拓跋珪는 후연의 趙王 慕容麟과 意辛山에서 회동하고, 賀蘭·紇突鄰·紇奚의 세 부락을 공격하여 이를 깨뜨렸다. 이에 흘돌린·흘해는 북위에게 항복하였다.[3] 이 사료를 통해, 우리는 두 나라가 연합작전을 폈음을 알 수 있다.

391년에 들어와서도 후연과 북위는 군사적으로 연결되어 정복활동을 하고 있다. 다음의 사료를 보자.

---

2) 『三國史記』18, 高句麗本紀 6, 故國壤王 2年.
3) 『資治通鑑』107, 晉紀 29, 孝武帝 太元 15年(390). "夏 4月……丙寅 魏王珪會燕趙王麟 於意辛山 擊賀蘭紇突鄰紇奚三部 破之 紇突鄰紇奚皆降於魏."

孝武帝 太元 16年(391)봄 정월에……賀染干이 그의 형 賀訥을 죽일 것을 꾀하였다. (하)눌이 그것을 알고 군사를 일으켜 서로 공격하였다. 魏王 (탁발)규가 燕에 알리고 鄕導가 되어 그들을 토벌할 것을 청하였다. 2월 갑술일에 연의 주군 (모용)수가 趙王 모용린을 보내, 군대를 거느리고 (하)눌을 공격하게 하고, 鎭北將軍 蘭汗에게는 龍城에 있던 군대를 거느리고 (하)염간을 공격하게 하였다.4)

위의 사료에서 북위왕 탁발규가 후연의 향도가 되어 하눌과 하염간을 공격할 것을 제안한 점이 주목된다. 이 점은 두 가지 의미를 가지고 있다. 첫 번째는 군사적인 측면이다. 북위가 하눌과 하염간을 공격할 때에 향도가 되면, 북위는 자연적으로 후연의 군사력의 운용을 알 수 있게 될 것이다. 두 번째로, 외교적인 관계이다. 북위가 후연의 향도가 된다면, 북위는 후연의 우방국이 된다. 이 점은 북위가 북중국의 강자로 떠오르는 후연의 공격을 받지 않게 되는 것을 의미한다. 이렇게 북위가 후연의 향도가 될 것을 제안한 점은 북위의 외교역량이 상당하였음을 보여준다.

위의 사료에서 보듯이, 북위왕 탁발규는 후연의 향도가 되어, 하염간과 하눌 집단을 공격하고 있다. 그리하여 391년 여름 4월에, 후연의 난한이 하염간을 산서성에 위치한 牛都에서 격파하였다.

한편 같은 해 6월에, 후연의 조왕 모용린 역시 정복활동을 하고 있다. 모용린은 하눌을 하북성의 赤城에서 깨뜨리고 사로잡았으며, 그의 부락 사람 수만 명을 항복시켰다.5) 후연은 하눌의 부락 사람

---

4) 『資治通鑑』107, 晉紀 29, 孝武帝 太元 16年(391) 春 正月. "春 正月……賀染干謀殺其兄 訥 訥知之 擧兵相攻 魏王珪告于燕 請爲鄕導以討之 二月 甲戌 燕主垂遣趙王麟將兵擊 訥 鎭北將軍蘭汗帥龍城之兵擊染干."

수만 명을 조세를 거두며 노역에 동원할 수 있게 되었다.

그런데 북위와 연합해 군사를 지휘했던 후연의 모용린이 돌아와, 주군인 모용수에게 말한 내용이 주목된다. 이때 모용린은 북위의 탁발규가 일어나 움직이면 끝내 나라의 근심거리가 될 것이니, 그를 거두어 조정으로 돌아오게 하자는 제안을 모용수에게 하고 있다.[6] 후연의 모용린은 북위의 탁발규와의 연합작전 과정에서, 북위 군사력의 강력함을 체험했을 것이다. 모용린의 언급은 탁발규가 거느린 세력이 391년 무렵에 이미 후연에게 잠재적인 위협으로 떠올랐음을 말해준다.

391년 7월에 후연의 慕容垂가 북위왕 拓跋珪의 아우 元觚를 잡고 좋은 말을 요구했다. 이때 탁발규는 이를 거절하고 西燕의 慕容永에게 사신을 보냈다. 모용영은 탁발규에게 尊號를 올릴 것을 권하였다.[7]

이 사건으로 북위와 후연은 긴장관계로 들어갔다. 사실 후연이 북위에게 요구한 말은 군용으로 쓰이는 중요한 전략물자였다. 더욱이 유목민족인 선비족이 북중국지역과 고구려로 침입하는 데는 말이 중요한 도구로 활용되었다.

이런 점은 前燕의 慕容廆가 烽上王 5년(296) 8월에 고구려를 침입했을 때, 봉상왕이 한 말에서 잘 알 수 있다. 봉상왕은 신하들에게 "모용씨는 兵馬가 精强하기 때문에 여러 차례 우리 영토를 침범하니 어찌하면 좋은가?"[8]라고 묻고 있는 것이다.

따라서 후연이 요구한 말을 북위의 탁발규가 보낸다면, 북위의 군사력이 약화되는 결과를 가져온다. 이 점 때문에 종래 군사적 협력관계였

5) 『資治通鑑』 107, 晉紀 29, 孝武帝 太元 16年(391).

6) 『資治通鑑』 107, 晉紀 29, 孝武帝 太元 16年(391).

7) 『魏書』 2, 太祖紀. "慕容垂止元觚而求名馬 帝絶之 乃遣使於慕容永 永使其大鴻臚慕容鈞奉表勸進尊號."

8) 『三國史記』 17, 高句麗本紀 5, 烽上王.

던 북위와 후연은 391년 7월 무렵에 갈등관계를 가지게 되었다고 보여진다.

그런데 북위의 탁발규는 391년에 그 세력을 넓힐 기회를 가지게 된다. 391년 겨울 10월에 탁발규가 柔然 부락을 정벌하여, 항복시키고 있다. 이때 탁발규는 그 부락 사람들을 내몽골의 雲中으로 모두 옮겼다.9)

탁발규는 유연의 사람들을 운중으로 옮겨, 유연인의 잠재적인 공격 위협을 감소시켰다. 또한 그는 유연이 가지고 있던 말들을 확보할 수 있게 되었을 것이다. 자연스럽게 북위의 군사역량이 증가되었다.

이와 함께, 내몽골지역에 있던 劉衛眞이 다스리는 나라를 살펴보자. 391년 겨울 10월에 유위진이 아들 劉直力鞮를 보내서 무리 8~9만 명을 거느리고 북위의 남부를 공격했다.10) 유위진이 북위를 공격한 시기는 북위가 유연을 공격한 시기인 391년 10월과 연이어 있다. 유위진은 북위의 군사력이 유연에게 집중된 틈을 타, 북위의 남부를 공격했다고 보여진다. 이에 대해 북위는 391년 11월부터 12월까지 유위진이 다스리는 나라를 정복하고 있다. 같은 해인 12월에 탁발규는 鹽地에 진을 치고서 유위진의 종실 무리 5천여 명을 베고 시체를 황하에 모두 던져 버렸다. 이에 따라 황하 이남의 여러 부락이 모두 항복했다. 말 30여만 필과 소와 양 4백여만 두를 획득하게 되어 나라의 씀씀이가 이로 말미암아 풍요로워졌다.11)

북위는 말을 전마로 사용하고 말, 소, 양을 전비로 쓰게 됨으로써 군사력이 비약적으로 증대되어 갔다. 그것은 후연에 대한 잠재적인

---

9)『資治通鑑』107, 晉紀 29, 孝武帝 太元 16年(391).
10)『資治通鑑』107, 晉紀 29, 孝武帝 太元 16年(391).
11)『資治通鑑』107, 晉紀 29, 孝武帝 太元 16年(391).

위협이 되었을 것이다.

이와 같이 광개토왕이 즉위한 392년에, 북중국지역에서는 뻗어가는 북위와 강력해진 후연이 국경을 접한 채, 긴장관계에 있었다. 이 해에 후연은 정복활동을 계속하고 있다. 다음의 사료를 보자.

효무제 태원 17년(392)……6월에 연의 주군 모용수가 黎陽에 군대를 주둔시켜, 황하에 도착하여 건너려고 하였다. 翟釗가 남쪽 강변에 병력을 배치하고 막았다.……적소가 달아나 滑臺로 돌아가서 처와 자식들을 거느리고 남아있던 무리를 거두었다. 북으로 황하를 건너 白鹿山에 올라가 험함에 의지하여 스스로 지키니 연의 군대는 나아갈 수 없었다. 慕容農이 말하였다. "적소는 식량이 없어서 오랜 동안 산 속에 있을 수 없을 것이다." 이에 군대를 이끌고 돌아와, 기병을 머무르게 하여 엿보도록 하였다. 적소가 과연 산에서 내려오자 군사를 돌려서 습격하여 그 무리를 모두 사로잡았는데, 적소가 혼자 말을 타고 長子로 달아났다.……적소가 다스리던 7郡의 3萬餘戶는 모두 예전과 같이 편안하게 하였다.12)

392년에 후연은 적소가 다스리는 집단을 공격하고 있다. 위기에 처한 적소는 西燕에게 구원을 요청했다. 이때, 서연의 中書侍郎 張騰이 慕容永에게 한 말이 의미심장하다. 그는 "모용수는 강하고 적소는 약하므로 적소를 구원하여 정족의 형세를 이루어야 한다"고 말했다. 그러

---

12) 『資治通鑑』 108, 晉紀 30, 孝武帝 太元 17年(392). "六月 燕主垂軍黎陽 臨河欲濟 翟釗列兵南岸以拒之……釗走滑臺 將妻子 收遺衆 北濟河 登白鹿山 憑險自守 燕兵不得進 農曰 釗無糧 不能久居山中 乃引兵還 留騎兵候之 釗果下山 還兵掩擊 盡獲其衆 釗單騎奔長子……釗所統七郡三萬餘戶 皆按堵如故."

나 서연의 모용영은 이에 따르지 않았다.[13] 후연의 공격에 궁지에 몰린 적소는 결국 서연으로 망명하고 적소가 다스리는 집단은 멸망했던 것이다.

결국 392년에 후연은 서연과 대립하면서, 적소가 다스리는 집단을 멸망시키는 데에 군사적인 힘을 집중하고 있다. 여기에서 주목되는 것은 적소가 다스리던 지역을 후연이 어떻게 다루고 있느냐이다. 후연은 적소가 다스리던 7군의 3만여 호를 이전과 같이 편안히 지내게 했다. 이 점은 후연이 적소 집단이 가진 백성과 자원들을 흡수해 후연의 역량으로 했음을 말한다. 후연은 이를 통해 그 세력을 더욱 강화시킬 수 있었을 것이다.

한편 후연은 강남에 근거를 둔 동진과 대립관계에 있었다. 이 점은 394년에, 후연이 산동을 동진으로부터 빼앗은 것에서 알 수 있다.[14]

앞에서 보았듯이, 390~392년 무렵 북중국 지역과 몽골의 정세는 후연과 서연, 북위, 유연, 유위진 집단, 적소의 나라, 동진이 충돌하는 상황이 전개되고 있었던 것이다.

이런 상황에서 392년 고구려는 백제에 대한 대대적인 공세를 펼쳤다. 다음의 기록을 보자.

　(392년) 가을 7월에 남으로 백제를 정벌하여 10성을 빼앗았다.……겨울 10월에 백제의 관미성을 쳤는데 그 성은 사방이 험절하고 바닷물이 둘려있었으나 왕은 군사를 7도로 나누어 20일 동안 공격하여 함락시켰다.[15]

13) 『資治通鑑』108, 晉紀 30, 孝武帝 太元 17年(392).
14) 『資治通鑑』108, 晉紀 30, 孝武帝 太元 19年(394).
15) 『三國史記』18, 高句麗本紀 6, 廣開土王 元年. "秋七月 南伐百濟 拔十城……冬十月

위의 기록은 광개토왕 원년의 상황을 나타내고 있다. 광개토왕은 군사 4만 명을 거느리고 백제를 공략했다.[16] 이때의 백제 공격은 전격적이며 단기간의 것이었다. 그것은 392년 7월 한 달 동안에만 백제의 성 10개를 빼앗았다는 점에서 알 수 있다. 3개월 후인 10월에는 백제의 요새지인 관미성마저 함락시켰다.

이렇게 광개토왕의 백제 정벌이 성공적으로 이루어진 배경은 무엇이었을까? 그것은 크게 두 가지 요인으로 생각된다.

첫 번째는 앞에서 보았듯이, 북중국지역과 몽골지역의 정세가 혼미한 데 있었다. 광개토왕은 이 지역에서 공격받을 부담을 던 채 백제 정벌에 집중할 수 있었다.

두 번째로 백제 내부의 분열이다. 고구려의 백제에 대한 원정은 광개토왕 원년(392) 7월과 10월에 있었다. 이 무렵에 백제에서는 辰斯王과 阿莘의 극심한 갈등이 전개되고 있었다. 이로 보아, 광개토왕이 백제에 대한 공격에 성공할 수 있었던 배경은 백제 내정의 불안 때문이었다고 생각된다.[17]

여기에서 주의해 보아야 할 사실이 있다. 북중국지역과 몽골지역의 정세가 혼미하다면, 고구려는 이 방면으로의 진출을 시도할 수도 있었을 것이다. 실제로 고구려는 385년에 이 지역의 신생강국이었던 후연과 요동지역의 영유를 놓고 전쟁을 한 적이 있기 때문이다. 이 전쟁에서 고구려는 385년 6월에 4만 명의 대군을 동원하여 요동을 획득했다. 그러나 같은 해 11월에 후연에게 이 지역을 빼앗겼다.[18]

攻陷百濟關彌城 其城四面峭絶 海水環繞 王分軍七道 攻擊二十日乃拔."

16)『三國史記』25, 百濟本紀 3, 辰斯王 8年 7月.

17) 신정훈, 「百濟 枕流王·辰斯王代의 정국과 高句麗의 동향」『白山學報』90, 2011, 175~178쪽.

18)『三國史記』18, 高句麗本紀 6, 故國壤王 2年. "夏六月 王出兵四萬襲遼東 先是 燕王垂命

그런데 고구려가 요동지역에 진출하려 한 데에는 이유가 있었다. 그것은 이 지방에 있는 平郭縣의 鐵場이 생산력과 무력증강에 이바지할 수 있었기 때문이다.[19]

요동지역에 있는 철은 고구려의 경제력과 군사력을 향상시킬 수 있는 자원이 될 수 있다. 이런 점에서, 392년에 요동지역에 대한 원정도 고려되었을 것이다. 그러나 현실적으로 광개토왕은 이 지역에 있는 후연의 군사력에 대해 고구려가 약세에 있었다는 판단을 한 듯하다.

고구려는 잠재적 적대국인 후연과 실제로 전쟁을 하는 백제 사이에 끼어 있었다. 후연 보다 군사적으로 약세였던 백제에 대한 공세를 통해, 백제의 군사력을 꺾어놓을 필요가 있었을 것이다. 이러한 적대세력들에게 효율적으로 대응하기 위해서는 후연에 비해 약한 적인 백제를 약화시키는 것이 무엇보다 절실했을 것이다. 이를 위해서는 백제의 영토와 백성들을 고구려의 것으로 하는 것이 필요하다. 고구려가 점령한 백제의 영토와 백성들은 고구려의 수취원이 되므로, 백제의 국력은 자연적으로 약화될 것이기 때문이다.

한편 고구려가 백제를 정벌한 392년 7월과 10월 기사 사이에 있는 거란 정벌을 살펴보자. 광개토왕은 392년 9월에 북으로 거란을 쳐서 남녀 5백 구를 사로잡았다. 그리고 포로로 잡힌 고구려인 1만 인을 招諭하여 고구려로 돌아왔다.[20] 이 기사는 중국측 사서에는 없고『삼국

帶方王佐 鎭龍城 佐聞我軍襲遼東 遣司馬郝景 將兵救之 我軍擊敗之 遂陷遼東玄菟 虜男女一萬口而還 冬十一月 燕慕容農 將兵來侵 復遼東玄菟二郡 初 幽冀流民多來投 農以范陽龐淵爲遼東太守 招撫之."

19) 李龍範,『韓滿交流史硏究』, 同和出版公社, 1989, 125~126쪽 ; 공석구,「고구려와 모용 '연'의 전쟁과 그 의미」『동북아연구논총』15, 2007, 61쪽.

20)『三國史記』18, 高句麗本紀 6, 廣開土王 元年. "九月 北伐契丹 虜男女五百口 又招諭本國陷沒民口一萬而歸."

사기』에만 나오는데 고구려 자체의 전승을 바탕으로 작성되었을 것으로 추정된다.[21] 구체적으로 거란 포로의 숫자가 나오고 있으며, 고구려인들의 숫자 역시 분명하게 나오고 있다. 이로 보아, 이 사료는 신빙성이 있다고 보여진다.

이러한 광개토왕의 거란 정토는 무엇 때문에 이루어졌을까? 이전인 소수림왕 8년 9월에, 거란이 북변을 침범하여 여덟 部落을 함락하였다.[22] 광개토왕의 거란 정벌은 이에 대한 응징차원에서 이루어졌을 것이다.[23] 이와 함께 고구려가 이 원정을 통해 얻을 수 있는 현실적 이익을 생각해 볼 수 있다.

이때의 거란 원정에서, 남녀 500명의 거란인들은 무엇 때문에 끌려갔을까? 이와 관련하여 396년(영락 6)에 이루어진 백제 정벌이 주목된다. 광개토왕은 이 원정에서 백제 아신왕의 항복을 받고, 아신왕의 형제와 대신 10명을 이끌고 도성으로 돌아왔다.[24] 이때 아신왕의 형제와 대신들은 인질로서 고구려로 끌려갔을 것이다. 이로 보아, 포로가 된 거란인들 가운데 거란의 지배계층이 있었을 것이다. 이들은 고구려가 거란을 통제하는 데 필요한 인질이었을 것이다.

한편으로 고구려는 거란이 가지고 있는 소와 말, 양들을 가지고 왔을 것이다.[25] 이와 같은 소와 말, 양 의 획득은 어떤 의미가 있을까?

---

21) 여호규, 「『광개토왕릉비』에 나타난 고구려의 대중인식(對中認識)과 대외정책」 『역사와 현실』 55, 2005, 31~32쪽.

22) 『三國史記』18, 高句麗本紀 6, 小獸林王 8年 9月. "秋九月 契丹犯北邊 陷八部落."

23) 姜仙, 『高句麗와 北方民族의 관계 연구』, 淑明女子大學校 博士論文, 2003, 83쪽.

24) 『廣開土王陵碑』.

25) 『광개토왕릉비』의 영락 5년(395) 조에는 稗麗관련 기사가 있다. 패려는 거란 8부의 하나인 匹絜部로 추정된다(박시형, 『광개토왕릉비』, 사회과학원출판사, 1966, 150~157쪽). 영락 5년에, 고구려는 패려를 토벌해 소와 말, 양을 수를 헤아릴 수 없도록 노획하였다. 이로 보아. 392년에 이루어진 고구려의 거란

이와 관련하여 북위의 예가 주목된다. 앞에서 우리는 북위가 391년 11월부터 12월까지 유위진이 다스리는 나라를 정복하고 황하 이남의 여러 부락들의 항복을 받았음을 보았다. 이때 말 30여만 필과 소와 양 4백여만 두를 획득하게 되어 나라의 씀씀이가 이로 말미암아 풍요로워졌다.[26] 이 표현은 의미심장하다. 말과 소, 양 등이 바로 國富의 원천이 됨을 표현하고 있기 때문이다. 고구려 역시 거란으로부터 획득한 국부는 고구려의 군사력과 경제력을 유지하고 증강하는 데 기여하였을 것이다.

그렇다면 고구려가 획득한 소와 말, 양은 한 번으로 끝났을까?『後漢書』烏桓傳에서, 오환은 흉노에게 복속한 후 매년 소, 말, 양가죽을 보냈다고 기록되어 있다. 이로 보아 광개토왕 원년에 있은 거란 정벌 이후 매년 거란은 고구려에게 소와 말, 양 등을 보냈다고 판단된다.

이와 관련하여 백제의 상황이 주목된다. 앞에서 보았듯이, 백제는 고구려와 구적이었다. 그런데 백제는 고구려와 같이 소와 말, 양으로 대변되는 물자를 지속적으로 공급받지 못했다고 보여진다. 이 점은 광개토왕의 재위시기에 해당되는 백제의 진사왕과 아신왕대에 고구려와의 전쟁기사만 보일 뿐, 지역을 점령한 기록이 보이지 않기 때문이다. 오히려 다음의 사료는 백제가 상당히 곤궁한 상태로 있었음을 전하고 있다.

> 아신왕 8년 가을 9월에 왕이 고구려를 침입하려고 크게 병마를 징발하니 백성들이 役에 고통을 받고 신라로 많이 달아나, 호구가 쇠감하였다.[27]

원정 때도 많은 소와 말, 양을 노획하였을 것이다.
26)『資治通鑑』107, 晉紀 29, 孝武帝 太元 16年(391).

위의 사료에서 보듯이, 백제는 고구려와의 전쟁으로 많은 백성들이 역에 고통을 받고, 신라로 달아나는 현상이 나타났다. 그런데 백제와 전쟁을 벌였던 광개토왕대에, 고구려는 전쟁으로 백성들이 역에 고통을 받았다는 기록이 없다. 오히려 『광개토왕릉비』는 다음과 같이 고구려의 상황을 표현하고 있다. 광개토왕의 치세에 나라는 부유하고 백성은 성하였다고 기록되어 있는 것이다.[28] 실로 거란으로부터의 지속적인 자원의 확보는 고구려가 백제에 대한 우세를 보장해 주는 기반이 되었다고 보여진다.

한편으로 광개토왕 원년(392) 9월에 있은 거란 정벌 무렵에, 백제의 동향은 어떠하였을까? 만약 고구려가 거란을 칠 때, 남방의 백제가 고구려를 친다면 두 방면에서 전쟁을 하게 된다. 이것은 고구려에게 커다란 정치적, 군사적 부담이 된다. 이 점은 광개토왕 원년(392) 7월에 행해진 고구려의 백제에 대한 공격이 압도적인 승리로 귀결되었음을 말한다. 백제는 이 전쟁에서의 패배로 고구려에 대한 반격을 할 여력을 가지지 못했다고 보여진다.

또한 광개토왕 원년(392) 9월에 있은 거란 정벌 무렵에, 백제에서는 진사왕과 아신의 갈등이 전개되고 있었다.[29]

이 무렵에 전개된 백제 내정의 불안은 광개토왕이 거란을 공격할 수 있었던 배경이 되었다고 생각된다.

이와 관련하여, 고구려가 광개토왕대에 북중국지역의 정세를 파악하기 위한 정보망을 가지고 있었을까가 궁금해진다.

여기에서 광개토왕의 아들인 長壽王代의 첩보전을 주목할 수 있다.

---

27) 『삼국사기』 25, 백제본기 3.
28) 『廣開土王陵碑』, "國富民殷 五穀豊熟."
29) 신정훈, 앞의 논문, 2011, 179~180쪽.

장수왕이 간첩으로 파견한 道琳은 백제에 갔다. 그는 백제의 개로왕에게 접근하여 宮室·樓閣·臺榭를 장엄하게 짓게 했다. 이로 인해 백제의 창고는 텅 비고 백성은 곤궁해졌다.[30]

이렇게 도림이 백제에서 활동하고 있을 때, 도림과 장수왕을 연결해 주는 조직이 있었음을 상정해 볼 수 있다. 이 조직이 도림을 백제에 파견하여 정보를 모았을 것이다. 이로 보아 광개토왕대에 외국에 대한 정보를 모으는 조직이 있었음을 추정할 수 있다.

그런데 광개토왕의 앞 시기에, 선비족이 북중국지역에 세운 前燕은 고구려에게 엄청난 상처를 주었다. 故國原王代에 고구려는 前燕에게 패했다. 이때, 수도인 丸都城이 함락되고 美川王의 시신이 파헤쳐졌으며, 왕의 어머니와 5만여 명의 고구려인들이 전연으로 끌려갔다.[31] 그러므로 고국원왕의 뒤를 이은 小獸林王과 故國壤王, 廣開土王대에 북중국지역의 정치적 동향은 비상한 관심사항이었을 것이다.

고구려인들에게 북중국지역의 동향은 그들의 안위에 영향을 주고 있었다. 이런 까닭에, 고구려는 첩자를 파견하여 이 지역의 동향을 파악했을 가능성이 높다. 그렇다면 이 지역의 정보를 제공해 주는 사람들을 구체적으로 알 수 있을까. 이와 관련하여 고국원왕대에 포로로 끌려간 고구려인들이 주목된다.

342년, 전연의 모용황은 고구려의 환도성을 함락시키고 5만 명의 고구려 남녀를 포로로 끌고 갔다. 이 무렵에 전연의 記室參軍으로 있던 封裕는 345년 모용황에게 상서를 올렸다. 여기에서 10만이 넘는 호수인 고구려, 백제, 宇文, 段氏부락 사람들이 모두 고향에 돌아갈 마음을 품고 있다고 하였다. 봉유는 그들 모두가 도성 안에 몰려 살고 있는

---

30) 『三國史記』 25, 百濟本紀 3, "蓋鹵王 21年 가을 9月."
31) 『三國史記』 18, 高句麗本紀 6, 故國原王 12年(342).

상황에서, 장차 그들로 인해 전연에 커다란 재난이 올지도 모른다고 하였다. 그는 이를 해결하기 위해서 그들 형제종속들을 나누어서 서쪽 변경의 여러 성에 옮길 것을 건의하였다. 이를 통해, 저들이 전연의 허실을 알지 못하도록 차단해야 된다는 점을 제안하였다.[32]

위의 예에서 보듯이, 북중국지역에는 고국원왕대에 고구려인 5만여 명이 포로로 끌려갔다. 그 이후 365년 요동지역을 둘러싼 고구려와 후연과의 전쟁에서도 끌려간 고구려인들이 있었을 것이다.

북중국지역으로 끌려간 고구려 유민과 후손들은 고구려에 대해 우호적이었다고 판단된다. 그들이 이 지역으로 간 것은 그들의 의지가 아니라 포로로서 끌려갔기 때문이다.

이와 관련하여 高雲을 주목해 보자. 후연의 慕容熙가 馮跋 등에 의해 살해되고 慕容雲이 추대되었다(407년). 모용운은 자신이 고구려의 후손임을 내세워 高雲이라고 개명하였다. 모용운의 조상은 고구려인이었다.[33] 이런 고운에 대해, 광개토왕은 사신을 보내어 종족으로서 우의를 표하였고, 고운도 侍御使 李拔을 보내 이에 화답하였다.[34]

고운이 가지고 있는 고구려에 대한 종족의식은 후연지역에 끌려간 고구려인들과 후손들이 갖는 보편적인 감정이었을 것이다. 이로 보아 북중국 지역에 끌려간 고구려인들이 고구려 첩보망에 정보를 제공하는 인적자원이 되었을 것이다.

---

32) 『晉書』109, 慕容皝載記.
33) 『晉書』124, 慕容雲載記.
34) 『三國史記』18, 高句麗本紀 6, 廣開土王 17年(407).

Ⅲ. 393~394년 북중국·몽골 지역의 정세와 고구려·백제의 공방

393년에 이르러 북중국과 몽골 지역은 여전히 군사적인 충돌이 전개되고 있었다. 고구려와 국경을 접하며 잠재적인 적대국이었던 후연의 동향을 살펴보자.

후연은 393년 10월에 西燕을 치는 문제를 논의하였다. 이때 후연의 상황은 여러 장군들이 모두 말한 다음과 같은 이야기에서 알 수 있다. "해마다 원정에 나서서 토벌하니 사졸들이 피로하고 흐트러졌다"는 것이다. 그럼에도 후연의 모용수는 같은 해 11월에 보병과 기병 7만 명을 동원하여 서연을 공격하게 하였다.[35] 동원한 병력의 규모가 보병과 기병 7만 명이라는 점에서 후연의 공격은 대규모였다.

이렇게 고구려와 국경을 접한 후연은 군사가 지쳐 있고 서연과 전쟁상태에 있었다. 이런 상황에서 고구려는 후연의 배후인 요동지역을 공략할 수도 있었다. 그런데 광개토왕은 393년에 후연에 대한 어떠한 공격도 하지 않았다.

사실 고구려와 후연은 385년에 요동지역에 대한 영유를 놓고 전쟁을 한 이후 이 무렵까지, 군사적인 충돌이나 외교적인 교섭이 없었다. 그러므로 두 나라는 385년 이후에 잠재적인 적대국으로 서로를 의식하며 경계하고 있었을 것이다. 393년에 그러한 상황은 지속되고 있었다.

한편 이 무렵 백제의 상황을 검토해 보자. 392년 11월에 진사왕이 돌아가고 아신이 즉위했다.[36] 그 이후 백제는 고구려에 공세로 나서게 되었다. 다음의 사료를 보자.

---

35) 『晉書』 123, 慕容垂載記.
36) 『三國史記』 25, 百濟本紀 3, 阿莘王 卽位年.

아신왕 2년(393) 봄 정월에 東明廟에 배알하고 또 南壇에서 천지에 제사를 지냈다. 왕은 眞武를 左將으로 삼고 병마에 관한 일을 맡겼다. 진무는 왕의 外叔으로 침착하고 굳세며 큰 지략이 있어 당시 사람들이 복종하였다. 가을 8월에 왕이 진무에게 말하였다. "關彌城은 우리나라 북변의 요새지인데 지금 고구려가 소유하고 있으므로 이는 과인이 원통하게 여기는 바이오. 그러므로 경은 마땅히 마음을 쓰서 설욕하시오." 라고 하였다. 드디어 군사 1만명을 거느리고 고구려의 남변을 정벌할 것을 꾀하여 진무는 몸소 사졸에 앞서 화살과 돌을 무릅쓰고, 石峴 등 5성을 회복시킬 뜻을 굳게 하고 먼저 관미성을 포위하였으나 고구려 사람들이 성문을 굳게 닫고 지키므로 진무는 식량을 공급하는 길을 잇지 못하여 군사를 이끌고 돌아왔다.[37]

위의 기록에서 아신왕이 처음으로 한 대외활동은 고구려에 대한 공격이었다. 그것은 바로 392년에 잃었던 실지를 회복하는 것이었다. 또한 아신왕이 언급한 관미성은 백제 북변의 요새지로, 백제는 이 성을 반드시 회복해야 할 성으로 여기고 있었다.

이에 왕은 진무로 하여금 393년 8월에 군사 1만 명을 거느리고 고구려의 남변을 정벌케 하였으나 실패했다. 이때 백제가 동원한 병력의 규모는 1만 명이었다. 392년에 광개토왕이 군사 4만 명을 거느리고 백제를 침입할 때[38]와 비교해 그 숫자가 적다. 그렇다고 하여 백제의

---

37) 『三國史記』25, 百濟本紀 3, 阿莘王 2年(393). "(阿莘王) 二年 春 正月 謁東明廟 又祭天地於南壇 拜眞武爲左將 委以兵馬事 武王之親舅 沈毅有大略 時人服之 秋八月 王謂武曰 '關彌城者我北鄙之襟要也 此寡人之所痛惜 而卿之所宜用心而雪恥也' 遂謀 將兵一萬伐高句麗南鄙 武身先士卒以冒矢石 意復石峴等五城 先圍關彌城 麗人嬰城固 守 武以糧道不繼 引而歸."

38) 『三國史記』25, 辰斯王 8年 7月.

군사장비가 더 우수하다는 사실도 사료에는 나오지 않는다. 이로 보아 백제의 군사적인 역량은 고구려에 비해 열세였다.

백제와 관련하여, 고구려와 후연의 관계를 검토해 보자. 앞의 기록으로 보아 393년에, 후연은 해마다 원정에 나서, 사졸들이 피로하고 흐트러져 있었다. 더군다나 서연과 긴장국면에 있었다. 이로 보아 후연은 고구려에게 이 무렵에 직접적인 위협이 아니었다. 따라서 고구려는 393년에 군사력을 후연 방면이 아니라, 백제와의 국경선 부근인 남쪽에 집중할 수 있었을 것이다.

더욱이 392년에 고구려는 백제에게서 빼앗은 10개 성과 관미성 등을 그 영역으로 하기 위해, 치안 유지가 필수적이었다. 따라서 고구려의 군사력은 393년에 백제와의 국경에 밀집되어 있었다고 파악된다.

결국 광개토왕은 북중국지역의 후연이 서연과 긴장관계에 있는 상황을 활용하여, 백제와의 대치국면을 효율적으로 운용하고 있었던 것이다.

이러한 정세 속에서 394년에는 북중국지역에서 중요한 변화가 나타났다. 후연의 주군 모용수가 394년 2월에 서연을 대규모로 공격하였던 것이다. 이때, 司州·冀州·靑州·兗州의 군사를 동원하고, 太原王 慕容楷와 遼西王 慕容農에게 병력을 지휘하게 하였다. 慕容垂 자신도 西燕 공격을 지휘하였다.

전쟁의 양상은 후연의 작전이 성공하여, 서연을 압도하는 것으로 나타났다. 이에 서연의 주군 慕容永은 5월에 스스로 정예 병사 5만 명을 거느리고 그들을 막았으나 크게 패하고 서연의 수도인 長子로 달아났다.[39]

---

39) 『資治通鑑』108, 晉紀 30, 孝武帝 太元 19年(394).

궁지에 몰린 모용영은 東晉과 北魏에 대해 구원을 요청하고 있다.
다음의 사료를 보자.

8월 기사일에……서연의 주군 모용영이 곤란하고 급하게 되자, 그의
아들인 常山公 慕容弘 등을 보내 (동진)의 雍州刺史 郗恢에게 구원해주기
를 요청하고, 겸하여 옥새 하나를 바쳤다. 치희가 말씀을 드렸다.
"모용수가 만약 모용영을 병합한다면 걱정거리가 더욱 깊어지므로,
양쪽을 있게 하였다가 기회를 틈타 양쪽을 엎드리게 할 수 있게
하는 것 만한 것이 없습니다."
황제가 그렇다고 생각하여 青兗二州刺史 王恭과 預州刺史 庾楷에게
조서를 내려 그를 구원하게 했다.……모용영이 또 (북)위에 급함을
알리니, 魏王 탁발규가 陳留公 拓跋虔과 장군 庾岳을 보내 기병 5만
명을 거느리고 동쪽으로 황하를 건너 秀容에 주둔하며 구원하게 하였
다.……(동)진과 (북)위의 군사가 모두 아직 도착하지 않았는데 慕容逸頭
歸의 部將 伐勤 등이 문을 열고 燕의 군사를 안으로 들어오게 하니,
연의 사람들이 모용영을 잡아서 그의 목을 베었다.……모용영이 통솔
한 바 8개 郡 7萬餘戶를 얻었으며, 秦의 임금이 탄 수레와 입은 의복,
악기와 진기한 보물이 대단히 많았다.[40]

위의 사료에서 보듯이, 후연과 겨루던 서연은 전세가 다급해졌다.

---

40) 『資治通鑑』 108, 晉紀 30, 孝武帝 太元 19年(394). "八月 己巳……西燕主永困急
遣其子常山公弘等求救於(東晉)雍州刺史郗恢 幷獻玉璽一紐 恢上言 垂若幷永 爲患益
深 不如兩存之 可以乘機雙斃 帝以爲然 詔青兗二州刺史王恭 預州刺史庾楷救之……永
又告急於魏 魏王珪遣陳留公虔 將軍庾岳帥騎五萬 東渡河 屯秀容以救之 ……晉魏兵皆
未至 大逸頭歸部將伐勤等開門內燕兵 燕人執永 斬之……得永所統八郡七萬餘戶 及秦
乘輿服御伎樂 珍寶甚衆."

서연은 이에 동진에 구원을 요청하고 있다. 동진의 옹주 자사 치희는 황제에게 의미심장한 이야기를 하고 있다. 그는 "후연의 모용수가 서연의 모용영을 아우른다면 걱정거리가 더욱 깊어진다"고 하였다. 치희는 서연을 도와주기를 동진의 황제에게 간언하고 있다.

이것은 후연이 서연을 병합한다면 그 백성과 물자를 확보하는 결과를 가져와, 동진을 압박할 수 있기 때문이다. 그리하여 동진은 청연이주 자사 왕공과 예주자사 유해에게 조서를 내려 서연을 구원하도록 하였다.

서연의 모용영은 후연과 대치하던 북위에게도 구원을 요청하였다. 북위의 탁발규 역시 동진과 같은 인식을 가지고 있었던 것 같다. 북위의 탁발규는 기병 5만명을 보내어 동쪽으로 황하를 건너, 수용(산서성)에 주둔하며 모용영을 구원하도록 하였다.

그러나 진과 위의 군사가 아직 도착하지 않았을 때, 모용일두귀의 부장 벌근 등이 성문을 열고 연의 군사를 안으로 들어오게 했다. 연의 사람들이 모용영의 목을 베니, 서연은 멸망하였다. 후연은 서연을 멸망 시켜 그 백성과 물자 등을 가짐으로써 역량을 증대시켰다. 이 점은 위의 사료에서 후연이 서연의 모용영이 통솔한 8개 군 7만여호와 진기한 보물을 대단히 많이 얻었다는 기록에서 알 수 있다.

바야흐로, 서연의 멸망과 후연의 도약으로 북중국지역에서 긴장된 정세가 전개되고 있었다. 이렇게 후연이 그 세력을 뻗어나간다면 그 다음 목표는 군사를 출동시켰던 동진과 북위 중의 하나가 될 것이기 때문이다.

후연은 과연 394년 겨울 10월에, 동진이 가지고 있던 산동일대에 대한 공격을 하였다. 후연은 동진의 영토인 靑州와 兗州, 廩丘 등의 산동성 일대를 공격하여 빼앗았다. 동진의 東平太守 韋簡이 싸우다

죽자, 高平·泰山·琅邪 등의 여러 군에서는 모두 성을 버리고 달아나는 상황이 벌어졌다.[41]

후연의 공격에 동진은 제대로 싸워보지도 못하고 산동성을 내주었다. 후연은 이 지역을 단순히 약탈하러 온 것이 아니었다. 그것은 모용농이 군사를 전진시켜, 널리 守宰들을 설치하였다[42]는 점에서 알 수 있다. 그러므로 후연은 이 지역을 영역화하여 백성과 물자를 장기적으로 지배하고자 했다.

이와 같이, 394년에 후연은 서연을 멸망시키고 동진이 영유한 산동을 아울렀다. 후연의 주력군은 서연이 있던 산서성 방면과 동진이 영유한 산동성 방면으로 들어가 있었던 것이다. 후연은 이때, 대군을 동원하였다.

그러므로 이전에 고구려의 영토였다가 후연의 영토가 된 요동지방에는 소수의 방어병력 정도만 주둔하고 있었을 것이다. 따라서 이때 고구려의 광개토왕이 요동지역을 점령하고자 했다면, 쉽게 점령할 수 있었을 것이다. 그러나 고구려군은 요동지역에 대한 어떠한 공격도 하지 않고 있다.

만약 고구려가 394년에 후연의 영역이었던 요동을 공략했다면, 어떤 상황이 전개되었을까? 후연은 서연을 멸망시킨 후에, 그 예봉을 산동이 아니라 요동 방면으로 옮겼을 것이다. 이렇게 된다면 고구려는 요동지역에서 후연과 맞붙게 된다. 그 뿐만이 아니었다. 이 무렵에 백제는 392년 고구려에게 잃었던 북변의 10여 성과 관미성을 회복하는데에 온 힘을 기울이고 있었다. 고구려와 백제는 전쟁을 하고 있었던 것이다.[43]

---

41) 『資治通鑑』 108, 晉紀 30, 孝武帝 太元 19年(394).
42) 『資治通鑑』 108, 晉紀 30, 孝武帝 太元 19年(394).

이렇게 되면, 고구려는 후연·백제와 양면전쟁을 하게 되는 것이다. 광개토왕은 이 점을 분명하게 파악하고 있었을 것이다. 그것이 393년과 394년에 후연이 군사적인 예봉을 서연, 동진에로 돌렸음에도, 고구려가 요동을 공략하지 않은 이유였다고 보여진다.

그렇다면 394년에 고구려의 숙적인 백제는 어떻게 움직이고 있었을까? 다음의 사료를 보자.

1) 광개토왕 3년(394) 7월에 백제가 침입하므로 왕은 정기 5천을 거느리고 이를 역습하여 격파했다. 적들은 밤에 도망하였다. 8월에 나라 남쪽 지방에 7성을 쌓고 백제의 침구를 방비하였다(『三國史記』 18, 高句麗本紀 6, 廣開土王 3年).

2) 아신왕 3년(394) 7월에 고구려와 수곡성(평산) 아래에서 싸웠으나 패하였다. 이때 태백성이 낮에 나타났다(『三國史記』 25, 百濟本紀 3, 阿莘王 3年).

1)의 사료에서, 우리는 백제가 먼저 고구려에 침입했음을 알 수 있다. 393년에 이어 394년 7월에도 백제가 먼저 고구려에 대해 공격을 하고 있는 것이다. 이에 광개토왕 자신이 몸소 정기 5천을 거느리고 역습하여 백제군을 격파했던 것이다. 같은 해 8월에는 백제 공격에 대비하기 위해 나라 남쪽지방에 7성을 쌓고 백제의 침구를 방비하고 있다.

고구려는 394년에 그 힘을 백제에 대비해 쏟고 있었다. 그것은 왕 자신이 백제와의 전쟁에 나섰다는 점에서 알 수 있다. 그리고 백제의

---

43) 『三國史記』 18, 高句麗本紀 6, 廣開土王 3年.

침입에 대비하기 위해 나라 남쪽지방에 7성을 쌓은 이유는 무엇일까? 그것은 392년에 획득한 백제의 성들을 효과적으로 지키기 위해서였을 것이다. 이로 보아 394년 시기에 광개토왕의 주된 관심은 후연이 아니라 백제에 있었다.

이렇게 광개토왕의 목표가 백제가 된 까닭은 무엇일까? 고구려는 지정학상 적대국인 후연과 백제에게 둘러싸여 있었다. 비상한 경우에는 양면에서 협공을 받을 위협을 항상 가지고 있었다. 만약 고구려가 협공을 받는 상황이라면, 이에 미리 효과적으로 대응하는 전략은 무엇인가? 그것은 후연보다 군사력이 약한 백제를 집중 공략하여, 약화시키는 것이다. 그것이 광개토왕이 즉위한 이후 백제에 대한 공방에 적극적이었던 이유였다고 판단된다.

Ⅳ. 맺음말

맺음말은 지금까지의 내용을 정리하는 것으로 대신하고자 한다. 385년에 고구려는 후연과 요동지역을 놓고 전투를 하였다. 이 전투에서 후연이 승리해, 고구려는 요동지역을 빼앗겼다. 그 이후 두 나라는 잠재적인 대국으로 국경을 접하게 되었다.

이 무렵에 북중국과 몽골 지역에서 강력하게 떠오르는 나라가 후연과 북위였다. 두 나라는 390년과 391년에 연합작전을 펴며 흘돌린, 흘해, 하염간 집단을 격파했다. 그러나 391년 7월에 후연이 북위에게 좋은 말을 요구하자, 북위는 이에 응하지 않고 서연에게 접근하였다. 이 사건으로 후연과 북위 두 나라는 긴장관계로 들어섰다. 북위는 391년 10월에 몽골 쪽의 유연을 정복하였다. 풍부한 말을 보유한 유연을 장악함으로써 북위의 군사력은 강화되었다. 이와 함께 북위는 391년 11월부터 12월까지 내몽골 쪽의 유위진이 다스리는 집단을 정복하였다. 이때 말과 소, 양 등을 확보하게 되어 나라의 씀씀이가 풍요로워졌다. 북위의 부상은 북중국의 강자로 떠오른 후연에게 잠재적인 위협이 되었다.

한편 392년에 후연은 서연과 대립하면서 적소가 다스리는 집단을 정복했다. 후연은 적소가 가스리던 7군의 3만여 호를 자기 영역으로 했다.

이렇게 북중국과 몽골 지역에서 혼란이 전개될 때에 고구려는 백제를 쳤다. 392년 7월에 고구려의 광개토왕은 백제에 대해 대규모 공세를 전격적으로 펼쳤다. 이때 고구려는 백제의 10개 성을 빼앗았다. 같은 해의 10월에는 백제의 요새인 관미성을 집중적으로 공격해 함락시켰다. 북중국과 몽골 지역의 정세가 혼미해지자 고구려는 백제 정벌에 그 역량을 집중할 수 있었다. 이런 요인과 함께, 백제 내정의 불안으로 고구려는 백제에 대한 공격을 성공으로 이끌 수 있었다.

여기에서 주목되는 것은 고구려 광개토왕의 대응이다. 북중국지역의 정세가 혼미했을 때, 광개토왕은 요동지역으로 진출할 수도 있었다. 이 지역에는 풍부한 철이 매장되어 있었다. 광개토왕은 후연에 대해 군사력의 약세를 인정하고, 요동지역에 대한 진출을 유보하였다.

393년에 들어와, 후연은 7만 명의 대군을 동원해, 서연을 공격하였다. 이렇게 후연이 대규모의 공격을 서연에 했을 때, 고구려는 요동지역을 공략할 수도 있었다. 그러나 이때 고구려는 후연에 대해 공격을 하지 않았다.

같은 해인 393년에 후연이 서연을 공격할 때, 광개토왕의 관심은 백제에 가 있었다. 백제는 392년에 고구려에게 잃어버린 관미성을 공격했다. 광개토왕은 고구려의 군사력을 백제와의 국경 부근에 집중하여 백제의 공격을 막아내었다.

394년에 들어와, 후연은 서연을 몰아붙이고 있었다. 후연은 서연을 멸망시키기 위해 대규모로 군대를 동원하였다. 이때 모용수 자신이 서연에 대한 공격을 지휘하였다. 궁지에 몰린 서연의 모용영은 동진에게 구원을 요청하였다. 동진은 서연을 구원하기 위해 군대를 출동시켰다. 서연의 모용영은 북위에게도 구원을 요청하였다. 이에 북위의 탁발규 역시 기병 5만 명을 보내 모용영을 구원하도록 하였다. 그러나 동진과 북위의 군사가 아직 도착하지 않았을 때, 연은 서연을 멸망시켰다. 후연은 서연의 8개 군 7만여 호를 얻어, 국력을 증대시켰다.

후연은 곧 이어 394년 10월에, 동진이 가지고 있던 산동일대를 공격해 차지했다. 후연은 산동에 있는 인구를 통해 조세를 수취하고 풍부한 자원을 활용함으로써 그 국력을 크게 증대시켰다.

이와 같이 394년에 후연은 대군을 동원해 서연을 멸망시키고 동진이 영유한 산동을 아울렀다. 이때 요동지방에는 소수의 방어병력 정도만 주둔하고 있었을 것이다. 그러나 고구려군은 요동지역을 공격하지 않았다.

만약 고구려가 394년에 후연의 영역이었던 요동을 공략했다면 어떻게 되었을까? 후연은 서연을 멸망시킨 후에, 그 예봉을 산동이 아니라 요동 방면으로 옮겼을 것이다.

고구려가 이때 요동을 장악한다면, 고구려는 후연·백제 두 나라와의 양면전쟁을 각오해야만 된다. 광개토왕은 이 점을 분명하게 파악하고 있었을 것이다. 그것이 393년과 394년에, 후연이 군사적인 예봉을 서연·동진에로 돌렸음에도, 고구려가 요동을 공략하지 않은 이유였다고 보여진다.

지금까지 392~394년 무렵, 광개토왕 재위 초기에 있었던 고구려의 국제 정세에 대한 대응을 검토하였다. 이 시기의 정책은 매우 현명하고 올바른 것이었다고 판단된다. 이 점은 오늘날의 우리들에게 국제정세를 이해하는 지도자의 혜안이 중요하다는 점을 잘 보여주고 있다.

제2장 고구려 廣開土王代의 稗麗 征討와
後燕과의 冊封이 가진 의미

Ⅰ. 머리말

『廣開土王陵碑』는 고구려군이 395년(永樂 5年)에 稗麗를 정벌하고, 襄平道를 지나 동쪽으로 □城, 力城, 北豊, 五備□로 오면서 土境을 遊觀하고, 전렵을 하며 돌아왔다고 하였다.[1]

위의 기록에서, 稗麗(契丹)와 관련된 연구를 살펴보자. 지금까지 패려에 대한 실상에 대해서는 상당한 연구가 있어왔다.[2] 본장에서는 고구려 광개토왕이 패려를 정벌할 수 있었던 배경을 북중국과 몽골 지역과의 역학관계에서 구체적으로 검토해 보려 한다. 이와 함께 패려정토가 이듬해에 단행된 백제 정벌에 어떤 영향을 끼쳤는지도 살펴보려 한다.

다음으로 遼東지역과 관련된 문제를 검토해 보려 한다. 광개토왕은 패려를 정벌한 다음, 요동군의 치소인 양평을 지나 요동반도를 거쳐,

---

1) 『廣開土王陵碑』.

2) 『廣開土王陵碑』에 보이는 패려에 대한 선행연구로는 박시형, 『광개토왕릉비』, 푸른 나무, 2007 ; 이재성, 「4~5세기 고구려와 거란」 『고구려연구』14, 2002 등이 있다.

고구려로 귀환하였다는 점에 주목한 연구가 있다. 이로 보아, 고구려는 395년(영락 5)에 요동을 확보하였다는 것이다.[3] 이에 대해 고구려는 395년에 요동을 확보하지 못했다는 견해가 있다. 400년 3월에 後燕의 襄平令 段登이 謀叛하므로 죽였다는 기록이 있다.[4] 양평은 요동군의 치소이므로 이때까지 후연이 요동지역을 장악했다는 것이다.[5] 이와 관련하여, 본장에서는 395년(영락 5)에 고구려군이 요동지역을 '遊觀' 했다는 의미를 후연과 북위와의 격렬한 전쟁을 통해 살펴보려 한다.

한편 396년에 광개토왕이 후연의 책봉을 받았다는 기사를 주목해 보자. 광개토왕은 모용보로부터 平州牧 封遼東帶方二國王으로 책봉받았 다.[6] 이에 대해 당시 고구려가 점차 후연을 압도하는 정세로 보아, 이때의 책봉기사는 후연의 일방적인 선언에 불과하다는 견해가 있다.[7] 그러나 396년 慕容寶가 즉위한 이후, 고구려가 후연의 책봉을 받은 것은 분명하다는 견해가 있다.[8]

---

3) 武田幸男,『高句麗と東アジア』, 岩波書店, 1989, 212~213쪽 ; 김영하,「고구려의 순수제」『역사학보』160, 1985, 45쪽 ; 서영수,「광개토왕릉비문의 정복기사 재검토(중)」『역사학보』119, 1988, 102쪽.

4)『資治通鑑』111, 晉紀 33, 隆安 4年(400).

5) 余昊奎,「『광개토왕릉비』에 나타난 고구려의 대중인식(對中認識)과 대외정책」 『역사와 현실』55, 2005, 36쪽. 고구려는 段登의 謀叛을 이용해 요동 일대로 진출했다는 견해가 있다(여호규, 위의 논문, 2005).

6)『梁書』54, 高句麗傳 ;『北史』94, 高麗傳.“子寶立 以句驪王安爲平州牧 封遼東帶方二 國王 安始置長史·司馬·參軍官 後略有遼東郡.”

7) 임기환,「南北朝期 韓中 冊封·朝貢관계의 성격」『한국고대사연구』32, 2002, 160쪽. 후연은 광개토왕을 책봉하여 국내외에 內臣임을 선포하여, 후연의 후퇴와 약화를 숨기려 했을 개연성이 있다고 한다. 이때의 책봉은 후연의 일방적인 것으로, 고구려와 후연의 대립관계로 볼 때, 고구려가 책봉을 받아들였을 가능성은 거의 없다는 견해가 있다(시노하라 히로카타,『高句麗的 國際秩序認識과 發展 : 4~5세기를 중심으로』, 고려대학교 박사논문, 2005,105~106쪽).

8) 池培善,『中世東北亞史研究－慕容王國史를 중심으로－』, 一潮閣, 1986, 296~297 쪽 ; 金翰奎,『古代東亞細亞幕府體制研究』, 一潮閣, 1997, 316~340쪽 ; 余昊奎,「『廣

이와 관련하여, 고구려가 후연의 책봉을 받은 원인에 대해 살핀 연구가 있다. 후연의 모용보는 고구려의 광개토왕을 396년경에 고구려 왕으로서만이 아니라 요동에 대한 영유권 있음을 인정했다. 그리하여 광개토왕을 요동왕으로 봉하였다. 그 까닭은 후연 모용보의 세력이 급격히 약화되자, 龍城을 중심으로 남방정책에 치중하였기 때문이라 는 것이다.[9) 한편으로 後燕과 北魏와의 관계에 주목한 연구가 있다. 후연은 고구려에게 요동지방의 지배권을 인정해줌으로써 동쪽 국경에 서의 위협을 줄이는 한편 방어하기에도 급급한 북위의 위협에 군사력 을 집중해야 하는 상황이었다. 이 점이 후연이 고구려에게 요동지방에 대한 연고권을 인정해, 광개토왕을 고구려왕으로서만이 아니라, 요동 왕으로 봉한 배경이었다는 연구가 있다.[10)

그리고 397년 3월에, 후연이 북위와의 전쟁으로, 요서지역인 龍城으 로 퇴각한 상황에 주목한 연구가 있다. 후연이 북위에게 대항하기 위해 동방지역에 대해 세력 확장을 도모하거나 정복활동을 한다면, 고구려가 후연과 충돌할 수밖에 없는 상황이 된다. 즉 고구려는 후연의 침공을 미연에 방지하기 위한 목적에서 후연과 조공책봉관계를 체결 했다는 것이다.[11) 또한 백제와의 관련 하에서, 광개토왕과 후연의 조공 책봉관계를 살핀 연구가 있다. 광개토왕은 396년에 대대적인 국력을 기울여 백제에 대한 친정을 준비하고 있었다. 이에 따라 후연과 있을

開土王陵碑』에 나타난 高句麗 天下의 空間範圍와 주변 族屬에 대한 인식」『역사문 화연구』32, 2009, 10쪽. 중국에서는 고구려와 후연의 관계에 대해, 고구려가 광개토왕 초기에 모용보의 책봉을 접수하고 後燕에 臣服했다는 견해가 있다(佟冬 主編, 『中國東北史』제1권, 吉林文史出版社, 2006, 625쪽).

9) 池培善, 앞의 책, 1986, 308~309쪽.
10) 공석구, 「고구려의 요동지방 진출정책과 모용씨」『군사』54, 2005, 63~64쪽.
11) 余昊奎, 「高句麗와 慕容燕의 朝貢·冊封關係연구」『한국 고대국가와 중국왕조의 조공·책봉관계』, 2006, 49~51쪽.

수도 있는 전쟁을 회피하기 위해서 형식적이나마 조공책봉관계를 수락했다는 것이다.[12]

한편 후연의 고구려왕 책봉은 북위의 반격에 대비한 대책의 일환이었다는 견해가 있다. 고구려의 입장에서는 南方의 百濟를 상대하기 위해 역량을 집중할 필요가 있어, 후연의 책봉을 수용했다는 것이다.[13] 그리고 후연의 동향에 주목한 견해도 있다. 후연의 모용보는 북위의 군사공세, 정권 내부의 권력항쟁 등을 겪으며, 광개토왕에게 관작을 수여하였다. 이것은 그의 즉위와 함께 후연 쪽에서 일방적으로 행한 조치일 가능성이 높다는 것이다. 모용보가 광개토왕을 平州牧 封遼東帶方二國王으로 책립한 이유는 광개토왕을 후연의 세계질서 안에 자리매김함으로써 요동방면에 대한 안정을 꾀했다는 것이다.[14]

그런데 모용보가 396년에 광개토왕에게 후연의 영토인 平州와 遼東·帶方에 대한 영유권을 인정해, 이에 대한 작호인 요동왕 칭호를 무엇 때문에 주었느냐는 점이 문제가 된다. 본장에서는 이 점도 살펴보고자 한다. 그리하여 후연과 고구려 사이의 책봉이 가지는 실제적 의미를 살펴보려 한다.

또한 고구려가 후연의 책봉을 받아들이며, 396년에 백제에 대한 대규모 원정을 단행한 배경을 이 당시의 고구려가 처한 지정학적 특성 하에서 규명해 보려 한다.

---

12) 강재광, 「고구려 광개토왕의 요동확보에 관한 신 고찰」『한국고대사탐구』2, 2009, 20쪽.

13) 李成制, 「4世紀末 高句麗와 後燕의 관계-396년 後燕의 廣開土王 冊封問題를 중심으로-」『한국고대사연구』68, 2012, 60쪽.

14) 井上直樹, 「廣開土王의 對外關係와 永樂 5年의 對稗麗戰」『한국고대사연구』67, 2012, 208~209쪽.

Ⅱ. 고구려의 패려 정벌이 가진 의미

『廣開土王陵碑』에 기록된 395년(영락 5)에, 광개토왕은 稗麗를 토벌하고 토경을 유관했다. 다음의 기사를 보자.

1)-㉮ 永樂 5년 乙未에 왕이 稗麗가 □□ 않으므로 몸소 군대를 거느리고 가서 토벌하였다. 富山, 負山을 지나 鹽水에 이르러 그 3개 部落 600~700營을 격파하니, (노획한) 소·말·양의 수가 이루 다 헤아릴 수 없었다.

㉯ 이에 왕이 행차를 돌려 襄平道를 지나 동쪽으로 □城, 力城, 北豊, 五備□로 오면서 土境을 遊觀하고, 田獵을 하며 돌아왔다.[15]

위의 기사는 패려 정벌 기사로 알려져 있지만, 실제로는 패려 토벌(1)-㉮)과 유관토경(1)-㉯) 두 부분으로 구성되어 있다.[16] 패려의 실체에 대해서는 契丹 8부의 하나인 匹絜部로,[17] 시라무렌강 일대에 거주했다고 추정된다.[18] 따라서 패려는 거란을 칭하는 것으로 보편적으로 이야기된

---

15) 『廣開土王陵碑』에 관한 역문은 노태돈, 「廣開土王陵碑」『역주 한국고대금석문』Ⅰ, 한국고대사회연구소, 1992를 참고하였다. "永樂五年歲在乙未, 王以稗麗不□□, 躬率往討. 過富山負山, 至鹽水上, 破其三部落六七百營, 牛馬群羊, 不可稱數. 於是旋駕, 因過襄平道, 東來□城, 力城, 北豊, 五備□, 遊觀土境, 田獵而還."

16) 여호규, 앞의 논문, 2005, 30쪽.

17) 박시형, 앞의 책, 194쪽 ; 여호규, 앞의 논문, 2005, 30쪽. 稗麗(碑麗)는 패려로 판독하기도 하고(노태돈, 『고구려사 연구』, 사계절, 1999, 388쪽), 비려로 판독하기도 한다(왕건군 저·임동석 역, 『광개토왕비연구』, 2004, 255~258쪽 ; 신형식, 『고구려사』, 이화여자대학교 출판부, 2004, 261쪽).

18) 박성봉, 『고구려의 남진발전에 관한 연구』, 경희대학교 박사논문, 1979, 96쪽. 광개토왕비의 영락 5년조에 보이는 패려의 위치비정과 관련하여 "鹽水"에 주목한 연구가 있다. 『續通典』과 『遼史』 60, 食貨志에 契丹이 염의 공급과 교역을

영락 5년의 정벌·귀로도

신형식, 『고구려사』, 이화여자대학교 출판부, 2004, 217쪽 지도를 참조

다.[19)]

　　그렇다면 이러한 稗麗(契丹) 정벌이 어떻게 가능했을까. 이 문제와 관련하여, 후연과 북위의 각축을 주목할 수 있다. 다음의 사료를 보자.

　　武帝 太元 20年 (395년) 여름 4월에⋯⋯魏王 拓跋珪가 燕을 배반하고

　　위해, 원주지에서 수시로 鹽湖가 있는 灤河 상류지역으로 이동하고 있음이 기록되어 있다. 또한 정토결과 획득한 "群羊"이 나온다. 양의 방목지로 볼 때, 遼河 以西임이 분명하다. 고구려군이 지나간 富山과 관련해 볼 때 鹽水는 거란족이 세운 遼의 발흥지인 臨潢府 서쪽의 鹽湖인 廣濟湖 일대로 생각된다고 한다(徐榮洙, 앞의 논문, 1988, 94~101쪽).

19) 노태돈, 앞의 책, 1999, 388쪽 ; 왕건군 저·임동석 역, 앞의 책, 2004, 258쪽 ; 신형식, 앞의 책, 2004, 261쪽.

(연을 따르는) 변방의 여러 部를 침입해 핍박하였다. 5월 갑술일에 연의 주군 (慕容)垂가 太子 (慕容)寶·遼西王 (慕容)農·趙王 (慕容)麟을 보내 무리 8만 명을 거느리고 五原에서부터 魏를 치도록 하고 范陽王 (慕容)德 과 陳留王 (慕容)紹는 따로 보병과 기병 1만8천명을 거느리고 뒤를 잇도 록 했다.[20]

위의 사료에서 보듯이, 북위의 탁발규는 395년 3월에 후연의 변경을 침입하고 있다. 이에 대해 후연의 주군 모용수는 같은 해 5월에, 9만8천 명의 대군으로 북위를 공격하게 했다.

북위와 후연은 394년까지 직접적인 무력 충돌이 없었다. 그러므로 이때 북위와 후연의 무력충돌이 처음으로 일어났다. 두 세력은 394년 에 후연이 서연을 멸망시킨[21] 이후, 북중국지역에서 패권을 겨루게 되었던 것이다.

395년 7월에 후연은 내몽고 자치구에 있는 五原에 도착하여 북위의 別部 3萬餘家를 항복시키고 검은 기장 밭에서 1백만여 斛을 거두어 黑城에 두었다. 북위의 탁발규는 후연에 대한 대응으로 395년 8월에 황하의 남쪽에서 군사를 훈련시키고 9월에 군사를 진군시켜 황하에 이르렀다.

한편 탁발규는 후연의 使者에게 모용수의 죽음을 조작했다. 이에 태자인 모용보 등이 걱정하고 두려워하자, 士卒들이 놀라고 동요하였 다. 탁발규는 22만의 기병을 3개 노선으로 나누어 후연을 막도록 하였

---

20) 『資治通鑑』 108, 晉紀 30, 太元 20年(395). "夏 四月……魏主珪叛燕 侵逼附塞諸部 五月 甲戌 燕主垂遣太子寶 遼西王農 趙王麟 帥衆八萬 自五原伐魏 范陽王德 陳留王紹 別將步騎萬八千爲後繼."
21) 『資治通鑑』 108, 晉紀 30, 太元 19年(394).

다.

이런 중요한 시기에 후연에서는 내분이 일어났다. 趙王 慕容麟의 장수인 慕興嵩 등이 모용수가 실제로 죽었다고 생각하였다. 이에 모여 숭은 난을 일으켜, 모용린을 받들어 주군으로 할 것을 꾀하였다. 일이 누설되어 모여숭 등이 모두 죽임을 당했다. 이에 따라, 모용보와 모용린 등은 속으로 안에서 자연히 의심했다.[22]

여기에서 주목할 사실이 있다. 395년은 고구려와 후연의 대결이 있은 지 10년 후의 시기라는 점이다. 고구려는 385년 6월에 4만 명의 대군을 동원하여 요동을 획득했다. 그러나 같은 해 11월에 후연에게 이 지역을 빼앗겼던 것이다.[23] 이 사건 이후 고구려와 후연은 잠재적인 적대국으로 서로에 대한 긴장의 끈을 놓지 않고 있었을 것이다.

따라서 395년에 고구려의 稗麗(契丹) 정복은 후연을 견제하려는 군사 전략의 목적아래 추진되었다고 보여진다.[24] 그런데 고구려는 4세기 후반에 거란과 상쟁을 벌였다. 소수림왕 8년(378) 가을 9월에 거란이 고구려의 북변을 침범해, 여덟 부락을 함락시켰다.[25] 이에 대해, 고구 려는 광개토왕 원년 9월에 북으로 거란을 쳐서 남녀 5백口를 사로잡았

---

22)『資治通鑑』108, 晉紀 30, 太元 20年(395). "七月……燕軍至五原 降魏別部三萬餘家 收穄田百餘萬斛 置黑城……八月 魏主珪治兵河南 九月 進軍臨河……寶之發中山也 燕主垂已有疾 旣至五原 珪使人邀中山之路 伺其使者 盡執之 寶等數月不聞垂起居 珪使 所執使者臨河告之日 若父已死 何不早歸 寶等憂恐 士卒駭動 珪使陳留公虔將五萬騎屯 河東 東平公儀將十萬騎屯河北 略陽公遵將七萬騎塞燕軍之南……燕魏相持積旬 趙王 麟將慕與嵩等以垂爲實死 謀作亂 奉麟爲主 事泄 嵩等皆死 寶麟等內自疑."

23)『三國史記』18, 高句麗本紀 6, 故國壤王 2年. "夏六月 王出兵四萬襲遼東 先是 燕王垂命 帶方王佐 鎭龍城 佐聞我軍襲遼東 遣司馬郝景 將兵救之 我軍擊敗之 遂陷遼東玄菟 虜男女一萬口而還 冬十一月 燕慕容農 將兵來侵 復遼東玄菟二郡 初 幽冀流民多來投 農以范陽龐淵爲遼東太守 招撫之."

24) 서영수, 앞의 논문, 1988, 101쪽.

25)『三國史記』18, 高句麗本紀 6, 小獸林王 8年(378). "秋九月 契丹犯北邊陷八部落."

46

다. 또 포로로 잡힌 고구려인 1만인을 招諭하여 이끌고 고구려로 돌아왔다.[26] 광개토왕 원년의 기록은 일찍이 소수림왕대에 있었던 거란의 침략사건과 연관된 것으로 보인다. 그렇다면 이 기사는 소수림왕대에 거란에 포로로 잡혀갔던 백성들을 광개토왕이 되찾은 것으로 해석할 수 있다.[27]

한편 후연도 거란에 대한 공격을 감행했다. 특히 후연은 397년 요서 지역으로 쫓겨 온 이후 배후기지를 확보한다는 차원에서 거란을 자주 공격했다. 이처럼 양국은 거란을 둘러싸고 신경전을 벌였다. 그렇다면 영락 5년조의 패려 정토는 패려(거란)를 응징하는 차원을 넘어, 후연과의 각축전에서 우위를 선점한다는 의미가 담겨있다.[28]

또한 이 정토로, 고구려는 稗麗(契丹)와 함께 후연에 대한 공동전선 구축을 실현시켰다. 이 점은 慕容熙 시기에 세 차례의 패려(거란)와 고구려에 대한 군사행동 가운데 두 차례의 그것이 패려와 고구려에 대한 逐次的 군사행동의 양상을 띠고 수행되었다[29]는 점으로도 짐작할 수 있다.[30]

앞에서 본 것처럼, 고구려의 패려 정토가 전개된 395년에, 후연은 북위와의 전쟁을 우선 과제로 삼았다.[31] 이에 따라 후연이 적극적으로 고구려의 서북 변경을 공격할 가능성은 낮았다고 보인다.[32]

---

26) 『三國史記』18, 高句麗本紀 6, 廣開土王 元年. "九月 北伐契丹 虜男女五百口 又招諭本國陷沒民口一萬而歸."
27) 공석구, 『고구려 영역확장사 연구』, 서경문화사, 1998, 274쪽.
28) 여호규, 앞의 논문, 2009, 11~12쪽.
29) 『晉書』124, 慕容熙 載記.
30) 朴京哲, 「高句麗軍事戰略考察을 위한 一試論－平壤遷都以後 高句麗軍事戰略의 指向點을 中心으로－」『史學研究』40, 1989, 24~26쪽.
31) 시노하라 히로카타, 앞의 논문, 2005, 102쪽.
32) 井上直樹, 앞의 논문, 2012, 236~237쪽.

그런데 고구려가 패려를 정토한다는 것은 후연에게는 고구려의 역량 확대를 의미한다. 이것은 후연에게 잠재적인 적대국의 힘이 커진다는 것을 의미하는 것으로, 결코 바람직한 것이 아니었다. 그러므로 후연이 북위와의 관계가 전쟁상태가 아니었다면, 후연은 어떤 형태로든 고구려의 패려 정복을 막으려 하였을 것이다. 북위와 후연의 격렬한 전쟁 속에서, 고구려는 후연의 견제 없이, 쉽게 시라무렌강까지 원정하여 패려를 정복할 수 있었다고 판단된다.

이러한 패려 정복이 무엇 때문에 이루어졌을까. 패려를 격파한 후에 牛馬群羊이 불가칭수였다는 구절이 주목된다.

소(牛)와 말(馬)·양(羊)은 三畜으로 불릴 만큼 고대인들의 삶에 매우 중요하였다.[33] 이 동물들이 재화로 취급되었음은『後漢書』烏桓鮮卑列傳에 보인다. 烏桓이 흉노에게 복속한 후에, 매년 소와 말·양가죽을 보냈다는 기록[34]이 그것이다. 이로 보아, 고구려가 패려로부터 획득한 牛馬群羊은 고구려의 國富를 증진시키는 데 크게 기여했을 것이다.

또한 주목되는 사실이 있다. 패려를 정토한 이듬해인 396년에 고구려는 백제에 대해 대규모 공격을 가했던 것이다.[35] 이로 보아, 패려 정복 때에 획득한 소와 말, 양은 396년에 있은 백제에 대한 공격에 유용하게 이용되었을 것이다. 따라서 고구려가 패려를 토벌한 것은 백제 정벌을 위한 군비 증강이라는 목적으로 이루어졌다고 헤아려진다.

한편 영락 5년(395)조의 후반부인 유관토경 기사를 검토해 보자.

---

33) 윤병모,『고구려의 전쟁과 요서 진출 연구』, 성신여자대학교 박사논문, 2009, 30쪽.
34)『後漢書』90, 烏桓鮮卑列傳.
35)『廣開土王陵碑』.

광개토왕은 패려를 토벌한 후, 행차를 돌렸다. 그는 襄平道를 거쳐 동쪽으로 □城·力城·北豊·五備□ 등으로 오면서 토경을 유관하고 전렵을 하며 돌아왔다고 한다.

위의 문장에서 襄平道가 주목된다. 양평은 요동지역의 양평으로 인정된다.[36) 道는 길의 뜻으로 해석된다. 그러므로 양평도는 요동지역의 중심지인 '양평을 중심으로 뻗은 교통로'라는 뜻으로 해석된다.[37)

그리고 北豊을 보자. 『三國志』에는 240년 요동의 汶縣과 北豊縣의 백성이 바다를 건너 산동반도로 건너갔다는 기록이 있다.[38) 이로 보아, 북풍은 요동에 있었다.

이렇게 본다면, 광개토왕은 패려를 정벌한 다음 양평을 중심으로 뻗은 도로인 양평도를 지나, 요동지역을 거쳐 고구려로 돌아왔다고 파악할 수 있다. 영락 5년조를 놓고 본다면, 395년 요동일대는 고구려의 영토였다.[39)

그런데 요동지역이 395년경에 고구려 영토로 편입되어 있었고, 광개토왕은 이를 확인하기 위해, 이 일대를 순행한 것일까?

이와 관련하여 고구려와 후연의 공방을 보자. 400년에 후연은 옛날 현도군의 요지이며 당시에는 高句麗領이었던 新城·南蘇城을 공격해서, 일시적으로 여기에 수비병을 두고 철수했다고 보인다. 2년 후인 402년 5월에, 고구려는 후연의 수도와 가까운 遼西의 宿軍城을 공격해서 대전과를 거두었다.[40) 고구려가 후연의 宿軍城을 공격하자 平州刺史 慕容歸

---

36) 『晉書』109, 慕容皝載記. "遇仁於險瀆 仁知事發 殺皝使 東歸平郭……皝自征遼東克襄平."

37) 여호규, 앞의 논문, 2005, 32쪽.

38) 『三國志』魏志 4, 正始 元年 2月 丙戌.

39) 武田幸男, 앞의 책, 1989, 212~213쪽 ; 김영하, 앞의 논문, 1985, 45쪽 ; 서영수, 앞의 논문, 1988, 102쪽.

가 성을 버리고 도망하였던 것이다.[41] 숙군성은 후연시기에 요서지역의 重鎭으로, 지금의 요령성 北鎭縣이다.[42] 고구려가 숙군성에 쳐들어갔다는 것은 요하 서쪽 지역에까지 진출했다는 것을 의미한다.[43] 다음시기인 405년에, 후연의 慕容熙는 옛 요동군의 郡治이며, 당시에는 고구려령이었던 遼東城을 치러 왔으나 이기지 못했다.[44] 이로 보아, 고구려의 요동진출 시점은 402~405년으로 추정할 수 있다.[45]

그렇다면 395년에, 고구려는 요동지역을 장악하지 못했다. 그런데 『廣開土王陵碑』는 왕이 395년에, 양평도를 지나 요동으로 오면서, 土境을 遊觀했다고 하였다. 이 구절의 의미는 무엇일까? 토경은 국토의 경계라는 뜻이다.[46] 유관은 돌아다니며 구경한다는 의미이다.[47] 광개토왕이 양평도를 지나 요동을 거쳐 고구려로 오는 구절은 단어가 가지는 의미 그대로 해석하면, 자연스럽게 이해할 수 있다. 고구려군은 襄平道를 지나 동쪽으로 □성·역성·북풍·오비□로 오면서 국토의 경계를 유관한 것으로 해석할 수 있다. 그러므로 고구려군은 전투 없이 후연의 영역인 요동을 거쳐, 국경을 유관했다.

그런데 어떻게 고구려군은 후연의 국토를 돌아다니며 구경할 수

---

40) 千寬宇, 「廣開土王代의 高句麗領域에 대하여」『문예진흥』92, 1984, 101쪽.

41) 『資治通鑑』112, 晉紀 34, 元興 1年 5月(402) ; 『三國史記』18, 高句麗本紀 6, 廣開土王 11年.

42) 『中國歷史大辭典』歷史地理, 上海辭書出版社 1996, 838쪽.

43) 천관우, 앞의 논문, 1984, 102쪽 ; 姜仙, 「高句麗와 五胡十六國의 關係」『고구려연구』 14, 2002, 156~157쪽.

44) 『三國史記』18, 高句麗本紀 6, 廣開土王 14年.

45) 천관우, 앞의 논문, 1984, 101~102쪽 ; 여호규, 앞의 논문, 2005, 35~36쪽.

46) 民衆書林 編輯局 編, 『漢韓大字典』, 민중서림, 2003, 474쪽.

47) 民衆書林 編輯局 編, 위의 책, 2061쪽. 광개토왕릉비의 영락 5년조에, 패려를 공격할 때에는 토벌(討)이라는 표현을 썼다. 토벌은 공격한다는 뜻으로, 兵力에 의해 죄 있는 자를 친다는 의미이다(民衆書林 編輯局 編, 위의 책, 1898쪽).

있었을까. 그것은 앞에서 본 것처럼, 395년에 있었던 격렬했던 후연과 북위의 전쟁에 원인이 있었다. 후연은 이 전쟁에 온 힘을 기울였다. 그러나 결과는 북위에 대한 참담한 패배였다. 다음의 사료를 보자.

　　겨울 10월 신미에 寶는 배에 불을 지르고 밤에 도망했다. 11월 기묘에 帝는 군을 나아가게 해 강을 건너 을유 저녁에 參合陂에 이르렀고 병진에 크게 깨뜨렸다. 이 말은 寶의 傳記에 있다. 陳留王 紹와 魯陽王 倭奴, 桂林王 道成, 濟陰公 尹國, 北地王世子 鍾葵 安定王世子 羊兒 이하 文武將吏 수천인을 사로잡았다. 器甲輜重과 軍資雜材가 10여 만을 헤아렸다.[48]

　　위의 사료에서 보듯이, 후연은 북위에게 크게 패했다. 후연의 진류왕 소와 노양왕 왜노, 계림왕 도성, 제음공 윤국 등 군의 지휘부와 文武將吏 수천인이 북위에게 사로잡혔다. 이때 후연이 빼앗긴 기갑치중과 군자잡재가 10여 만을 헤아렸다.
　　그 뿐만이 아니었다. 이때 연의 병사 4·5만인이 한꺼번에 무기를 내려놓고 손을 거두고 나아가서 붙잡혔다. 살아 도망간 자는 불과 수천인이었던 것이다.[49]
　　위의 사료에서 보듯이, 후연은 내몽골 涼城 지방에 있던 參合陂 전투에 5만여 명의 병력과 10여 만을 헤아리는 군수품인 기갑치중과 군자잡재를 동원했다. 이로 보아, 후연은 북위와의 전쟁을 위해 주전력을

---

48)『魏書』2, 太祖紀, 登國 10年(395). "冬十月辛未 寶燒船夜遁 十一月己卯 帝進軍濟河 乙酉夕 至參合陂 丙辰 大破之 語在寶傳 生擒陳留王紹 魯陽王倭奴 桂林王道成 濟陰公 尹國, 北地王世子鍾葵 安定王世子羊兒以下文武將吏數千人 器甲輜重 軍資雜材 十餘 萬計."
49)『資治通鑑』108, 晉紀 30, 太元 20年(395).

참합피 지역으로 이동시켰다고 판단된다.

이와 같이 북위와의 전투를 위해, 후연의 군대와 군수물자가 동원되고 있었다. □성, 역성, 북풍, 오비□ 등이 있던 요동지역에는 방어 인력만 있었다고 판단된다. 릉비의 유관이라는 구절대로, 고구려군은 이 성들이 있는 지역을 돌아다니며 구경할 수 있었던 것이다.

그러나 고구려군이 후연의 영역인 요동지역을 단순히 돌아다니며 구경한 것은 아니었다. 그것은 바로 뒤 구절의 전렵을 했다는 점에서 알 수 있다. 고구려에서 전렵(사냥)은 심신단련, 군사훈련 등을 위해 행해졌다. 이 점은 집안의 고분벽화에서 나타나고 있다.[50] 이로 보아 395년에 행해진 고구려군의 전렵은 뒤 시기의 요동 확보를 위해, 지형과 지물을 파악하려는 동기에서 이루어졌다고 보여진다.

그렇다면 고구려군은 395년에, 방어력이 약화된 이 지역을 무엇 때문에 정복하지 않았을까. 그것은 백제를 의식한 때문이었다. 고구려에게 강력한 적은 백제가 아니라 후연이었다.

후연이 백제 보다 군사적으로 강력하다는 점은 어떻게 알 수 있을까? 400년(광개토왕 9) 2월에, 후연 왕 慕容盛이 스스로 병력 3만을 거느리고 고구려를 습격하여 新城과 南蘇城을 빼앗아 영토 7백여 리를 넓히고 5천여 戶를 후연의 땅으로 옮기고 돌아갔다.[51] 이에 비해 광개토왕 대에, 백제는 고구려와의 전투에서 한 번도 이긴 적이 없었던 것이다.

그러므로 고구려는 먼저 약한 적이었던 백제를 치기 위해, 후연에 대한 공격을 자제하였다고 판단된다.

---

50) 신형식, 앞의 책, 2004, 148쪽.

51) 『資治通鑑』 111, 晉紀 33, 隆安 4年. "燕主盛自將兵三萬襲之……拔新城 南蘇二城 開境七百餘里 徙五千餘戶而還."

Ⅲ. 고구려와 후연의 책봉이 지닌 실제적 의미

396년(영락 6)에 고구려는 후연과 책봉관계를 맺고 있다. 다음의
사료를 보자.

(後燕의) 慕容寶가 즉위해서 고구려왕 安을 平州牧으로 삼고 遼東·帶方
二國王에 책봉하였다. 安이 처음으로 長史·司馬·參軍의 관직을 두었다.
그 뒤에 遼東郡을 略有(攻略)하였다.[52]

위의 사료에서 고구려왕 安은 광개토왕을 가리킨다. 그런데 후연의
모용보는 396년 4월 29일에 즉위했다.[53] 이로 보아, 모용보가 광개토왕
을 책봉한 시기는 즉위한 해인 396년으로 보여진다.[54]
앞에서 보듯이, 후연의 모용보는 광개토왕을 '평주목'으로 하여 '요
동·대방이국왕'에 봉하였다. 이때 광개토왕은 장사·사마·참군을 설치
했던 것이다.[55] 이와 관련된 韓中關係史上의 幕府體制에 대해 살펴보
자.[56] 막부의 개설은 독자적·능률적인 군사 활동을 보장받기 위하여

---

52) 『梁書』 54, 高句麗傳 ; 『北史』 94, 高麗傳. "孝武太元十年 句驪攻遼東玄菟郡 後燕慕容
垂遣弟農伐句驪 復二郡 垂死 子寶立 以句驪王安爲平州牧 封遼東帶方二國王 安始置長
史·司馬·參軍官 後略有遼東郡."

53) 『資治通鑑』 108, 晉紀 30, 太元 21年(396).

54) 武田幸男, 『高句麗と東アジア』, 岩波書店, 1989, 213~214쪽 ; 余昊奎, 앞의 논문,
2006, 49쪽.

55) 광개토왕이 설치했다는 장사·사마·참군 등은 장군의 幕僚 직명이다. 요컨대,
고구려는 후연과 책봉조공관계를 맺음으로써 당시 중국 국가들과 비중국 국가들
이 모두 참여했던 막부체제에 의한 국제질서에 동참하게 되었다고 한다(김한규,
『요동사』, 문학과 지성사, 2004, 259쪽).

56) 中國 東夷傳의 기사를 일별하면 다음과 같은 몇 가지 점들이 눈에 띈다. 첫째,
동이전의 長史·司馬·參軍 등은 중국의 諸國과 東夷諸國의 關係史上에서 출현한다.

군주로부터 위임받은 장군의 고유한 권한이었다. 즉 막부개설은 장군임명의 자연스러운 결과였다. 따라서 東夷 諸國王이 막부를 개설하였음은 곧 그들이 將軍으로 임명되었음을 의미한다. 동이 제국왕은 中國 諸朝의 황제에 의해 책봉되는 절차를 통해 某將軍으로 임용됨과 동시에 자신의 막부를 개설하고 막료를 구성하였던 것이다.

고구려왕 안(광개토왕)은 후연주 모용보에 의해 平州牧·遼東·帶方 二國王으로 책봉되었다. 이와 동시에 長史·司馬·參軍의 관직을 처음으로 두었다. 이 점은 막부개설과 책봉의 직접적 연계성을 여실히 보여주고 있다. 따라서 동이제국이 개설한 막부는 諸國의 막부가 아니라 南北朝의 막부였으며, 그들의 장사 등 幕僚 역시 諸國의 官이 아니라 南北朝의 官이었다.[57]

위에서 보았듯이, 고구려왕 안(광개토왕)은 후연주 모용보에 의해 平州牧·遼東·帶方 二國王으로 책봉되었다. 그리고 長史·司馬·參軍은 후연의 官이었다. 그렇다면 이와 같은 책봉과 長史·司馬·參軍 등의 관직 설치가 실제적으로 고구려에게 어떤 의미를 갖는가를 보자.

먼저 고구려 광개토왕이 후연주 모용보에 의해 수여받은 平州牧에 주목해 보자.[58] 평주목은 刺史와 같은 州級 지방관인데, 후연에서는

관계의 쌍방에는 북조의 후연·북위·수·남조의 劉宋·南齊 등과 東夷의 고구려·백제·왜 등이 포함된다. 그러나 신라가 배제되어 있음이 주목된다. 둘째, 동이전의 長史 등이 출현하는 시기는 4세기말~6세기말, 즉 대체로 남북조 시대와 일치한다. 셋째 동이전에 보이는 장사 등의 역할이 모두 외교사절(구체적으로는 奉表貢獻)의 임무에 국한되어 있다. 넷째, 장사 등을 파견한 주체는 동이제국의 君長(王)이고, 그 상대는 중국 諸朝의 황제 혹은 군장이다. 다섯째 장사 등의 파견은 중국 황제에 의한 東夷諸國王의 책봉과 깊이 관련되어 있다고 한다(金翰奎, 앞의 책, 1997, 329~340쪽).

57) 金翰奎, 위의 책, 1997, 329~340쪽.
58) 모용보 재위시의 후연에서 州級 지방관인 刺史와 牧으로 6명의 인물이 임명되었다. 이 가운데, 자사직으로 임명된 3인과 주의 목직으로 등용된 3인이 있다.

양자를 혼용한 사례가 다수 발견된다. 396년 8월에 慕容會가 幽·平二州牧[59], 402년 5월 慕容歸가 平州刺史[60] 등으로 임명되는 사례에서 보듯이 후연 모용보가 광개토왕을 책봉할 무렵에도 평주는 후연의 지방행정구역으로 기능하고 있었다.[61]

여기에서 平州의 장관인 평주자사가 주둔하고 있었던 지역을 보자. 385년에 평주자사 帶方王 佐를 옮겨 遼東의 平郭에 주둔하게 했다는 기록이 있다.[62] 뒤 시기인 402년에, 광개토왕이 군대를 보내어 宿軍을 공격하니 연의 평주자사 모용귀가 성을 버리고 도망갔다.[63] 여기서의 숙군은 遼西지방에 위치해 있다. 그러므로 평주자사의 관할범위가 요동의 평곽에서 요서의 숙군으로 축소되었다. 이는 고구려의 서방진출 노력과 관련된다고 한다. 이 시기를 전후하여 요동의 평곽지역이 고구려의 영역에 포함되었다는 것이다.[64] 그런데 후연이 설치한 평주자사의 중요한 목적은 고구려가 다시 서쪽으로 진출하려는 것을 방지하는 데 있었다.[65]

이와 관련하여 광개토왕이 봉받은 요동왕을 주목해 보자. 앞의 문장

그런데 州級의 지방관명을 牧으로 칭한 3인의 사례가 모용보가 즉위한 직후인 396년 5월~8월에 나타난다(池培善, 앞의 책, 1986, 313~314쪽). 이로 보아, 광개토왕을 평주목으로 책봉한 시기도 이 무렵으로 추정된다고 한다(여호규, 「高句麗와 慕容燕의 朝貢·冊封關係연구」『한국 고대국가와 중국왕조의 조공·책봉관계』, 2006, 53쪽).

59)『資治通鑑』108, 晉紀 30, 太元 21年(396) 8月.

60)『資治通鑑』112, 晉紀 34, 元興 1年 5月.

61) 여호규, 위의 논문, 2006, 53쪽.

62) "徒平州刺史帶方王佐鎭平郭",『資治通鑑』106, 太元 10年(385).

63)『三國史記』18, 高句麗本紀 6, 廣開土王 11年(402).

64) 공석구,「광개토왕의 遼西地方 進出에 대한 고찰」『한국고대사연구』67, 2012, 131~134쪽.

65) 佟冬 主編, 앞의 책, 2006, 488~489쪽.

을 다시 검토해 보자. "고구려 광개토왕은 후연으로부터 요동과 대방의 二國王으로 封 받았다. 그 후에 광개토왕은 遼東郡을 略有(攻略)하였다." 여기에서 "그 후에 광개토왕이 遼東郡을 略有(攻略)하였다"는 문장을 주목할 수 있다. 이로 보아, 사실상 이때 고구려의 요동 점유가 이루어진 것으로 보이지만, 전면적 점거는 그 이후에 이루어진 것으로 보인다.[66]

그런데 400년 3월에도 요동지역의 중심부인 양평에 후연의 현령이 있었다.[67] 그러므로 모용보 재위기간인 396~398년에 고구려가 요동지역의 중심부까지 점령하여 지배했다고 상정하기는 힘들다. 따라서 고구려가 요동지역의 중심부를 완전히 석권하지도 않은 상태에서 후연이 광개토왕을 遼東國王에 봉했다고 볼 수 있다. 후연은 자신의 영역 내에 있는 요동군이라는 군명을 사용하여 광개토왕에게 요동국왕이라는 작호를 수여한 것이다.[68]

이 점은 광개토왕이 遼東王으로 봉 받은 것이 실제적이지 못했음을 말한다. 또한 고구려가 요동왕으로 봉 받은 영역이 요동군을 망라하지 못했을 뜻한다. 이때 모용보의 세력이 급격히 약화되었다. 이에 광개토왕은 요동을 고구려의 영역으로 하려는 의도가 있었다.[69] 그리하여

---

66) 김한규, 앞의 책, 2004, 259쪽.

67) 『資治通鑑』 111, 晉紀 33, 隆安 4年 3月.

68) 여호규, 앞의 책, 2006, 55쪽. 모용보 시기(396~398) 고구려의 광개토왕은 요동을 완전히 장악하여 처음으로 平州牧·遼東 帶方 二國王을 자임하면서 長史·司馬·參軍관을 설치함으로써(『北史』 94, 高麗傳) 요동에 대한 지배의 안정성을 확보하였다고 한다(金裕哲, 「중국사서에 나타난 고구려의 국가적 정체성」 『고구려연구』 18, 2004, 24쪽). 이 견해에 따르면, 광개토왕이 평주목과 요동 대방이국왕을 자임한 것이 된다.

69) 지배선, 앞의 책, 1986, 309쪽. 고구려의 요동군 공략은 광개토왕의 최초의 西進政策을 대변하였다고 한다(지배선, 앞의 책, 1986, 309쪽).

광개토왕은 平州牧·遼東·帶方 二國王을 자임하였다.[70] 이 관작을 광개토왕은 모용보에게 요구해 얻었을 가능성이 있다. 이를 통해 고구려는 이 지역에 대한 영유권을 후연으로부터 할양받기로 하였다고 보여진다.

다음으로 후연의 모용보가 고구려의 광개토왕에게 수여한 대방국왕이라는 관작을 보자. 385년에 慕容佐가 後燕의 帶方王으로 되어 있다.[71] 그리고 후연은 402년, 劉贊을 帶方太守로[72] 임명하였다. 여기의 대방태수는 후연의 지방관으로, 후연의 영역 내에 설치된 僑郡일 것이다. 그러므로 平州刺史 모용좌의 帶方王이라는 작호도 후연의 경내에 존재하던 僑郡인 帶方郡을 근거로 수여했다고 추정된다. 따라서 광개토왕이 후연으로부터 받은 책봉호의 대방이라는 지명은 한반도 서북부의 帶方 故地를 지칭한다기 보다는 후연에 설치되었던 교군일 가능성이 높다. 그러므로 대방국왕이라는 작호도 요동국왕처럼 후연의 경내에 존재하던 행정구역명을 바탕으로 수여되었던 것이다.[73]

---

70) 金裕哲, 앞의 논문, 2004, 24쪽. 고구려의 광개토왕은 요동을 완전히 장악하여 처음으로 平州牧·遼東 帶方 二國王을 자임하면서 長史·司馬·參軍관을 설치함으로써(『北史』 94, 高麗傳) 요동에 대한 지배의 안정성을 확보하였다고 한다(金裕哲, 위의 논문, 2004, 24쪽).

71) 『資治通鑑』 106, 晉紀 28, 太元 10年 1月.

72) 『十六國春秋輯補』 47, 後燕錄 6, 光始 2年.

73) 여호규, 앞의 논문, 2006, 55~56쪽. 후연은 지방행정구역이나 僑郡의 명칭을 사용해 광개토왕의 책봉호를 수여하고, 고구려왕이라는 본국 왕호를 인정하지 않았다. 이 점은 이전인 前燕 때에 故國原王에게 營州諸軍事·營州刺史라는 도독제군사호와 지방관을 수여하고, 고구려왕이라는 본국 왕호를 인정한 것과 큰 차이가 있다. 후연이 광개토왕에게 수여한 책봉호는 고구려 세력권을 인정한다는 측면 보다 광개토왕을 후연의 內臣으로 표방하려는 측면이 강했던 것이다. 이와 함께 후연은 광개토왕에게 국왕호를 2개나 수여하여 후연의 다른 皇族이나 勳臣에 비해 우대하겠다는 의사를 명확히 표현했다. 이러한 현상은 다음과 같이 해석된다고 한다. 후연은 北魏에게 밀려 북중국의 동반부를 상실했으며,

광개토왕이 모용보로부터 대방국왕이라는 작호를 받은 것도 요동국
왕과 같은 의미가 있다. 그것은 모용보가 후연 영역 내의 대방군에
대한 영유권을 할양해 준다는 의미인 것이다.

요동국왕과 대방국왕의 예로 보아, 앞의 광개토왕이 받은 평주자사
도 같은 맥락에서 해석할 수 있다. 그것은 광개토왕이 후연에게 평주자
사를 자임하며74) 그 할양을 모용보에게 요구하고, 후연은 평주지역에
대한 영유권을 고구려에게 인정하겠다는 것으로 해석된다.

그렇다면 평주는 고구려에게 어떤 의미가 있는 지역일까? 여기에서
南朝의 여러 왕조가 長壽王 이래로 수여한 使持節 都督營平二州諸軍事를
주목해 보자. 위의 관작에서 사지절과 도독은 황제의 信標인 符節을
받아 독자적으로 統軍한다는 의미이다. 使持節과 都督에 대한 『宋書』와
『南齊書』百官志의 내용을 종합해 보면, 도독은 일차적으로 군사적

___

황제국이라는 국가적 위상마저 위협받고 있었다. 오히려 고구려의 침공을 걱정
해야 할 정도로 위급한 상황이었다. 후연은 이러한 상황을 모면하기 위해 광개토
왕에게 책봉호를 수여했다. 이에 따라 고구려의 세력권을 인정하기 보다는
광개토왕이 후연의 내신임을 표방하는 데 급급했다. 이에 군사권과 관련된
장군호나 도독제군사호를 수여하지 않고, 그 대신 다른 內臣과 동일하게 후연의
지방행정구역이나 僑郡의 명칭을 사용한 지방관명과 작호만 수여했던 것이다.
다만 고구려의 환심을 사기 위해 國王號를 두 개나 수여함으로써 다른 內臣보다
우대하는 것처럼 공표했다. 후연은 황제국의 위상을 위협받으며 자신의 국가적
위기상황을 모면하기 위해 광개토왕을 책봉했다고 한다(여호규, 위의 논문,
2006, 56~58쪽).
이 견해에는 다음과 같은 문제점이 있다. 고구려의 침공을 걱정할 정도로 후연은
위급했다고 하였다. 이 상황에서 후연은 고구려에게 후연의 내신임을 표방하기
위해, 군사권과 관련된 장군호나 도독제군사호를 수여하지 않았다. 그 대신
다른 內臣과 동일하게 후연의 지방행정구역이나 僑郡의 명칭을 사용한 지방관명
과 작호만 수여했다는 것이다. 이 견해는 잘 이해가 되지 않는다. 이와 관련하여,
제기되는 문제가 있다. 그것은 책봉의 당사자인 고구려가 후연에게 이렇게
위협적인데, 후연의 내신을 강조하는 책봉호를 받아들였겠느냐는 점이다.
74) 김유철, 앞의 논문, 2004, 24쪽.

기능을 갖지만 당해 지역의 民政權을 갖는 州刺史를 겸하였으며, 황제로부터 부절을 받음으로써 자율성을 보장받았고, 수 개의 州를 관장하였다. 따라서 남조의 제왕조가 장수왕이래로 수여한 使持節 都督營平二州諸軍事는 營州와 平州에 대한 군사권을 남조의 황제로부터 위임받았음을 말한다. 그러나 문제는 영주와 평주가 北魏가 北燕을 攻滅한 이래로 줄곧 北朝의 영역이었다는 점이다. 영주와 평주는 현실적으로 고구려의 지배력이 직접 미칠 수 없다는 점이다.

그러나 영주와 평주가 고구려와 전혀 무관한 지역이 아니었다.『廣開土王陵碑』에 광개토왕이 공략했다는 패려·북풍·숙군성 등이 모두 영주와 평주의 영역에 해당된다. 또한『舊唐書』高麗傳에 고구려의 영역이 요수를 건너 영주에 이른다고 하였다. 이로써 보면 영·평주는 고구려가 한 때 점유하였거나 진출을 시도하는 등 고구려와 깊이 관련된 지역이다. 따라서 南朝가 현실적으로 고구려의 지배권이 미칠 수 없는 영·평주에 대한 군사권을 고구려왕에게 위임한 이유는 무엇일까? 그것은 영·평주에 대한 고구려의 연고권을 인정하여, 향후 고구려가 이 지역에 대한 군사적 지배를 관철시켜 北朝를 견제하기를 기대한다는 표현이었을 것이다.[75]

이 점을 고구려의 입장에서 생각할 수 있다. 고구려는 영·평주에 대한 관작을 남조에 요청했다. 이에 대해, 남조가 이 관작을 수락했을 가능성이 있다는 점이다.

이로 보아, 광개토왕은 평주에 대한 고구려의 연고권을 자임하고 평주목의 관작을 후연에게 요구했을 것으로 판단된다.

결국 후연과 고구려는 양국관계에서 다음의 관계에 있었다. 후연은

---

75) 김종완,「고구려의 조공과 책봉의 성격」『고구려연구』18, 2004, 628쪽.

고구려를 책봉하는 형식으로 상위의 입장에 있었다. 그러나 그 책봉명에서 보듯이, 고구려는 후연으로부터 평주와 요동, 대방지역에 대한 영유권을 할양받는 실익을 가졌던 것이다. 따라서 양국사이의 조공과 책봉은 철저하게 국가적 이익이 반영되어 있었다.

이와 관련하여 주목되는 사실이 있다. 그것은 광개토왕에 대한 후연의 책봉이『梁書』와『北史』에만 나온다는 사실이다. 정작 후연의 역사를 기술한『晉書』慕容寶載記나『十六國春秋輯補』後燕錄에는 나오지 않는다.[76)]

후연과 고구려의 책봉관계가 후연 자신의 기록에 보이지 않고 있는 것이다. 그 이유는 무엇일까? 그것은 후연이 고구려를 책봉한 것이 후연의 사서에 기록되기에 문제가 있었던 때문이 아닐까? 고구려의 후연에 대한 평주와 요동, 대방군에 대한 할양 요구와 그에 대한 인정이 후연에게는 결코 바람직하지 않았다. 그래서 이 사실이 후연 자신의 역사서에 기술되지 않았을 가능성이 있는 것이다.

그렇다면 무엇 때문에 후연은 고구려에게 평주와 요동, 대방지역에 대한 할양을 인정해 주었던 것일까? 이와 관련하여, 이 시기의 정세를 살펴보자. 앞에서 보았듯이, 광개토왕이 후연으로부터 요동왕으로 책봉받은 해는 396년이다. 그런데 후연의 각지에서 반란이 일어나던 400년 3월에, 襄平令 段登이 謀叛을 일으켰다.[77)] 양평이 요동군의 치소이므로 이때까지는 후연이 요동지역을 장악했다고 볼 수 있다. 그렇지만, 이를 계기로 요동 일대가 대혼란에 빠졌을 가능성을 상정해 볼 수 있다고 한다.[78)]

---

76) 여호규, 앞의 논문, 2006, 19쪽.

77)『資治通鑑』111, 晉紀 33, 隆安 4年(400).

78) 여호규, 앞의 논문, 2005, 36쪽.

따라서 400년까지의 시기에, 요동은 후연의 영역이 분명하다. 그렇다면 모용보가 396년에 광개토왕에게 후연의 영역인 요동에 대한 영유권을 인정해, 이에 대한 작호인 요동왕 칭호를 줄 수 있겠느냐는 문제가 제기된다.

이와 관련하여, 이 무렵에 중국지역이 분열되어 있었던 점을 주목할 수 있다. 특히 북중국지역에서는 선비족이 세운 후연과 북위가 격렬한 전쟁을 전개하고 있었던 것이다. 앞에서 보았듯이, 후연은 395년에 북위와의 전쟁에서 크게 패했다. 이에 후연의 모용수는 396년 3월에 군사를 이끌고 비밀리에 출발했다. 그는 青嶺을 넘어 天門을 지나 산을 뚫고 길을 통하게 해, 북위가 생각하지 못한 길로 나가, 곧 바로 雲中으로 향하였다. 윤3월에, 후연의 군대는 산서성 대동시에 위치한 平城에 이르러 북위군대를 격파했다. 그러나 모용수는 참합피를 지날 때, 후연인들의 해골이 산처럼 쌓여 있는 것을 보고 분하여 피를 토했다. 그는 4월에 하북성 회래현에 위치한 上谷의 沮陽에서 죽었다. 이에, 4월 29일 태자 모용보가 즉위했다.[79]

모용보가 즉위한 초부터 후연은 안정되지 못했다. 이 점과 관련하여 『晉書』의 기록을 보자.

垂의 남아있는 명령을 준수하고 戶口를 校閱하였고 여러 軍營을 罷하여 郡縣에 분속시켰다. 士族의 舊籍을 정하여 그 관청의 풍속을 밝게 하였다. 그리고 법이 준엄하고 정치가 엄격하여 上下가 德에서 멀어져

---

79) 『資治通鑑』 108, 晉紀 30, 太元 21年(396). "三月 更子 燕主垂……引兵密發 踰青嶺 經天門 鑿山通道 出魏不意 直指雲中……閏月 乙卯 燕軍至平城 虔乃覺之 帥麾下出戰 敗死 燕軍盡收其部落 魏王珪震怖欲走……垂之過參合陂也 見積骸如山 爲之設祭 軍士 皆慟哭 聲震山谷 垂慙憤嘔血 由是發疾……夏 四月 癸未 卒於上谷之沮陽…… 壬寅 太子寶卽位."

백성들 가운데 난을 생각하는 자가 10室에서 9였다.[80]

이 기록에서 보듯이, 모용보는 호구를 교열하였고 여러 군영을 파하여 군현에 분속시켰다. 이 조치는 결과적으로 慕容部의 遊牧社會 특유의 전투공동체 의식을 약화시켰다. 게다가 모용보 휘하의 백성들 가운데 난을 생각하는 자가 10에서 9였다. 이는 모용보의 즉위초부터 후연이 안정되지 못했다는 것을 입증한다.[81]

北魏의 拓跋珪는 모용보의 실정으로 후연이 구심력을 잃자, 공세로 나가기 시작했다. 396년 6월에 탁발규는 장군 王建 등을 파견해 후연의 廣寧을 공격해 그 部落을 平城으로 옮겼다. 후연의 上谷太守 開封公 詳은 郡을 버리고 달아나는 사태가 나타났다.[82]

이는 모용보가 즉위한 지 2개월 후의 상황으로, 중요한 변화가 나타났음을 보여준다. 북위가 후연에 대해 공격적 자세를 취한 것으로, 후연 모용수 시대에는 없었던 일이다.[83]

396년 7월에 북위는 처음으로 천자의 旌旗를 세우고 연호를 皇始로 고쳤다. 드디어 같은 해 8월에 탁발규는 후연을 대규모로 공격했다. 이때 보병과 기병이 40餘萬 명으로, 旌旗가 2천여 리에 이르렀고, 북위군은 북을 치고 나아갔다. 또 장군 封眞 등을 파견하여 동쪽 길에서 軍都로 나와 후연의 幽州를 습격했다. 이어 9월에는 북위왕 탁발규가 후연의 幷州를 빼앗았다.[84]

---

80) 『晉書』124,「慕容寶載記」. "遵垂遺令 校閱戶口 罷諸群英分屬郡縣 定士族舊籍 明其官儀 而法峻政嚴 上下離德 百姓思亂者 十室而 九焉."
81) 池培善, 앞의 책, 1986, 296~297쪽.
82) 『資治通鑑』108, 晉紀 30, 太元 21年(396). "六月 癸酉 魏王珪遣將軍王建等擊燕廣寧太守劉亢泥 斬之 徙其部落於平城 燕上谷太守開封公詳棄郡走."
83) 지배선, 앞의 책, 1986, 296~298쪽.

이러한 양국 전쟁의 결과는 모용수에 의해서 이룩된 후연의 영토가 모용보 시대에 북위의 공격으로 축소되었다는 것을 말한다.[85] 특히 396년 8월에 북위가 후연을 공격할 때, 40만 명의 보병과 기병이 동원되어, 북을 치고 나아갔다. 이러한 북위의 공격은 후연에게는 극도의 공포를 주었을 것이다.

북위의 무서운 기세에 대해, 후연의 尙書 封懿는, 북위의 군사는 수십만 명으로 천하의 강적이니 험난한 관문에서 그들을 방어하며 싸울 것을 건의했다. 북위의 공세는 계속되어 같은 해 10월에는 탁발규가 常山을 공격하여 그곳을 점령하였다. 이에 상산에서부터 그 동쪽에 있는 여러 군과 현이 모두 북위의 영역이 되었다. 오직 中山·鄴·信都의 세 성만을 후연이 지키게 되었다.[86]

북위의 공격에 대해, 후연도 저항했다. 396년 11월에 북위가 중산을 공격했을 때, 후연의 慕容隆이 남쪽 성곽을 지키며 무리를 거느리고 힘써 싸워 북위군 수천 명을 죽이거나 부상시켜서 마침내 북위의 군사가 물러났다. 또한 같은 달에, 慕容宙가 龍城에서 돌아와 북위가 침략했다는 소식을 듣고, 말을 달려 薊로 들어가서 慕容蘭과 함께 城을 굳게 지켰다. 북위의 별장 石河頭가 공격했으나 이기지 못하고 물러나 漁陽에 주둔했다.[87] 그러나 이러한 후연의 저항은 북위군의 공세를 저지시

---

84) 『資治通鑑』108, 晉紀 30, 太元 21年(396). "秋 七月……魏羣臣勸魏王珪稱尊號 珪始建天子旌旗 出警入蹕 改元皇始……八月 己亥 魏王珪大擧伐燕 步騎四十餘萬 南出馬邑 踰句注 旌旗二千餘里 鼓行而進……別遣將軍封眞等從東道出軍都 襲燕幽州……九月……魏王珪遂取并州."

85) 지배선, 앞의 책, 1986, 299쪽.

86) 396년 8월에서 10월까지 북위는 후연을 공격하여 곤경에 몰아넣고 있었다. 광개토왕은 이 무렵에 平州牧과 遼東·帶方 二國王을 자임하며 모용보에게 그 관작을 요구했다고 보여진다.

87) 『資治通鑑』108, 晉紀 30, 太元 21年(396). "燕主寶聞魏軍將至 議于東堂……尙書封懿

켰을 뿐, 후연의 영역에서 북위군을 몰아낸 것은 아니었다는 한계를 가진다.

앞에서 보았듯이, 395년과 396년에 후연은 북위와 격렬한 대립을 하고 있었다. 이런 상황에서 광개토왕은 책봉을 받았다.[88] 그러므로 광개토왕은 유리한 입장에서 후연과 책봉협상을 이끌 수 있었다고 판단된다. 이때 광개토왕은 모용보에게 요동왕으로 책봉해 줄 것을 요구했다고 보인다. 후연의 모용보는 파죽지세로 달려드는 북위의 공세 앞에 놓여 있었다. 고구려가 공격한다면, 모용보는 고립무원의 처지에 빠지게 된다. 이에 모용보는 광개토왕에게 요동왕이라는 작호를 주는 것을 수용하지 않을 수 없었다고 보인다.

위에서 본 양국의 관계는 다음과 같이 정리될 수 있다. 첫째, 후연은 고구려를 책봉하는 형식을 취한다. 이 점은 兩國관계에서 후연이 주축이었다는 것을 뜻한다.[89]

둘째, 고구려는 요동왕을 후연으로부터 봉 받았다. 이를 통해 고구려

曰 今魏兵數十萬 天下之勍敵也 民雖築堡 不足以自固 是聚兵及粮以資之也 且動搖民心 示之以弱 不如阻關拒戰 計之上也……冬 十月……魏王珪進攻常山 拔之 獲太守苟延 自常山以東 守宰或走或降 諸郡縣皆附於魏 惟中山 鄴 信都三城爲燕守. 十一月……戊午 珪進軍中山 己未 攻之 燕高陽王隆守南郭 帥衆力戰 自旦至晡 殺傷數千人 魏兵乃退……章武王ับら自龍城還 聞有魏寇 馳入薊 與鎭北將軍陽城王蘭乘城固守 蘭垂之從弟也 魏別將石河頭攻之 不克 退屯漁陽."

88) 冊封과 朝貢이라는 외교형식은 中華的 세계관의 산물이다. 본래 책봉과 조공은 중국 내부의 정치 질서였지만, 중국의 황제가 주변국가의 君長에게 특정한 官爵과 물품을 줌으로써 그의 지위를 공인하여 臣屬시키는 외교형식으로 발전한 것이다. 그렇지만 책봉·조공관계의 성격은 각 시기마다 상이한 모습을 띠었다. 특히 남북조시대에 중국 세력이 분열되어 주변국가에 대한 규제력이 약화된 상황에서는 책봉·조공이 실질적인 종속관계를 전제로 한 것이 아니라, 주변 국가와 중국의 여러 왕조가 맺는 외교관계의 한 형식에 지나지 않았다고 한다(임기환, 앞의 논문, 2002, 13~14쪽).

89) 지배선, 앞의 책, 1986, 308쪽.

는 장차 요동지역에 대한 점유권을 후연으로부터 인정받는 실리를 얻었다고 해석된다.

그런데 安(廣開土王)이 처음으로 설치한 長史·司馬·參軍은 막부를 구성한 幕僚들로, 후연의 관직이었다.[90]

여기에서 주목할 점이 있다. 그것은 이때 설치한 관직이 어떤 배경 하에서 설치되었는가를 살펴볼 필요가 있다는 점이다. 후연은 북위의 침입으로 국가적 위기를 맞고 있었다. 이러한 위기 속에서, 고구려와 후연은 책봉관계를 맺었다. 그러므로 고구려가 이때에 설치한 장사 등의 막료는 후연과의 외교를 위해 설치된 것이었을 뿐이다. 이들 관직은 고구려 국내에서는 어떤 역할이나 기능도 할 수 없었던 것이다.

이와 관련하여, 다음의 사실을 살펴보자. 고구려의 君主는 중국의 여러 왕조로부터 받은 官爵을 국내와 주변 국가에 과시하며 정치에 이용한 흔적이 없다는 분석이 주목된다.[91] 이 점은 광개토왕에게도 적용된다. 장수왕대에 건립된 『廣開土王陵碑』에는 後燕으로부터 받은 平州牧·遼東·帶方 二國王이라는 관작을 이용하여 광개토왕의 왕권을 과시하려 한 글귀가 보이지 않는다. 『삼국사기』에도 광개토왕이 후연 에게서 받은 관작을 과시하며 정치에 이용한 기록이 없다. 이 점은 광개토왕이 모용보에게서 받은 관작이 실질적인 의미가 없음을 잘 보여주는 것이다.

무엇 때문에 고구려는 후연의 책봉을 받아들였을까. 여기에서 고구려와 백제의 관계를 주목할 수 있다. 광개토왕은 후연으로부터 책봉을 받은 해인 영락 6년(396)에 백제를 정벌했다. 이때의 공격이 대규모로

---

90) 金翰奎, 앞의 책, 1997, 339~340쪽.

91) 李成珪, 「中國의 分裂體制模式과 東아시아 諸國」 『한국고대사논총』 8, 1996, 300~318쪽.

이루어졌음은『廣開土王陵碑』에 기록되어 있다. 이 기록을 보면, 광개토왕은 친히 고구려군을 이끌고 백제를 쳤다. 고구려군은 백제의 寧八城, 臼模盧城, 各模盧城, 幹氐利城, □□城, 閣彌城, 牟盧城, 彌沙城 등을 공격하여 취했다. 그러나 백제는 항복하지 않고 나와 싸웠다. 이에 광개토왕은 阿利水를 건너, 정병을 보내어 그 수도로 진격시켰다. 고구려군은 성을 포위해, 백제의 아신왕을 항복시켰다. 아신왕은 이제부터 영원히 고구려왕의 奴客이 되겠다고 맹세했다. 이때, 광개토왕은 백제의 58개 성, 7백 개 촌을 얻었다. 또한 백제왕의 아우와 대신 10인을 데리고 수도로 개선하였다.[92]

『廣開土王陵碑』의 영락 6년에 나타난 기록으로 보아, 고구려는 이때 대군을 동원해 백제를 공격했다. 고구려가 백제에 대한 공격에 군사력을 동원하기 위해서는 배후인 후연과의 평화가 필요했다. 고구려는 후방의 후연을 의식하지 않고 백제 공격에 집중하기 위해, 후연의 책봉을 받아들였다.[93] 그러므로 고구려와 후연의 책봉관계는 평화협정의 성격을 띤 것으로, 국제적인 이해관계가 반영된 것이었다.

그런데 광개토왕은 후연의 모용보가 북위의 집중적인 공격을 이 무렵에 받고 있다는 점을 알고 있었다. 그는 이때 후연의 허점을 이용해 평주와 요동·대방 지역을 공격해 차지할 수 있었다. 그러나 광개토왕은 평주목과 요동왕·대방왕의 관직을 자임해 이 관작을 모용보에게 받아내었다. 이를 통해 이 지역에 대한 영유권을 외교적으로 인정받았던

---

92) 『廣開土王陵碑』. "以六年丙申, 王躬率□軍, 討伐殘國. 軍□□首攻取寧八城, 臼模盧城, 各模盧城, 幹氐利城, □□城, 閣彌城, 牟盧城, 彌沙城……□其國城. 殘不服義, 敢出百戰, 王威赫怒, 渡阿利水, 遣刺迫城. □□歸穴□便圍城, 而殘主困逼, 獻出男女生口一千人, 細布千匹, 跪王自誓, 從今以後, 永爲奴客. 太王恩赦□迷之愆, 錄其後順之誠. 於是得五十八城村七百, 將殘主弟幷大臣十人, 旋師還都."
93) 강재광, 앞의 논문, 2009, 20쪽.

66

것이다. 그러므로 광개토왕은 후연과 책봉이라는 외교형식을 통해 실리를 얻었다고 볼 수 있다.

한편으로 지적해야 할 사실이 있다. 그것은 광개토왕이 한반도 중심의 시각을 넘어서, 동아시아의 대세를 보고 고구려의 방향을 결정했다는 점이다. 고구려는 적대국인 후연과 백제 사이에 끼어 있었다. 언제나 양면에서 전쟁을 할 위험이 있었다. 이런 고구려의 지정학적 위치는 뒤 시기의 고구려와 북위·백제와의 관계에서도 보인다. 북위는 430년대에 북중국을 제압하고, 요서지방과 화북의 일부를 차지하던 북연을 멸망시키려 하였다.[94]

이때 고구려의 장수왕은 군대를 서쪽으로 진군시켰다. 이에 북위군과 고구려군이 436년 5월에 북연의 수도인 和龍城(朝陽)을 사이에 두고 대치하는 상황이 벌어졌다. 그 때 성 안에 있던 尙書令 郭生이 성문을 열어 북위군을 끌어들이려 하였다. 그렇지만 북위군은 의심하여 움직이지 않았다. 이 틈을 타 葛盧와 孟光이 이끄는 수만 명의 고구려군은 화룡성으로 들어가 성을 장악했다. 이때 고구려군은 북연의 황제 馮弘과 그 백성을 이끌고 고구려로 돌아왔다.[95] 북연 문제를 둘러싼 분쟁이 일단락된 이후에, 고구려와 북위의 관계는 계속 긴장과 대립상태를 유지하였다. 고구려는 439년에 북위에 사신을 보낸 이후, 사신을 보내지 않았다. 그러나 462년 고구려가 북위에 사신을 보낸 이후, 465년 이후부터 매년 고구려에서 사신을 보냈다. 그에 따라 북위사신이 빈번하게 내왕하였다.[96]

이런 상황에서, 백제는 개로왕 18년(472)에 북위에 국서를 보냈다.

---

94) 노태돈, 앞의 책, 1999, 299~300쪽.
95)『十六國春秋』100, 北燕錄 3,「馮弘傳」.
96) 노태돈, 앞의 책, 1999, 304~309쪽.

이 국서는 다음과 같은 내용을 담고 있다.

　　우리나라는 고구려와 같이 근원이 扶餘에서 나왔습니다. 선대 때에는
옛 정의를 돈독하게 존중했는데 그 조상 釗(필자 주 : 고국원왕)가 가볍
게 이웃 간의 우호를 깨뜨리고 친히 군사를 거느려 우리의 국경을
침입했습니다. 저의 조상 須(필자 주 : 근구수왕)가 군사를 정비하여
번개같이 달려가 기회를 타서 공격해 활과 돌이 잠시 동안 교차한
후에 쇠의 목을 베어 달았던 것입니다. 이러한 뒤에는 감히 남쪽을
돌아다보지 못하더니 馮氏의 운수가 다하여 그 남은 무리가 도망해
온 이래로 추악한 무리(고구려)가 점차 성하여져서 드디어 (백제)는
업신여김과 핍박을 당하게 되었습니다. 원한을 맺고 화를 연속함이
삼십여 년, 재정이 다하고 힘이 다하여, 넘어져 저절로 잔약하고 조심하
게 되었습니다. 만약 황제의 인자와 간절하게 아끼시는 마음이 멀리
미치지 않는 곳이 없다면 빨리 한 장수를 보내어 臣의 나라에 와서
구해 주소서.……臣이 비록 민첩하지 못하지만, 뜻에 힘쓰고 힘을 다하
여 마땅히 통솔하는 바를 이끌고 위풍을 받들어 호응할 것입니다.97)

　　국서에서 보듯이, 백제는 고구려에 대한 협공을 북위에게 제안하고
있다. 이 점은 북위에게 속히 장수를 보내달라는 표현과, 개로왕이
통솔하는 군대를 거느리고 호응할 것이라는 구절에서 분명히 알 수
있다.

---

97)『三國史記』25, 百濟本紀 3, 蓋鹵王 18年(372). "臣 與高句麗 源出扶餘 先世之時
　　篤崇舊款 其祖釗輕廢鄰好 親率士衆 凌踐臣境 臣祖須整旅電邁 應機馳擊 矢石暫交
　　梟斬釗首. 自爾以來 莫敢南顧 自馮氏數終 餘燼奔鼠 醜類漸盛 遂見凌逼 構怨蓮禍
　　三十餘載, 財殫力竭 轉自屛跛 若天慈曲矜 遠及無外 速遣一將 來求臣國……臣雖不敏
　　志效畢力 當率所統 承風響應."

고구려와 백제와의 관계는 위의 국서에서 보듯이, 고국원왕 이래로 적대관계였다. 광개토왕대와 개로왕이 국서를 보낸 472년에 고구려가 처한 지정학적 상황은 동일했다. 후연에 이어 북위가 고구려에게는 잠재적인 위협으로 존재하고 있었던 것이다.

이런 점으로 보아, 광개토왕대에 가장 시급한 과제는 후연과 백제라는 적대세력에 대해 어떻게 대처하는가가 중요한 사안이었을 것이 분명하다. 광개토왕대에 최악의 경우, 고구려가 양면에서 전쟁을 한다면, 효율적으로 대처하는 방법은 무엇인가? 그것은 고구려 보다 약한 적을 공격해, 더욱 약하게 하는 것이다. 이렇게 된다면, 고구려는 양면에서 전쟁을 하더라도 효율적으로 대처할 수 있다. 후연과 백제 중에 약한 적은 백제였다. 광개토왕의 백제 공격은 실제로는 고구려가 처한 양면에서의 전쟁 가능성에 대비해 이루어졌던 것이다.

Ⅳ. 맺음말

맺음말은 지금까지의 내용을 정리하는 것으로 대신하고자 한다. 광개토왕은 395년(영락 5년)에 시라무렌강 유역에 있던 패려를 정벌했다. 이 시기에 후연과 북위는 긴박하게 대립하고 있었다. 북위는 395년 3월에 후연의 변경을 침입하였다. 이에 대해 후연은 9만 8천명의 대군으로 북위를 공격했다. 북위는 22만의 기병을 3개 노선으로 나누어 후연을 막았다. 이때 후연에서 내분이 일어났다. 결국 북위는 395년 11월에, 내몽골의 凉城지방에 있던 參合陂에서 후연의 군대를 대패시켰다.

앞 시기인 385년에, 고구려와 후연은 요동지역 영유를 둘러싸고 충돌했었다. 이 시기 이후, 두 나라는 잠재적인 적대국으로 서로를 의식하고 있었다. 395년에 전개된 후연과 북위의 격렬한 대결 속에서, 고구려 광개토왕은 후연의 견제 없이 패려를 정벌할 수 있었다.

이러한 패려 정복에서 획득한 수를 셀 수 없는 우마군양은 고구려의 국부와 군사력을 증진시켰을 것이다. 이 물적 자원은 이듬해인 396년에 있었던 백제에 대한 공격에 유용하게 사용되어졌을 것이다.

한편 영락 5년조의 후반부인 토경을 유관했다는 기사의 의미는 무엇일까? 이 기사에 따르면, 광개토왕이 거느린 고구려군은 패려를 토벌했다. 그 후 요동반도를 거쳐, 토경을 유관하고 전렵을 하며 고구려의 영토로 돌아왔다. 그런데 이때 요동지역은 후연이 점유하고 있었다.

후연은 395년에 북위와 격렬한 전쟁을 하고 있었다. 북위와의 전쟁을 위해, 후연의 군대가 대규모로 동원되었다. 이런 정세 속에서, 고구려군은 요동을 지나며, 전렵을 통해 지형과 지물을 파악할 수 있었다. 그런데 고구려군이 이 지역을 차지하지 않은 이유는 백제를 의식한 때문이었다. 광개토왕은 후연 보다 역량이 약한 백제를 이듬해인 396년에 공격하기 위해, 요동지역 진출을 자제했던 것이다.

한편 고구려와 후연의 관계가 주목된다. 후연은 모용보가 즉위한 396년 4월 이후에, 광개토왕을 平州牧으로 삼고 遼東·帶方 二國王에 책봉했다. 앞 시기인 385년에, 요동지역 영유를 놓고 전쟁을 치른 고구려와 후연이 책봉이라는 관계를 맺었던 것이다. 이러한 관계가 성립된 이유를 보자. 후연은 396년에 북위의 지속적인 공세를 받고 있었다. 이런 상황에서 고구려가 후연을 공격한다면, 후연은 협공당하는 형세가 된다. 후연은 고구려로부터 공격을 받지 않기 위한 안전장치로서 책봉이라는 형식을 이용했다.

그렇다면 고구려가 후연의 책봉을 받은 이유는 무엇일까? 광개토왕은 396년에 북위와 후연의 격렬한 대립을 이용해, 후연을 공격할 수도 있었다. 이를 통해 그는 평주와 요동·대방지역을 군사적으로 차지할 수도 있었다. 그러나 그는 후연으로부터 오히려 책봉을 받았다. 광개토왕은 平州牧과 遼東·帶方 國王을 자임하며 이를 후연의 모용보로부터 책봉의 형식으로 인정받았다. 이를 통해, 이 지역에 대한 영유권을 후연으로부터 인정받았다. 후연이 고구려에게 이 지역의 영유권을 인정한 까닭은 모용보가 북위의 공격으로 수세에 처해 있었기 때문이었다.

그런데 광개토왕은 후연과의 책봉으로 396년에 백제에 대한 공격에 집중할 수 있었다. 그는 396년에 대대적인 백제에 대한 공격을 통해, 백제의 기세를 꺾어놓았다. 광개토왕의 백제 공격은 백제와 후연이라는 적대적인 세력에 끼여 있는 고구려의 지정학적 위험성을 감소시키기 위해 이루어진 것이었다.

제3장 동아시아의 정치적 정세와 고구려의 동향

-397년(廣開土王 6)~400년(廣開土王 9)을 중심으로-

Ⅰ. 머리말

397년(廣開土王 6)부터 400년(廣開土王 9)까지의 고구려에 대한 기록은 소략하다. 중국 측의 사료를 보자. 『資治通鑑』에는 "400년 정월, 고구려왕 高安이 後燕을 섬기면서 禮가 태만하였다. 400년 2월에 후연의 慕容盛이 스스로 군사 3만 명을 이끌고 고구려를 습격하였다"는 내용이 있다.[1] 그리고 한국 측의 사료인 『三國史記』의 廣開土王 9年(400) 正月에, 왕이 사신을 보내 후연에 조공하였다는 구절이 있다.[2] 이와 함께 금석문으로는 『廣開土王陵碑』가 있다. 이 기록에는 399년에, 百濟가 서약을 위반하고 倭와 화통하였으며, 400년에, 高句麗가 新羅를 구원한 사실이 기록되어 있다.[3]

지금까지 보았듯이, 이 시기에 대한 관련기록이 영성해, 고구려의 동향을 이들 기록만으로 이해하기에는 부족한 점이 있다. 이와 관련된

---

1) 『資治通鑑』 卷111, 晉紀 33, 隆安 4年(400).
2) 『三國史記』 卷18, 高句麗本紀 6, 廣開土王 9年.
3) 『廣開土王陵碑』.

연구를 보자. 慕容盛 재위시의 후연과 고구려의 관계를 北魏와의 관계를 염두에 두고 분석한 연구가 있다.[4] 또한 400년, 모용성의 고구려에 대한 공격은 후연 국내의 어려운 상황과 관련되었다는 검토가 있다.[5] 한편 4세기~5세기 초 高句麗와 慕容 '燕'의 영역 확장과 지방지배 양상을 비교해, 양국이 추구했던 국가위상과 발전방향을 고찰한 연구가 있다.[6]

본장에서는 앞 시기의 연구 성과를 바탕으로, 397~400년까지 동아시아의 정세 속에서 고구려의 동향을 파악하고자 한다.

지금까지의 연구에서, 후연의 내정문제와 후연과 북위 상호간의 대치가 고구려에게 어떤 영향을 끼쳤는가는 미흡하게 다루어져 왔다. 또한 한반도에서 백제와 신라·가야에 대한 고구려의 대응을 397~400년이라는 시기에 조명을 맞추어 연구한 논문도 드물다. 본장은 이 점을 염두에 두고 고구려의 국가적인 진로를 검토해 보려 한다. 한편 이 시기에 있은 백제의 고구려에 대한 공격 시도를 인천지역과 관련하여 살펴보고자 한다.

4) 池培善, 『中世東北亞史硏究-慕容王國史를 중심으로-』, 一潮閣, 1986, 332~334쪽.
5) 공석구, 「高句麗와 慕容 '燕'의 갈등 그리고 교류」 『강좌 한국고대사』 4, 2003, 75~76쪽.
6) 여호규, 「4세기~5세기 초 高句麗와 慕容 '燕'의 영역 확장과 지배방식 비교」 『한국고대사연구』 67, 2012, 81~84쪽.

Ⅱ. 397년(광개토왕 6)~398년(광개토왕 7)
後燕·百濟의 정세와 高句麗의 국력 비축

『三國史記』에는 397년(광개토왕 6)부터 398년(광개토왕 7)까지의 기록이 없다. 『廣開土王陵碑』역시 그러하다. 이로 보아, 397~398년 시기의 고구려 동향을 알 수 있는 자료는 없다. 그렇지만 이 시기 고구려의 동향은 중국측의 사서에 기록된 後燕과 北魏의 동향을 통해서 유추해 볼 수 있다. 후연은 고구려와 국경을 접하며 북위와 긴장관계를 맺고 있었다. 그러므로 이들 국가의 움직임을 통해, 고구려의 동향을 알 수 있을 것이다.

그런데 후연은 396년에 북위와 격렬하게 대립했다.[7] 이런 상황은 397년에도 그대로 지속되고 있었다. 397년에 북위와 후연은 치열하게 전쟁을 벌이고 있었던 것이다. 다음의 사료를 보자.

(397년 2월)······정축일(9일)에 (北)魏軍이 도착하여 물의 남쪽에 營을 만들었다. (慕容)寶는 군사들을 숨겨서 밤에 건너게 하고 용감한 병사 1만여 명을 모집하여 북위의 군영을 습격했다. 寶는 군영의 북쪽에 진을 치고 원조하였다. 모집한 군인들이 바람으로 불을 놓아 급히 魏軍을 공격하니 魏軍이 크게 어지러웠다.

(拓拔)珪는 놀라 일어나 군영을 버리고 맨발로 도주했다. 연의 장군 乞特眞이 백여 인을 이끌고 그 장막 아래에 도착하여 규의 옷과 신발을 얻었다. 조금 있다가 모집한 군사가 까닭도 없이 스스로 놀라 서로 간에 도끼로 찍고 활을 쏘니 규가 영외에서 이것을 보고 이에 북을 쳐 무리를 모으니 좌우와 中軍의 장수와 군사가 점점 와서 모이니,

---

7) 『資治通鑑』 卷108, 晉紀 30, 太元 21年(396).

대부분이 영외에서 횃불을 들고 있었으며, 기병을 풀어 충돌했다. 모집한 군사가 대패하고 돌아와 모용보 진영에 이르니 모용보가 군대를 이끌고 다시 물을 건너 북쪽으로 갔다.

무인일에, 위가 군대를 정비하여 이르러 연과 서로 대치하였는데 연군이 기운을 빼앗겼다. 모용보가 연군을 이끌고 中山으로 돌아오니 위의 군사들이 따라와서 공격해, 연의 군대가 거듭 패배하였다. 모용보가 두려워하며 대군을 버리고 기병 2만 명을 거느리고 달아나 돌아오니, 이때 큰 바람이 불고 눈이 와 얼어 죽은 사람이 서로 베개를 베었다. 모용보는 위의 군대에게 붙잡힐 것을 두려워하여, 사졸에게 명하여 갑옷과 兵器 수십만을 모두 버리도록 하여 단검도 가지고 오지 못하고, 연의 신하들과 장졸들 중에서 위에 항복하거나 포로가 된 사람들이 너무 많았다.[8]

위에서 보듯이, 후연의 패배는 모용보의 권위와 리더십에 심각한 타격을 주었다. 초반에 기습공격으로 승산을 잡았던 후연군이 까닭없이 대패한 데에는 군을 인솔한 모용보의 책임이 가장 컸다.

여기에서 특히 주목되는 것이 있다. 그것은 모용보가 북위군을 두려워해 大軍을 버리고 기병 2만 명을 인솔하고 도망했다는 것이다. 이 전쟁에서 모용보가 거느린 대군은 步卒 12만 명과 기병 3만 7천 명이었

---

8) 『資治通鑑』卷109, 晉紀 31, 隆安 元年. "(397年) 二月……丁丑, 魏軍至, 營於水南. 寶潛師夜濟, 募勇敢萬餘人襲魏營, 寶陳於營北以爲之援. 募兵因風縱火, 急擊魏軍, 魏軍大亂, 珪驚起, 棄營跣走, 燕將軍乞特眞帥百餘人至其帳下, 得珪衣韉. 既而募兵無故自驚, 互相斫射. 珪於營外望見之, 乃擊鼓收衆, 左右及中軍將士稍稍來集, 多布火炬於營外, 縱騎衝之. 募兵大敗, 還赴寶陳, 寶引兵復渡水北. 戊寅, 魏整衆而至, 與燕相持, 燕軍奪氣. 寶引還中山, 魏兵隨而擊之, 燕兵屢敗. 寶懼, 棄大軍, 帥騎二萬奔還, 時大風雪, 凍死者相枕. 寶恐爲魏軍所及, 命士卒皆棄袍仗, 兵器數十萬, 寸刃不返, 燕之朝臣將卒降魏及爲魏所係虜者甚衆."

다.[9] 이런 후연의 군사력이 북위에 대한 모용보의 두려움으로 인해 궤멸되었다. 이 사건은 모용보의 리더십에 커다란 타격을 주었을 것이다.

또한 모용보는 전쟁에 필수적인 무기와 병기를 버리도록 했다. 이런 행위 역시 모용보가 북위군을 얼마나 두려워했는가를 보여준다. 이와 함께 후연의 신하와 將卒 중에 북위에 항복하거나 포로로 잡힌 사람들이 매우 많았다. 이 점은 후연의 인적인 기반이 무너지고, 후연군의 정보가 북위에 누설되었음을 말한다.

이에 후연의 내부에서는 쿠데타 기도가 있었다. 397년 2월 기묘일(11일) 밤에, 후연의 尙書郎 慕與皓가 그 주군 모용보를 시해하고 趙王 慕容麟을 세울 것을 모의하다가, 이기지 못하자 북위로 도망했던 것이다.[10] 후연은 북위에게 커다란 패배를 당하고 내부적으로는 반란이 일어나는 상황이 전개되고 있었다.

이런 상황 속에서 모용보는 하남성에 있는 중산으로 갔다. 그는 같은 해 3월에, 중산을 버리고 요서지역의 龍城으로 천도할 것을 모의하였다. 3월 14일 밤에 모용보는 태자 모용책, 요서왕 모용농, 고양왕 모용륭과 함께 중산을 빠져나왔다.[11] 이런 가운데, 397년 4월 6일에 후연 왕실의 기틀을 흔들리게 하는 사건이 일어났다. 모용보의 아들인 慕容會가 숙부인 모용농과 모용륭을 습격하였던 것이다. 이때 모용륭은 장막 아래에서 죽고 모용농은 중상을 입고 도망하여 산 속으로 들어갔다.[12]

모용농은 이전 시기인 385년에 후연의 군대를 이끌고 고구려를

 9)『資治通鑑』卷109, 晉紀 31, 隆安 元年(397).
10)『資治通鑑』卷109, 晉紀 31, 隆安 元年.
11)『資治通鑑』卷109, 晉紀 31, 隆安 元年.
12)『資治通鑑』卷109, 晉紀 31, 隆安 元年 4月.

쳐, 요동과 현도를 차지했던 인물이었다.[13] 모용릉 역시 모용농과 같이, 후연을 떠받치고 있던 인물이었다. 모용보가 중산을 버리고 달아나 薊에 도착할 때, 궁중의 친척과 가까운 사람들이 흩어지고 도망하여 거의 모두 없어졌다. 그러나 고양왕 모용릉은 수백 기병을 거느리고 남아서 지켰던 것이다.[14] 후연을 떠받치는 역할을 하던 두 인물의 신상에 큰 문제가 생겼던 것이다. 이것은 후연의 장래가 어둡다는 것을 의미한다.

다음 날인 4월 7일에는 慕容會가 군사를 동원해 모용보를 공격했다. 그러나 모용보 측의 侍御郎 高雲이 밤중에 결사대 100여 명을 거느리고 모용회의 군영을 습격하여, 궤멸시켰다. 모용회는 중산으로 도망쳤으나 慕容詳이 그를 죽였다.[15]

결국 후연에서는 모용보를 배척하고 황제를 자칭하는 상황이 이 무렵에 전개되었다. 다음의 사료를 보자.

5월……慕容詳이 스스로 魏兵을 물리칠 수 있다고 말하며 위엄과 덕망이 이미 떨쳤으므로 이에 황제의 자리에 오르고, 연호를 고쳐 建始라고 하며 百官을 두었다.[16]

이 사건은 상당히 의미심장하다. 후연이 건국된 이래, 처음으로

---

13)『三國史記』卷18, 高句麗本紀 6, 故國壤王 2年.
14)『資治通鑑』卷109, 晉紀 31, 隆安 元年(397). "三月……寶不知麟所之, 以淸河王會軍在近, 恐麟奪會軍, 先據龍城. 乃召隆及驃騎大將軍農, 謀去中山, 走保龍城……甲寅, 寶至薊, 殿中親近散亡略盡, 惟高陽王隆所領數百騎爲宿衛."
15)『資治通鑑』卷109, 晉紀 31, 隆安 元年 4月.
16)『資治通鑑』卷109, 晉紀 31, 隆安 元年 5月 甲辰條. "五月……慕容詳自謂能卻魏兵, 威德已振, 乃卽皇帝位, 改元建始, 置百官."

78

두 개의 정권이 나타났던 것이다. 그러나 모용상은 재위한 지 2개월만인 397년 7월에 丁零의 무리를 이끌고 中山城으로 침입한 慕容麟에 의해서 죽었다. 그 후 모용린은 모용상을 대신하여 중산성에서 尊號하였다.[17]

그렇지만 북위가 모용린을 습격하여 중산의 외성인 郭를 뺐었다. 397년 10월에는 모용린이 남방의 鄴으로 분주하였다.[18] 이 사실은 후연에게는 중대한 일이다. 후연의 중부지역에 위치한 중산이 北魏의 영역이 되었기 때문이다. 이로 인해 후연이 남방의 鄴과 북방의 和龍으로 이분을 강요당하는 상황이 되었다.[19]

그리하여 鄴에서 慕容麟은 慕容德에게 존호할 것을 권했다. 이에 398년 정월에, 모용덕은 慕容垂가 옛날에 있었던 일을 인용하면서 燕王이라 하고 百官을 두었다.[20] 이를 南燕이라 칭한다. 이는 북위에 의한 중산 점령이 후연에게 지리적인 제약을 가져다주어서 남과 북으로 이분하게 되었던 원인임이 분명하다.[21]

앞에서 보았듯이, 후연이 북위의 팽창으로 그 영토를 상실해 갈 무렵에, 후연의 帝室에서는 모용보를 시해하려는 움직임이 있었다. 이러한 후연의 혼란과 관련하여, 우리는 모용보의 리더십을 주목할 수 있다. 이전 시기인 395년 8월에 모용보는 太子로서 북위를 쳤다. 이때 모용수가 죽었다는 북위의 위장 정보를 접하고, 그는 걱정하고

---

17) 『晉書』卷124,「慕容寶載記」麟率 丁零條 ;『資治通鑑』卷109, 晉紀 31, 隆安 元年 7月條 ;『晉書』卷10, 安帝紀, 隆安 元年(397) 9月條.

18) 『晉書』卷10, 安帝紀, 隆安 元年(397) 10月條 ;『資治通鑑』卷109, 晉紀 31, 隆安 元年 10月條.

19) 지배선, 앞의 책, 1986, 303~304쪽.

20) 『資治通鑑』卷110, 晉紀 32, 隆安 2年 正月條.

21) 지배선, 앞의 책, 1986, 303~304쪽.

두려워하였다. 이에 사졸들이 놀라서 동요하였다. 그에 이은 參合陂 전투에서 모용보가 거느린 군대는 대패했다. 이때 후연의 군사 4~5만 명이 일시에 무기를 놓고 잡혔다. 도망친 사람은 불과 수천 명이었으며, 태자 모용보는 홀로 말을 타고 달아나 겨우 죽음을 모면하였다.[22]

모용보의 패배는 그의 리더십에 지극히 부정적인 영향을 미쳤을 것이다. 이와 관련하여 396년 5월의 기사가 주목된다. 모용보가 처음에 태자가 되자 훌륭하다는 칭찬을 받았다. 그러나 얼마 안 되어 황폐해지고 게을러져서 안팎에 있는 사람들이 실망하였다는 것이다.[23]

통치자가 리더십이 없다는 것은 후연과 같은 신생국가에서는 위기를 의미한다. 앞에서 보았듯이, 모용보는 그의 재위기간 동안에 거듭 패배를 당해 신하들이 반란과 모반을 일으키고 있다.

이어, 다음 해인 398년의 상황을 보자. 398년 정월에 南燕王 모용덕은 그의 侍郞 李延을 후연의 모용보에게 보내, 북위를 토벌할 것을 제의하였다.[24] 모용보는 이 제안을 받아들여, 북위를 공격하려 하였다.

그러나 398년 2월에 후연의 주군 모용보에 대한 반란이 있었다. 그 반란은 모용보의 군사들인 長上 段速骨과 宋赤眉 등의 무리들이 일으킨 것이었다.[25] 이 점은 후연의 내분이 심각하게 진행되고 있음을 말한다. 그리하여 慕容寶는 재빨리 龍城으로 돌아갔다. 이때, 모용보의 아들인 長樂王 慕容盛이 변란이 있다는 소식을 듣고 군대를 이끌고

---

22) 『資治通鑑』卷108, 晉紀 30, 太元 20年(395).

23) 『資治通鑑』卷108, 晉紀 30, 太元 21年(396). 모용보는 모용수의 뒤를 이어 396년 4월 29일에 즉위하였다.

24) 『晉書』卷124, 「慕容寶載記」慕容德遣侍郞條 ; 『資治通鑑』卷110, 晉紀 32, 隆安 2年 正月 庚子條.

25) 『資治通鑑』卷110, 晉紀 32, 隆安 2年 2月. "(398年) 二月……己卯, 燕軍發龍城, 慕與騰爲前軍, 司空農爲中軍, 寶爲後軍, 相去各 一頓, 連營百里. 壬午, 寶至乙連, 長上 段速骨, 宋赤眉等因衆心之憚征役, 遂作亂."

나아가서 영접하였다. 이에 모용보는 간신히 죽음을 면하였다.26)

이런 가운데 398년 5월에 蘭汗은 모용보를 시해하였다.27) 난한은 모용보만 시해한 것이 아니라, 모용보의 太子 慕容策과 後燕의 王·公·卿·士 100여 명을 죽였다.28) 이 사실은 후연의 재건을 더욱 어렵게 만들었다.29)

그러나 慕容盛이 난한을 398년 7월에 제거하였다. 慕容盛은 長樂王으로서 후연을 통제했다. 그렇지만 398년 8월에는 步兵校尉 馬勒 등이 반란을 꾀하다가 죽음을 당했다. 이 일이 驃騎將軍인 高陽公 慕容崇과 모용숭의 동생인 東平公 慕容澄에게로 연좌되어 모두에게 죽음이 내려졌다. 398년 10월에 이르러 모용성은 황제의 자리에 오르고, 대사면령을 내렸다.30) 그러나 2개월 후인 398년 12월에 다시 후연의 幽州刺史 慕容豪·尙書左僕射 張通·昌黎尹 張順이 반란을 꾀한 것에 연좌되어 죽었다.31)

이와 같이 후연은 398년에 모반과 연좌사건으로, 내정이 불안했다. 이러한 내정 불안은 후연 영역의 축소와 궤를 같이하고 있다. 또한 후연 국력의 약화는 작위 변화에서도 보인다. A.D. 398년 7월에 "諸王의 작위를 깎아서 公으로 하였다"는 것이 그것이다. 이는 모용성 재위시의

---

26) 『資治通鑑』卷110, 晉紀 32, 隆安 2年 2月. "(398年) 二月……癸未……寶農奔還龍城. 長樂王盛聞亂, 引兵出迎, 寶農僅以得免."

27) 『晉書』卷10, 安帝紀, 隆安 2年 夏 5月. 蘭汗弑慕容寶而自稱大將軍昌黎王.

28) 『資治通鑑』卷110, 晉紀 32, 隆安 2年. "(蘭)汗諡寶曰靈帝, 殺獻哀太子策及王公卿士百餘人. 自稱大都督·大將軍·大單于·昌黎王, 改元靑龍."

29) 지배선, 앞의 책, 1986, 307쪽.

30) 『資治通鑑』卷110, 晉紀 32, 隆安 2年 ;『晉書』卷10, 安帝紀, 隆安 2年(398) 8月에는 "丙戌에 慕容盛이 黃龍에서 즉위하였다."고 되어 있다. 그런데 『資治通鑑』의 기록에는 398년 10월에 모용성이 황제의 자리에 올랐다고 한다. 그러므로 『資治通鑑』의 기록은 『晉書』와 2개월의 차가 있다.

31) 『資治通鑑』卷110, 晉紀 32, 隆安 2年.

爵位制에 있어서 최고를 王이 아닌 公으로 삼았다는 것이다. 결국 후연의 국가 규모는 모용보 시대 보다 축소되었다.32)

위에서 본 후연의 내분과 영역 축소가 고구려에게는 어떤 영향을 끼쳤을까? 고구려는 후연의 모용수 시대와 달리, 북서쪽의 후연을 크게 의식하지 않고 내실을 다질 수 있었을 것이다. 여기에서 중요한 점이 있다. 그것은 이 시기에, 고구려가 후연의 내분을 이용해, 공격할 수 있었음에도 그렇게 하지 않았다는 점이다.

고구려의 광개토왕이 후연을 친 것은 뒤 시기인 광개토왕 11년(402)과 13년이었다. 광개토왕 11년에 왕이 군사를 보내 宿軍城을 치자, 후연의 平州刺史 慕容歸가 성을 버리고 달아났다. 이어 광개토왕 13년 11월에 왕이 군사를 출동시켜 후연을 공격했다.33) 이때의 후연 공격은 광개토왕 9년(400) 2월에, 후연의 모용성이 일으킨 침략34)에 대한 반격으로 헤아려진다. 이로 보아 고구려는 397~398년 무렵에 후연이 있는 요서방향으로의 진출을 적극적으로 도모한 것은 아니었다.

한편 398년에 들어와 북위의 동향은 어떠했을까? 다음의 사료를 보자.

(2월)……柔然이 여러 차례 魏의 변경을 침략하자 尙書中兵郞 李先이 공격하겠다고 청하니, (탁발)珪가 이를 따라 柔然을 크게 깨뜨리고 돌아왔다.……3월……離石에 있는 匈奴(胡)의 장수 呼延鐵과 西河에 있는 흉노(胡)의 장수 張崇 등이 代로 옮기는 것을 좋아하지 않아서 무리를 모아

---

32) 지배선, 앞의 책, 1986, 323~324쪽.
33) 『三國史記』 卷18, 高句麗本紀 6, 廣開土王.
34) 『資治通鑑』 卷111, 晉紀 33, 隆安 4年(400) ; 『三國史記』 卷18, 高句麗本紀 6, 廣開土王 9年.

魏에 반란을 일으키니 魏의 安遠將軍 庾岳이 이를 쳐 평정하였다(『資治
通鑑』 卷110, 晉紀 32, 隆安 2년).[35]

북위는 398년 2월에 유연을 대파했다. 같은 해 3월에는 이석과 서하
에 사는 흉노를 토벌하고 있다. 이러한 유연과 흉노에 대한 토벌을
통해, 북위는 이들 집단이 가진 인적·물적 자원을 확보할 수 있었을
것이다. 이 점은 후연이 이 무렵에 국토가 양분된 상태와 대비를 이룬
다. 장기적으로 보아, 북위의 후연에 대한 우위는 필연적인 것이었다.

주목되는 것은 시기이다. 북위가 유연과 흉노에 전력을 투입했을
때, 후연에서는 398년 2월에 단속골과 송적미 등의 무리가 반란을
일으켰다. 만약 이때, 북위가 유연과 흉노가 아닌, 후연에 대해 공세를
펼쳤다면, 어떻게 되었을까? 아마도 후연은 풍전등화의 상태가 되었을
것이다.

398년에, 북위와 후연은 대조적인 길을 가고 있었다. 북위는 이때,
대내적인 제도정비를 하며 칭제하고 있었다.[36] 이에 비해, 후연은 황제
인 모용보가 시해되며 내정이 불안했던 것이다. 결국 397~398년까지
후연의 내분과 북위의 국력증강이 이루어지고 있었다.

그렇다면 이 무렵에, 고구려는 북서쪽의 국경을 접한 후연에 대해,
어떤 조치를 취하고 있었을까? 고구려는 후연에 대한 공격을 397년부

---

35) 『資治通鑑』 卷110, 晉紀 32, 隆安 2年. "(二月)……柔然數侵魏邊, 尙書中兵郎李先請擊
之, 珪從之, 大破柔然而還.……三十月……離石胡帥呼延鐵·西河胡帥張崇等不樂徙代,
聚衆叛魏, 魏安遠將軍庾岳討平之."
36) 『資治通鑑』 卷110, 晉紀 32, 隆安 2年. "(398년) 十一月……辛亥, 魏王珪命尙書吏部郎
鄧淵立官制, 協音律, 儀曹郎淸河董謐制 禮儀, 三公郎王德定律令, 太史令晁崇考天象,
吏部尙書崔宏總而裁之, 以爲永式.……十二月, 己丑, 魏王珪卽皇帝位, 大赦, 改元天
興."

터 398년까지 하지 않고 있다.[37] 후연은 이 시기에, 반란과 황제가 시해되는 사건으로, 내정불안이 심각했다. 그럼에도 고구려는 후연에 대한 공세는 펴지 않았다.

또한 후연의 숙적인 북위를 살펴보자. 북위는 이때, 북방의 강자로 웅비하고 있었다. 그러나 지정학적으로, 고구려는 후연이라는 완충지대를 두고 북위와 연결되고 있었다. 그러므로 고구려는 직접적으로 북위를 경계할 필요성은 없었다. 결국 397년부터 398년까지, 고구려의 서방 국경은 안정적이었던 것이다.

그렇다면 이 시기, 고구려의 남방정책을 살펴보자. 주목되는 것은, 397년부터 398년까지 고구려는 백제에 대한 공세를 하지 않았다는 것이다. 고구려는 이 시기에, 396년에 정복한 백제지역의 58城과 700村[38]에 있는 백성과 자원을 파악해, 수취체계를 확립하고 있었을 것이다. 백제 지역에서 새로 획득한 백성과 자원은 고구려가 뒤시기에 뻗어나갈 버팀돌이 되었을 것이다.

한편 백제는 397~398년에 국가의 중요한 목표가 무엇이었을까? 그것은 바로 고구려에 대한 설욕이었다. 다음의 사료를 보자.

1) 아신왕 6년(397) 여름 5월에 왕이 倭國과 우호를 맺고 太子 腆支를 볼모로 보냈다. 가을 7월에 漢水의 남쪽에서 크게 사열하였다(『三國史記』 卷25, 百濟本紀 3, 阿莘王).

2) 아신왕 7년(398) 봄 2월에 眞武를 兵官佐平으로 하고, 沙豆를 左將으로

---

37) 중국과 한국의 사료에, 397~398년 시기에, 고구려가 후연에 대해 공격을 하는 기록은 보이지 않는다.

38) 『廣開土王陵碑』.

삼았다. 3월에 雙峴城을 쌓았다. 가을 8월에 왕이 장차 고구려를 치려고 군사를 내서 漢山의 북쪽 木柵에 이르렀다. 그날 밤에 큰 별이 군영 안에 떨어져 소리가 났다. 왕이 심히 싫어하여 이에 중지하였다. 9월에 도읍의 사람(都人)을 모아 서쪽 돈대(西臺)에서 활쏘기를 익히게 하였다(『三國史記』 卷25, 百濟本紀 3, 阿莘王).

1)의 사료를 보자. 태자 전지는 왜국과 결호하기 위해 간 것이지만 그 이면의 목적은 왜의 원병을 얻는 것이었다. 이와 함께, 백제는 396년의 굴욕적인 패전을 보복하기 위하여 다각적인 방법을 모색하였다. 태자 전지가 질자로 왜에 파견된 이후 397년 7월에, 아신왕은 한수 남쪽에서 열병을 실시하여 국왕으로서의 군사통수권을 확인하였다.[39] 이 열병은 고구려를 치기 위한 군사훈련의 성격도 띠고 있었을 것이다.

2)를 보자. 398년 2월에, 아신왕은 진무를 좌장에서 병관좌평으로, 사두를 좌장으로 삼았다. 또한 아신왕은 398년 9월에, 서쪽 돈대에서 활쏘기를 하였다.[40] 이러한 인사조치와 활쏘기는 고구려와의 전쟁에 대비한 것으로 파악된다.

결국 이렇게 아신왕이 고구려에 대한 공격을 하려 한 이유는 무엇일까? 그것은 앞 시기인 396년, 고구려가 백제를 공격해 58城 700村을 취한 것에서 그 연유를 찾을 수 있다.[41] 그렇다면 아신왕이 이렇게 빼앗긴 영토를 회복하려 한 중요한 요인은 무엇일까?

그것은 무엇보다 58성 중에 있는 彌鄒城 때문이었다고 생각된다.[42]

---

39) 양기석, 『백제정치사의 전개과정』, 서경문화사, 2013, 48~54쪽.
40) 『삼국사기』 卷25, 백제본기 3, 아신왕 7년 9월.
41) 『廣開土王陵碑』.

미추성과 관련하여, 『三國遺事』(前百濟條)에 "彌鄒忽은 仁川이다"고 한 구절이 주목된다. 이로보아, 미추성은 인천으로 비정된다.[43] 그런데 미추성(인천)의 전략적 위치가 주목된다. 인천은 백제의 수도인 漢山이 위치한 서울과 불과 40km 정도밖에 떨어져 있지 않기 때문이다.[44] 더욱이 이 지역은 백제의 수도인 한산에서 서해로 빠지는 한강 하류역의 길목에 해당한다.[45]

이 점은 고구려가 미추성을 발판으로, 백제의 왕이 있는 한산을 바로 공격할 수 있다는 것을 의미한다. 고구려의 미추성 장악은 실로 백제에게는 커다란 위협이 되는 것이다. 그러므로 아신왕이 고구려를 치고자 한 까닭은, 실지회복의 차원을 넘어, 미추성을 차지함으로써

---

42) 능 비문의 58성 중에 『삼국사기』와 일치시킬 수 있는 성은 閣彌城·阿旦城·彌鄒城 밖에 없다. 능 비문에 있는 세 城 가운데 閣彌城의 소재지에는 이론이 있다(이도학, 『고구려광개토왕릉비연구』, 서경문화사, 2006, 360~361쪽). 『삼국사기』 광개토왕 즉위년에는 關彌城에 관한 기록이 나온다. 관미성은 "사면으로 峭絶하고 海水로 둘러싸여 있다"는 것이다. 이병도는 이 關彌城을 閣彌城과 같다고 본다. 閣과 關은 字樣과 音이 비슷하다는 것이다. 그는 관미성이 險高한 곳으로, 강화 喬桐島의 華蓋山城으로 비정하였다(이병도, 『국역 삼국사기』, 한국학술정보, 2012, 323쪽). 한편 비문의 閣彌城은 광개토왕 즉위년에 보이는 關彌城과 동일한 성으로, 대략 예성강 하구 남안의 섬으로 여겨진다는 견해가 있다(박시형, 『광개토왕릉비』, 푸른나무, 2007, 214~215쪽).
또한 阿旦城은 阿且城으로도 표기되어졌는데, 그 소재지에 대하여는 서울 광진구 광장동의 峨嵯山城으로 비정하는 견해가 지배적이다(이병도, 앞의 책, 2012, 420쪽 ; 노태돈, 「廣開土王陵碑」 『譯註 韓國古代金石文』 I, 한국고대사회연구소, 1992, 26쪽).

43) 노태돈, 위의 책, 1992, 26쪽 ; 인천직할시사편찬위원회, 『인천시사』 상권, 인천직할시, 1993, 71쪽. 미추성을 牙山·仁州로 보거나(金聖昊, 『沸流百濟와 日本의 國家起原』, 知文社, 1982, 53~57쪽) 楊州古邑 방면으로(金起燮, 「미추홀의 위치에 대하여」 『한국고대사연구』 13, 1998, 95~98쪽) 보는 견해도 있다. 그러나 彌鄒城을 인천으로 보는 견해가 지배적이다(노태돈, 위의 책, 1992, 26쪽).

44) 인천직할시사편찬위원회, 앞의 책, 1993, 24쪽.

45) 인천직할시사편찬위원회, 위의 책, 1993. 76쪽.

수도인 한산의 방어체계를 확고히 하려는 의도가 있었을 것이다.

고구려는 이미 396년에 백제의 성들을 뺏었으므로, 백제의 동향을 예의주시하고 있었을 것이다.[46] 따라서 이 무렵 고구려는 남쪽에서 국경을 접한 백제에 대한 경계를 강화하고 있었을 것이다.[47]

지금까지의 내용을 요약하면 다음과 같다. 397~398년에 후연은 북위와의 전쟁에서 크게 패배하고 황제인 모용보가 시해되었다. 뒤이어 난한의 집권과 모용성의 집권이 숨가쁘게 이루어졌다. 모용성이 권력을 잡고 난 후에는 모반과 연좌사건이 일어났다. 이로 보아, 이 시기에 후연은 극도의 내정 불안으로, 대외적인 팽창을 할 수 있는 여건이 아니었다.

한편 북위는 397년에, 후연에 대해 승리를 거두었다. 이와 더불어 398년에 유연과 흉노를 대파하며, 대내적인 제도정비를 하고 있었다.

고구려는 397~398년에, 후연의 내정이 불안해 허점이 많았는데도, 이쪽으로의 진출을 도모하지 않았다. 이로 보아 고구려는 이 시기에 후연을 의식하지 않은 채, 국력을 비축하고 있었을 것이다.

그리고 고구려는 이 시기에, 396년에 확보한 백제 영역에 대한 수취 체계를 확립하고 있었을 것이다. 결국 397년과 398년에 고구려는 서북 쪽과 남쪽에서 국경을 접한 후연·백제와 전쟁이 없는 시기를 겪고 있었다.

---

46) 이 무렵, 고구려가 백제에 간자(스파이)를 보내, 그 정보를 얻었을까? 사료가 없어 확실히 파악하기는 어렵다. 그러나 뒤 시기인 장수왕대에 승려인 道琳을 스파이로 백제 蓋鹵王에게 접근시킨 일이 있다(『三國史記』卷25, 百濟本紀 3, 蓋鹵王 21年 9月). 이로 보아, 고구려는 광개토왕대에 백제에 간자(스파이)를 보내 그 정보를 파악했을 가능성이 크다.

47) 397~398년에 후연은 북위에 대한 패배와 모용보가 시해되는 사건이 있었다. 이 무렵 고구려는 서쪽에 국경을 접한 후연을 크게 의식하지 않았을 것이다.

Ⅲ. 399년(광개토왕 8) ~ 400년(광개토왕 9)
後燕의 약화와 고구려의 한반도에 대한 영향력 확대

399년에 고구려와 북서쪽에서 국경을 접한 후연에서는 정치적 혼란
이 이어지고 있었다. 399년 정월에 후연의 昌黎尹 留忠이 반란을 꾀해
주살되었다. 이 사건으로 尙書令인 東陽公 慕容根과 尙書 段成이 연좌되
어 죽었다. 또한 후연의 주군 모용성은 中衛將軍 衛雙으로 하여금 유충
의 동생 留志를 凡城에서 주살하게 하였다. 같은 해 정월 임오일에는,
右將軍 張眞과 성문교위 和翰이 모반한 것에 연좌되어 주살되었다.
399년 4월에는 다시 散騎常侍 餘超와 左將軍 高和 등이 모반에 연좌되어
주살되었다.[48] 앞에서 보았듯이, 모용성은 398년 7월에 집권해, 같은
해 10월에 황제가 되었다. 그 이후 모반과 연좌사건이 끊임없이 이어지
고 있다.

이 점은 후연 조정 내부에서 모용성의 집권을 인정하지 않으려는
세력이 상당한 정도로 존재했음을 나타낸다. 399년 무렵에 후연에서는
심각한 내분상황이 전개되고 있었다.

그런데 후연은 모용성이 집권할 무렵에, 지방에도 중앙 집권력이
미치지 못하고 있었다. 이러한 후연의 중앙집권력의 축소를 보여주는
것이 다음의 사료이다.

(399년) 8월……燕의 遼西太守 李朗이 郡에 10년을 재임하여 위엄이
境內에 퍼졌다. 연의 주군 (慕容)盛이 그를 의심할까 두려워하여 여러
차례 불렀으나 가지 않았다. 그의 집은 龍城(요녕성 조양시)에 있었기
때문에 감히 반란을 드러내지 않다가 은밀히 魏의 군대를 불러 郡을

---

48) 『資治通鑑』 卷111, 晉紀 33, 隆安 3年.

바쳐서 魏에 항복하기로 했다. 사절을 보내 말을 달려 龍城에 이르러 도적의 세력을 널리 과장하였다. (모용)성이 말하였다. "이것은 반드시 거짓이다." 사절을 불러서 따져 물으니 과연 사실이 아니었다. (모용)성이 이랑의 가족을 다 죽였고, 丁酉일(14일)에 輔國將軍 李旱을 보내 쳤다(『資治通鑑』 卷111, 晉紀 33, 隆安 3년).[49]

위의 사료에서 보듯이, 후연의 요서태수 이랑의 위세가 요서군 경내에 널리 퍼졌다. 이 점은 그가 독자적인 권력을 가졌음을 시사한다. 또한 후연의 주군 모용성이 여러 차례 징소하였는데도 요서태수 이랑은 가지 않았다. 이 역시 일반적인 주군과 지방관의 관계에서는 성립될 수가 없다. 결국 그는 독자적인 권력을 요서군 내에서 행사하고 있었다.

또한 요서태수 이랑은 은밀히 후연의 적대국인 북위의 군대를 불러서 郡을 가지고 북위에 항복하기로 했다. 이 점은 이랑이 10년간 요서태수로 재임했지만, 실제적으로 후연 조정과의 관계가 끊어졌음을 방증하는 것이다.

모용성은 드디어 399년 9월에, 이랑을 토벌하기 위해, 군사를 보냈다. 이에 李朗은 그의 아들 李養에게 令支(하북성)를 지키게 하고, 스스로는 北平(하북성)에 가서 북위의 군사를 맞이하였다. 그러나 후연은 이한에게 영지를 습격하도록 해 여기서 승리했으며, 廣威將軍 孟廣平을 보내 이랑을 추격하여 無終에 이르러서 그의 목을 베었다.[50]

후연은 이랑을 토벌한 이후에 다시 내정불안이 보이고 있다. 399년

---

49) 『資治通鑑』 卷111, 晉紀 33, 隆安 3年. "(399年) 八月……燕遼西太守李朗在郡十年, 威行境內, 恐燕主盛疑之, 累徵不赴. 以其家在龍城, 未敢顯叛, 陰召魏兵, 許以郡降魏, 遣使馳詣龍城, 廣張寇勢. 盛曰, 此必詐也. 召使者詰問, 果無事實. 盛盡滅朗族, 丁酉, 遣輔國將軍李旱討之."

50) 『資治通鑑』 卷111, 晉紀 33, 隆安 3年.

겨울 10월에, 후연의 中衛將軍 衛雙이 죄를 지어 죽었다.[51] 여기에서
주목되는 것이 있다. 中衛將軍 衛雙은 그 전 해인 398년에 모용성의
명령으로 유충의 동생 유지를 주살한 인물이다. 이렇게 측근에서 모용
성의 명령을 집행하던 그가 죄를 지어 죽었다. 이 점은 후연의 정국이
심상치 않다는 점을 보여준다. 그리고 앞서 이랑을 쳤던 李旱은 위쌍이
죽었다는 소식을 듣고 두려워하며, 군대를 버리고 도망하는 일까지
일어났다.[52]

위의 사건은 399년에 후연의 내정 불안이 심각했음을 보여준다.
이러한 점이 399년 12월에 후연의 燕郡太守 高湖가 3천 戶를 거느리고
북위에 항복하는 상황[53]에 영향을 주었다고 판단된다.[54]

한편 우리는 江南에 본거지를 두고 있었던 東晉의 정세를 이 무렵
살펴 볼 필요가 있다. 앞서 394년에 후연은 山東을 동진으로부터 빼앗
았다.[55] 고구려가 후연을 의식했을 때, 동진의 상황도 고구려의 관심권
에 들어 있었을 것이다. 다음의 사료를 보자.

(399년) 11月……황제가 即位한 이래로 안팎이 일그러지고 달라져,
石頭 이남은 모두 荊州와 江州에게 점거되는 바 되고, 석두 이서는
모두 豫州가 오로지했으며, 京口와 長江 이북은 모두 劉牢之와 廣陵의
재상 高雅之가 통제하는바 되어 조정의 정치가 시행되는 바는 오직

---

51) 『資治通鑑』 卷111, 晉紀 33, 隆安 3年.
52) 『資治通鑑』 卷111, 晉紀 33, 隆安 3年.
53) 『資治通鑑』 卷111, 晉紀 33, 隆安 3年. "十二月, 甲午, 燕燕郡太守高湖帥戶三千降魏."
54) 399년에 후연의 요서태수 이랑이 군을 바쳐서 북위에 항복하기로 하고 북위의
    군사를 맞이하였다. 또한 같은 해에 후연의 연군태수 고호가 3천 호를 인솔하고
    북위에 항복하였다. 후연의 요서태수와 연군태수의 북위에 대한 투항은 후연의
    지방장악력이 심각하게 이완되었음을 시사한다.
55) 『資治通鑑』 卷111, 晉紀 30, 太元 19年(394).

三吳뿐이었다(『資治通鑑』卷111, 晉紀 33, 隆安 3년).

위의 사료는 399년에 동진의 중앙 집권력의 약화를 보여준다. 동진의 중앙정부는 오직 삼오에서만 영향력을 행사했고, 그 외의 지역은 劉牢之와 高雅之 등의 지방세력이 장악하고 있었다. 이로 보아 이 무렵에, 동진이 동아시아의 정세에 영향을 끼칠 힘은 없었다고 판단된다.

한편 397년에 후연과 격전을 벌였던 북위는 399년에 북쪽 몽골에 있는 高車를 공격하고 있다. 399년 2월 丁亥朔에 북위의 군대는 高車의 30餘 部를 크게 깨뜨리고 7만여 명과 말 30여만 필, 소와 양 140여만 마리를 빼앗았다. 또한 衛王 (탁발)儀가 따로 3만 기병을 거느리고 사막 천여 리를 가로질러 그 일곱 部를 깨뜨리고, 2만여 명과 말 5만여 필, 소와 양 2만여 마리를 획득하였다. 이때 포로가 된 고차인들은 북위의 노역에 동원되어 녹원을 쌓아야 했다.[56] 이로 보아 북위는 고차에서 9만여 명의 사람과 말 35만여 필, 소와 양 142만여 마리를 노획하였다.

포로가 된 고차인들은 戰時에는 물자의 운송과 전투에 동원되었을 것이다. 그리고 북위가 노획한 말은 전투에 사용되며, 소와 양은 군량과 군사재원 확보에 쓰일 수 있다. 바야흐로 북위는 그 군사적인 역량이 고차에 대한 침략 성공으로 비약적으로 증가되었다.

399년 3월에는 북위의 주군 탁발규가 建義將軍 庾眞과 越騎校尉 奚斤을 보내 庫狄·宥連·候莫陳의 세 部를 쳐 그들을 모두 깨뜨렸다. 북위군은 달아나는 사람들을 쫓아 大峨谷에 이르러 兵營을 설치하고 돌아왔다.[57]

---

56) 『資治通鑑』卷111, 晉紀 33, 隆安 3年.
57) 『資治通鑑』卷111, 晉紀 33, 隆安 3年. "(399年) 三月……丙子, 魏主珪遣建義將軍庾眞 越騎校尉奚斤擊庫狄宥連候莫陳三部, 皆破之, 追奔至大峨谷, 置戎而還."

이와 같이 북위는 고차를 비롯해, 고적과 유련·후막진을 정복했다. 그러므로 399년에 북위의 주 공격 대상은 후연이 아니었다. 북위는 정복을 통해 사람들과 말, 소, 양을 확보했다. 이를 통해, 후일의 후연 등에 대한 공략을 준비하려 했다고 해석된다.

한편 후연에서 분리된 南燕 慕容德의 동향은 어떠했을까? 남연 모용 덕의 군대는 399년 3월에, 활대에서 北魏의 行臺尙書 和跋에게 패했다.[58] 주목되는 점은 그 시기이다. 앞에서 보았듯이, 399년 2월부터 3월에 걸쳐 북위의 탁발규는 대군을 거느리고 그 주력을 高車와 庫狄·宥連·侯 莫陳에 투입했다. 이로 보아, 北魏의 行臺尙書 和跋이 북위군의 주력을 지휘한 것이 아니었다. 그럼에도 북위군은 남연군에게 승리했다. 이로 보아, 남연의 군사력은 북위에 비해 현저히 약했다.

남연의 한범이 "예전에는 위가 손님이고 우리는 주인이었지만 지금 은 우리가 손님이고 위는 주인입니다."라고 하였다. 그리하여 남연의 주군 모용덕은 군사를 이끌고 남쪽으로 갔다.[59]

그렇다면 399년의 뒤를 이은 400년의 상황은 어떠하였을까. 먼저 후연을 보자.

봄, 정월 壬子일 초하루에 연의 주군 (慕容)盛이 크게 사면하고 스스로 칭호를 깎아 내려서 庶人天王이라고 하였다. 魏의 材官將軍 和跋이 遼西

---

58) 『資治通鑑』卷111, 晉紀 33, 隆安 3年. "399年 三月,……及德討苻廣, 犄復勸和反, 和不從, 犄乃殺和, 以滑臺降魏. 魏行臺尙書和跋在鄴, 帥輕騎自鄴赴之, 旣至, 犄悔之, 閉門拒守. 跋使尙書郎 鄧暉說之, 犄乃開門內跋, 跋悉收德宮人府庫. 德遣兵擊跋, 跋逆 擊, 破之, 又破德將桂陽王鎭, 俘獲千餘人. 陳潁之民多附於魏."

59) 『資治通鑑』卷111, 晉紀 33, 隆安 3年. "韓範曰, 嚮也魏爲客, 吾爲主人, 今也吾爲客, 魏爲主人. 人心危懼, 不可復戰, 不如先據一方, 自立基本, 乃圖進取……撫還報德, 德乃 引師而南."

에서 盧溥를 습격하여 戊午일에 그를 이기고 (盧)溥와 그의 아들 (盧)煥을 잡아서 平城으로 보내 車裂하였다. 연의 주군 (모용)성이 廣威將軍 孟廣平을 보내 溥를 구하게 하였으나 미치지 못하였고 魏의 遼西의 守宰를 베고 돌아왔다. 乙亥일에 크게 사면하였다.……高句麗王 (高)安이 燕을 섬기는데 禮가 태만하였다. 2월 丙申일(15일)에 연의 주군 (모용)盛이 스스로 군사 3만 명을 거느리고 고구려를 습격했다. 驃騎大將軍 (慕容)熙를 前鋒으로 하여, 新城과 南蘇 두 성을 빼앗고 7백여 리의 영역을 열고 5천여 호를 옮기고 돌아갔다. (모용)희의 용맹은 여러 장수중에 으뜸이어서 (모용)盛이 말하였다. "숙부는 용감하고 과감하여 世祖의 기풍이 있으나 다만 넓은 계략에서는 같지 않을 따름입니다."[60]

400년 정월에, 후연의 주군 모용성은 대사면령을 내리고 스스로 칭호를 깎아내려서 서인천왕이라고 하였다. 앞에서 보았듯이, 모용성은 398년 10월에 황제의 자리에 올랐다. 그런데 1년 2개월 만에 칭호를 깎아 서인천왕이라고 하였다. 이 점은 모용수가 후연을 세운 이후 유례가 없는 일이다. 이로 보아, 모용성 재위시의 후연은 제국의 면모를 상실하였다.[61]

같은 시기인 400년 정월에, 요서에서 북위와 후연이 충돌하고 있다. 주목되는 것은 북위와 후연이 충돌할 때인 400년 정월에, 고구려가

---

60) 『資治通鑑』卷111, 晉紀 33, 隆安 4年(400년). "春, 正月, 壬子朔, 燕主盛大赦, 自貶號爲庶人天王. 魏材官將軍和跋襲盧溥於遼西, 戊午, 克之, 禽溥及其子煥送平城, 車裂之. 燕主盛遣廣威將軍孟廣平救溥不及, 斬魏遼西守宰而還. 乙亥, 大赦.……高句麗王安事燕禮慢. 二月, 丙申, 燕王盛自將兵三萬襲之, 以驃騎大將軍熙爲前鋒, 拔新城南蘇二城, 開境七百餘里, 徙五千餘戶而還. 熙勇冠諸將, 盛曰, '叔父雄果, 有世祖之風, 但弘略不如耳'."

61) 지배선, 앞의 책, 1986, 331~332쪽.

후연에 사신을 보내어 조공하였다는 점이다.62) 위에서 보듯이, 같은 시기의 중국 기록인『資治通鑑』에는 400년 정월에 고구려왕 고안(광개토왕)이 연을 섬기는데 禮에 태만하였다고 하였다.63)

이 기록들은 다음의 사실을 보여준다.『三國史記』는 고구려가 후연에 조공했다는 사실을 전한다.64)『資治通鑑』은 이때의 사신 파견이 예에 태만했다고 하였다.

정리하면 다음과 같다. 고구려는 조공의 형식으로 후연에 사신을 보냈다. 그러므로 이때 고구려는 후연에게 줄 물품을 가져갔을 것이다. 그러나 예에 태만했다는 표현으로 보아, 사신이 가져간 국서의 내용은 대등한 관계로 서술되었을 것이다.

고구려가 이렇게 사신을 후연에 보낼 수 있었던 배경은 무엇일까? 그것은 첫째로 후연의 국력 쇠약으로 인해, 모용성이 황제에서 서인천

---

62)『三國史記』卷18, 高句麗本紀 6, 廣開土王 9年. "春正月, 王遣使, 入燕朝貢."

63) 後燕은 399년 정월에, 昌黎尹 留忠이 반란을 꾀해 주살되었다. 같은 해 8월에 遼西太守 李朗에 대한 토벌이 있었다. 그리고 399년 12월에 후연의 燕郡太守 高湖가 3천 戶를 거느리고 북위에 항복하였다(『資治通鑑』卷111, 晉紀 33, 隆安 3년). 이렇게 후연의 내정불안과 지방 행정기관의 이탈이 진행되고 있었다. 그런데 고구려는 385년에 요동지역을 놓고 후연과 격돌을 한 적이 있었다. 그 결과는 후연의 요동장악으로 귀결되었다(『三國史記』卷18, 高句麗本紀 6, 故國壤王 2年). 그러므로 이 무렵부터 후연에 대한 동태파악은 고구려의 국가적 관심사였을 것이다. 이로 보아 고구려는 399년 무렵에 진행된 후연에서의 극도의 내정불안을 꿰뚫어 보고 있었을 가능성이 높다.

64) 이때의 고구려가 후연에 보낸 외교서신은 어떻게 기술되었을까? 그것은 대등한 국가 간의 관계로 서술되었을 것이다. 예를 들어 광개토왕은 자신을 臣이라는 표현 대신에 吾라는 표현을 썼을 것이다. 후연의 왕을 陛下라는 표현 대신에 足下라는 표현을 썼을 가능성이 있다. 이와 관련하여 5~6세기 柔然과 南齊의 교섭이 주목된다. 南齊는 유연 사신이 남제에 와서, 貢獻하였다고 서술하였다. 그러나 유연이 남제에 보낸 국서에는 자신을 吾, 남제의 황제를 足下로 기술하였다(『南齊書』芮芮虜傳). 足下는 같은 年輩에 대한 존칭이다(張三植 編,『大漢韓辭典』, 博文出版社, 1975, 1466쪽).

왕으로 그 칭호를 격하했다는 점과 관련하여, 생각해 볼 수 있다.

둘째는 후연과 북위와의 관계이다. 400년 정월에 일어난 북위와 후연의 충돌은 390년대의 양국의 격렬한 전쟁 과정 속에서 나타난 것이었다. 고구려는 후연이 북위와 겨룬 參合陂 전투이래로, 수세의 입장에 있었음을 간파했을 것이다. 이 시기에 후연은 국력이 쇠약해졌다. 이에 따라, 고구려는 후연에게 대등한 입장으로 서술된 국서를 보낼 수 있었을 것이다.[65]

이와 함께 주목되는 것이 있다. 그것은 고구려가 400년에 보기 5만 명을 보내어 신라를 구원하였다는 기사이다.[66] 이 사실은『三國史記』와 중국 측의 사료가 아닌,『廣開土王陵碑』에 기록되어 있다. 주목되는 것은『광개토왕릉비』에 고구려가 신라에 군대를 보낸 시기가 400년(영락 10)이라는 것만 기록되어 있을 뿐, 그 달(月)이 없다는 점이다.

그런데 400년 2월에, 후연의 주군 (모용)盛이 스스로 군사 3만 명을 거느리고 고구려를 습격하여, 新城과 南蘇 등 두 성을 빼앗고 7백여 리의 영역을 열고 5천여 호를 옮기고 돌아갔다.[67] 이것은 후연이 주변의 족속이나 국가를 정복한 다음, 주민을 강제로 이주시켜 세력을 약화시키고 견제하는 정책을 펼쳤음을 보여준다.[68]

이러한 고구려의 패배는 고구려의 내부사정과 관련이 있었다.『廣開土王陵碑』에 따르면, 고구려는 이 해에 구원병 5만을 신라에 파견하였

---

65) 400년 춘 정월에, 광개토왕은 사신을 후연으로 파견하여 공물을 보냈다. 이때의 고구려 사신은 모용성의 즉위를 축하하기 위해 간 것으로 추정된다. 이와 함께 고구려는 후연의 상황을 파악하려는 의도가 있었다고 한다(공석구,「광개토왕의 요서지방 진출에 대한 고찰」『한국고대사연구』 67, 2012, 129쪽).

66)『廣開土王陵碑』.

67)『三國史記』卷18, 高句麗本紀 6, 廣開土王 9年 2月 ;『資治通鑑』卷111, 晉紀 33, 隆安 4年(400).

68) 여호규, 앞의 논문, 2012, 96쪽.

廣開土王陵碑

다. 즉 고구려 주력군이 대 남방 작전에 치중된 관계로 고구려의 적극적
인 대응이 어려웠을 것으로 추정된다.[69]

이 무렵을 기록하고 있는 『廣開土王陵碑』의 내용을 보자.

(永樂) 9年 己亥(399)에 百殘이 맹서를 어기고 倭와 화통하였다. (이에)
왕이 평양으로 행차하여 내려갔다. 그 때 신라가 사신을 보내어 왕에게

---

69) 공석구, 앞의 논문, 2003, 76쪽. 고구려는 신성과 남소성을 빼앗기고 700여
里의 땅을 상실했다. 이 사실은 당시 고구려의 요동지방 진출 범위가 상당히
넓었음을 간접적으로 보여 준다.

아뢰기를, "倭人이 그 國境에 가득 차 城池를 부수고 奴客으로 하여금 倭의 民으로 삼으려 하니 이에 왕께 歸依하여 구원을 요청합니다."라고 하였다. 太王이 은혜롭고 자애로와 신라왕의 충성을 갸륵히 여겨, 신라 사신을 보내면서 (고구려의) 계책을 (알려주어) 돌아가서 고하게 하였다.

10년 庚子(400)에 왕이 步騎 5만을 보내어 신라를 구원하였다. 男居城을 거쳐 新羅城에 이르니, 그곳에 왜군이 가득하였다. 官軍이 막 도착하자 왜적이 퇴각하였다. (고구려군이) 그 뒤를 급히 추격하여 任那加羅의 從拔城에 이르니 城이 곧 항복하였다. 安羅人 戍兵……新羅城 □城…… 하였고, 왜구가 크게 무너졌다.(『廣開土王陵碑』)[70]

위에서 보듯이, 광개토왕은 수도인 만주의 국내성에서 한반도 북부의 평양으로 내려갔다. 이것은 고구려의 한반도 남부 진출을 위한 사전 포석으로 헤아려진다. 이로 보아 평양은 이때 고구려의 한반도 남부진출을 위한 교두보의 기능을 하는 도시였다고 파악된다.

앞의 『廣開土王陵碑』에서, 내물왕은 스스로를 노객으로 자칭하고 있다. 이 점은 신라가 고구려에게 부용되었음을 엿볼 수 있게 한다.[71] 주목되는 것은 신라의 내물왕을 위시한 귀족들이 '고구려 군대가 신라 영역 내로 왔을 때의 파장을 고려했을까'라는 점이다. 그것은 고구려군

---

70) 『廣開土王陵碑』의 해석과 판독은 盧泰敦, 앞의 책, 1992를 참고하였다. "永樂九年己亥, 百殘違誓與倭和通, 王巡下平穰 而新羅遣使白王云, 倭人滿其國境, 潰破城池, 以奴客爲民, 歸王聽命. 太王[恩慈*], 矜其忠[誠], □遣使還告以□計. 十年庚子, 敎遣步騎五萬, 往敎新羅, 從男居城, 至新羅城, 倭滿其中, 官軍方至, 倭賊退. □□背急追至任那加羅從拔城, 城卽歸復. 安羅人戍兵□新羅城□城, 倭寇大潰."(『廣開土王陵碑』).

71) 장창은, 「新羅 訥祇王代 고구려세력의 축출과 그 배경」 『한국고대사연구』 33, 2004, 216~217쪽.

이 신라로 들어와서 신라를 접수할 가능성이 있다는 점이다.

고구려가 신라에 파견한 5만의 보기는 신라를 멸망시킬 수 있는 파괴력을 가지고 있었다. 이 점은 고구려군이 신라에 침입한 왜를 내쫓고 한반도 남부지방에까지 진군했던 점에서 알 수 있다.[72] 내물왕을 위시한 귀족들은 고구려에 지원요청을 했을 때, 이 점을 심각하게 고려했을 것이라고 생각된다. 그럼에도 신라의 지배계층은 고구려에게 구원을 요청했다.

여기에서 주목되는 것이 동아시아의 정세이다. 이전 시기인 385년 6월에, 고구려는 4만 명의 군대를 동원하여, 요동을 획득했다. 그러나 같은 해 11월에 후연에게 이 지역을 빼앗겼다.[73] 고구려는 이 무렵부터 후연과 국경을 접하며, 잠재적인 적대관계에 있었다.[74]

또한 이 시기에, 고구려는 남쪽에서 국경을 접한 백제와 맞서고 있었다. 이 점은 永樂 6년(396)에 고구려가 백제가 가진 58城 700村을 공취한 것에서[75] 잘 알 수 있다.

이로 보아, 신라의 내물왕과 귀족들은 고구려가 신라 영역 내에 5만 步騎를 주둔시킬 역량이 없음을 간파했을 것이다. 또한 이들은 고구려가 신라를 멸망시키려 했을 때, 신라 지역에서 신라와 고구려의 접전이 일어날 가능성도 상정했을 것이다. 이때 이들은 후연과 백제가 고구려에 대한 공격을 할 가능성이 있다는 점을 통찰했을 것이다.

---

72) 『廣開土王陵碑』.
73) 『三國史記』卷18, 高句麗本紀 6, 故國壤王 2年. "夏六月 王出兵四萬襲遼東 先是 燕王垂命帶方王佐 鎭龍城 佐聞我軍襲遼東 遣司馬郝景 將兵救之 我軍擊敗之 遂陷遼東 玄菟 虜男女一萬口而還 冬十一月 燕慕容農 將兵來侵 復遼東玄菟二郡 初 幽冀流民多 來投 農以范陽龐淵爲遼東太守 招撫之."
74) 신정훈, 「고구려 광개토왕의 백제정벌이 가진 의미에 대하여」 『대한정치학회보』 제19집 2호, 2011, 8쪽.
75) 『廣開土王陵碑』.

이 점이 신라가 고구려에게 구원을 요청할 수 있었던 배경이 되었다고
보여진다.

한편으로 고구려가 400년에, 신라를 구원하기 위해 동원한 보기
5만을 주목해 보자. 고구려가 동원한 보기 5만의 병력은 어느 정도의
규모였을까? 이 무렵에 고구려가 동원한 병력의 규모를 보자.

3) 고국양왕 2년 6월에 왕이 군사 4萬을 내어 遼東(郡)을 습격하였다(『三
國史記』 卷18, 高句麗本紀 6, 故國壤王).

4)- ㉮ 고구려 광개토왕……(2년) 7월에 왕이 남으로 백제를 쳐서 十城을
빼앗았다(『三國史記』 卷18, 高句麗本紀 6. 廣開土王).

㉯ 辰斯王 8년……7월에 고구려왕 談德(광개토왕)이 병사 4만을 거느
리고 와서 북변을 쳐 石峴 등 10여 성을 함락시켰다(『三國史記』 卷25,
百濟本紀 3, 辰斯王).

㉰ 廣開土王 3(4)年 7月에 백제가 내침해오자, 왕이 精騎 5천을 거느리
고 맞이해 쳐서 이를 무너뜨리니 남아있는 적이 밤에 달아나
버렸다(『三國史記』 卷18, 高句麗本紀 6, 廣開土王).

㉱ 長壽王 24년에……4月에 위가 北燕의 白狼城을 攻陷하였다. 왕은
장수 葛盧·孟光으로 하여금 數萬 무리를 이끌고 (燕使) 陽尹을 따라
(燕郡) 和龍(지금의 朝陽)에 이르러 燕王을 맞이하였다(『三國史記』 卷
18, 高句麗本紀 6, 長壽王).

㉲ 장수왕 63년……9월에 왕이 군사 3만을 이끌고 백제에 침입하여
濟王의 所都인 漢城을 함락하고 제왕 扶餘慶을 죽이고 남녀 8천인을
사로잡아 돌아왔다(『三國史記』 卷18, 高句麗本紀 6, 長壽王).

위의 『三國史記』에서 보듯이, 고국양왕·광개토왕·장수왕대에 동원한 병력은 최대가 4만이었다.[76] 그렇다면 4)-㉣에서 고구려가 수만 무리를 보내어 북연의 화룡에 이르렀을 때의 숫자는 어느 정도일까. 북위는 이때 북중국지역을 거의 장악하던 정복국가였다.[77] 북위와 겨루기 위해, 고구려가 파견한 군대의 규모는 『三國史記』 기록으로 보아, 최대 4만 명 정도로 보여진다.

따라서 『廣開土王陵碑』에서 고구려가 신라를 구원하기 위해 보낸 5만의 병력은 고구려 역사상 최대의 규모였다. 이는 고구려가 신라 구원과 낙동강 지역 진출에 그 국력을 지대하게 기울였음을 보여준다. 병력의 규모로 볼 때, 고구려는 후연과의 국경에 있던 고구려군을 차출하여 낙동강지역에까지 진출시켰을 것이다. 이로 보아, 고구려는 신라를 치다가 그 여력으로 한반도 남부지방에까지 내려간 것은 아니었다. 여기에는 분명히 고구려의 치밀한 遠慮가 있었을 것이다.

그런데 후연의 고구려에 대한 공격이 있었던 기간을 살펴보자. 후연의 침략은 400년 2월이라는 한 달간의 단기간에 이루어졌다.[78] 그 이후로 후연은 고구려에 대해 계속적인 공세를 하지 못했다. 오히려 광개토왕 11년(402)에, 고구려가 군사를 보내어 후연의 宿軍城을 쳤다.

---

76) 4)-㉠의 『삼국사기』 고구려 본기는 광개토왕이 10성을 뺏었다고 하였다. 4)-㉡의 『삼국사기』 백제본기는 광개토왕이 석현 등 10여 성을 함락시켰다고 하였다. 시기와 빼앗은 성의 숫자가 같은 것으로 보아, 4)-㉠와 ㉡는 동일한 역사적 사실이다(이병도, 2012, 앞의 책, 323쪽). 우리는 여기에서 『삼국사기』 고구려 본기에 없는 병력 숫자가 백제본기에 기술되어 있음을 알 수 있다. 이로 보아, 『삼국사기』의 고구려본기와 백제본기의 저본이 되는 사서가 각기 달리 존재했을 것이다.

77) 范文瀾 지음, 김영환 옮김, 『魏晉南北朝史(下)』, 吉祥得, 2006, 194쪽.

78) 『三國史記』 卷18, 高句麗本紀 6, 廣開土王 9年 2月 ; 『資治通鑑』 卷111, 晉紀 33, 隆安 4年(400).

이에 후연의 平州刺史 慕容歸가 城을 버리고 달아났던 것이다.[79]

　　그렇다면 후연이 고구려를 침략한 400년 2월 이후에, 그 상황은 어떠했을까. 후연은 여전히 심각한 내부 분열에 직면해 있었다. 그 한 달 후인 400년 3월에 襄平令 段登 등이 모반하다 죽었다. 그런데 다시 사건이 일어났다. 후연의 前將軍 段璣는 太后인 段氏 오빠의 아들인데, 段登이 한 말에 연루되어 5월 임자일에 遼西로 도망쳐 달아났다.[80] 이와 같이 400년 3월에서 5월에 걸친 모반과 그 파장으로, 후연은 장기적으로 고구려를 침략할 여건이 되지 않았다고 판단된다. 더욱이 강력한 적대국인 북위의 존재는 후연이 고구려를 지속적으로 침략할 수 없도록 했을 것이다.

　　한편 고구려가 신라를 구원하고 낙동강 연안에까지 군대를 보낸 이유는 무엇일까? 이와 관련하여 『廣開土王陵碑』의 永樂 9年(399) 기록을 보자.

　　　百殘이 맹서를 어기고 倭와 화통하였다. 왕이 순행하여 평양으로 내려갔다. 신라가 사신을 보내어 왕에게 말하기를 "倭人이 그 國境에 가득 차 城池를 부수고 奴客으로서 民으로 삼으려 하니 왕에게 귀의하여 명령을 청합니다."[81]

　　위의 기록은 백잔과 왜가 和通하고 있으며, 倭人이 신라의 성지를

---

79) 『三國史記』 卷18, 高句麗本紀 6, 廣開土王.
80) 『資治通鑑』 卷111, 晉紀 33, 隆安 4年(400). "三月……辛卯, 燕襄平令段登等謀反, 誅.……夏, 四月……燕前將軍段璣, 太后段氏之兄子也, 爲段登辭所連及, 五月, 壬子, 逃奔遼西."
81) 『廣開土王陵碑』. "九年己亥, 百殘違誓與倭和通, 王巡下平穰. 而新羅遣使白王云, 倭人滿其國境, 潰破城池, 以奴客爲民, 歸王聽命."

부수었음을 전한다. 그런데 이 시기에 고구려가 백제를 적으로 여겼음은『廣開土王陵碑』의 백잔이란 표현에서 분명히 드러난다. 따라서 백제와 화통한 왜 역시 고구려의 적이었다.

이에 따라 고구려는 400년에 보병과 기병 5만 명을 보내 신라를 구원하였다. 고구려 군이 任那加羅의 從拔城에 이르니 城이 항복했으며, 왜구가 크게 무너졌다.[82] 그러나 신라는 이에 대한 대가를 치러야 했다. 그것은 신라의 왕권이 제약을 받았던 것이다. 이점은 내물이사금 45년(400) 겨울 10월에, 왕이 타는 內廐의 말이 무릎을 꿇고 눈물을 흘리며 슬피 울었다[83]는 데에서 알 수 있다. 왕이 타는 말이 처한 상황은 왕권이 고구려에 의해 제약되었음을 상징적으로 보여주는 것이다.[84]

지금까지 우리는 고구려의 서북쪽에서 국경을 접한 후연의 내정불안을 살펴보았다. 후연의 정치적 상황은 고구려가 신라에 대해 영향력을 확대할 수 있는 배경이 되었다.

그렇다면 왜 고구려는 신라에게 이러한 영향력 확대를 꾀했을까? 그것은 고구려가 후연과 백제라는 두 적대국에 끼어있었다는 지정학적 이유를 들 수 있다. 이러한 지리적인 불리함을 상쇄하기 위해, 고구려는 신라를 자신의 영향력 아래에 두려고 했다. 이렇게 된다면 적대국에 포위된 지정학적 불리함을 어느 정도 상쇄할 수 있다. 왜냐하면 신라를 영향력 아래 둠으로써, 고구려는 한반도에서 숙적인 백제를

---

82)『廣開土王陵碑』. "十年庚子, 教遣步騎五萬, 往救新羅. 從男居城, 至新羅城, 倭滿其中. 官軍方至, 倭賊退. □□背急追至任那加羅從拔城, 城卽歸復. 安羅人戌兵□新羅城□城, 倭寇大潰."

83)『三國史記』卷3, 新羅本紀 3, 奈勿尼師今. "奈勿尼師今 四十五年……冬十月, 王所嘗御內廐馬, 跪膝流淚哀鳴."

84) 장창은, 앞의 논문, 2004, 216~217쪽.

포위할 수 있게 되기 때문이다.

그렇다면 399~400년에 백제는 어떤 상황에 있었을까? 다음의 사료를 보자.

阿莘王 8年(399) 가을 8月에 왕이 고구려를 치고자 크게 군사와 말들을 징발하였다. 백성들은 役에 시달려 신라로 많이 도망하니 호구가 줄었다(『三國史記』卷25, 百濟本紀 3).[85]

위의 사료는 의미심장하다. 왜냐하면 같은 시기에 고구려와 신라에서 백성들이 다른 나라로 도망쳐 호구가 준 기록이 없기 때문이다.

이렇게 된 까닭은 무엇일까? 백제는 고구려와의 전쟁으로 그 영토와 백성을 상실했다. 이를 만회하기 위해 백제는 전쟁을 준비하였다. 이것은 다시 기존 농민들에 대한 부담을 가중시켰다. 이로 인해, 농민들이 유망하는 악순환을 겪게 되었다. 이것은 결국 백제 조세수입의 감소와 요역·병역자원의 감소, 농업생산력의 감소로 이어질 것이 분명했다.

이에 비해 고구려는 396년에 백제에 대한 정벌로 백성이 늘고 영역이 확대되었다. 이로 인해 고구려는 조세수입과 농업생산력의 증가가 이루어졌을 것이다. 결국 백제는 백성이 줄어들고 영역이 축소되어, 고구려에 대해 현격하게 열세에 놓이게 되었다.

그런데 고구려군이 신라를 구원하고 한반도 남부지방에 진출했을 때의 기간을 검토해 보자. 『廣開土王陵碑』에는 영락 10년에, 고구려군이 신라와 가야지방에 진출한 사실을 전하고 있다.

여기에서 광개토왕이 신라를 구원하고 낙동강 하류인 한반도 남부

---

85) 『三國史記』卷25, 百濟本紀 3. "阿莘王 八年(399), 秋八月, 王欲侵高句麗, 大徵兵馬, 民苦於役, 多奔新羅, 戶口衰減."

까지 진출할 때의 기간이 주목된다. 그 기간은 1~2달이라는 단기간은 아니었다고 판단된다. 앞에서 보았듯이, 신라에 침입한 倭人이 그 城池를 부수었다. 이로 보아, 이 세력은 군사적으로 신라를 능가하는 힘을 가졌을 가능성이 크다. 그러므로 이런 강력한 세력을 치고 낙동강 하류까지 진출해 영향력을 확보하기 위해서는, 고구려군의 개입이 한 달 또는 두 달이라는 단기간에 이루어진 것은 아니었을 것이다.

따라서 고구려군은 최소한 영락 10년(400)에 해당되는 1년 동안은 한반도 남부에 진출하고 있었다고 보여진다. 나아가 생각한다면, 401년에도 고구려군의 주력은 여전히 한반도 남부에 주둔해 있었을 가능성이 있다. 이를 방증하는 것이 401년 후연의 정세이다.

앞에서 400년 3월에서 5월까지 나타난 후연의 모반과 그 여파를 살펴보았다. 401년에 후연은 다시 정국에 중요한 변화가 있었다. 같은 해 8월에 前將軍 段璣와 秦輿의 아들인 秦興, 段讚의 아들 段泰가 무리를 이끌고 궁전에 잠입하여 후연의 왕 慕容盛을 죽였던 것이다. 이후 慕容熙가 天王의 자리에 올랐다. 그러나 옛 태자였던 慕容定을 추대하려는 모의가 발각되었다.[86] 그야말로 심각한 내부분열과 혼란이 후연에서 일어나고 있었다. 401년에 후연은 극도의 내정불안을 겪고 있었다. 이로 보아, 고구려는 후연을 의식하지 않은 채 그 주력을 400~401년에, 한반도 남부에 주둔시켰을 가능성이 있다.[87]

---

86) 『資治通鑑』卷111, 晉紀 33, 隆安 5年(401). "八月……壬辰夜, 前將軍段璣與秦輿之子興, 段讚之子泰潛於禁中鼓譟大呼, 盛聞變, 帥左右出戰, 賊衆逃潰. 璣被創, 匿廂屋間. 俄有一賊從闇中擊盛, 盛被傷, 輦升前殿, 申約禁衛, 事定而卒.……癸巳, 熙卽天王位, 捕獲段璣等, 皆夷三族. 甲午, 大赦.……閏月, 辛酉, 葬盛於興平陵, 諡曰昭武皇帝, 廟號中宗. 丁氏送葬未還, 中領軍慕容提 步軍校尉張佛等謀立故太子定, 事覺, 伏誅, 定亦賜死."

87) 백제 백성들은 399년(阿莘王 8) 8월에, 役에 시달려 신라로 많이 도망하였다. 이에 호구가 줄었다(『三國史記』卷25, 百濟本紀 3). 이로 보아, 백제는 400~401년

지금까지 보았듯이, 고구려는 북중국지역에서 후연세력의 약화와 후연과 북위의 대립을 배경으로, 한반도에 영향력을 행사하려 하였다. 그것이 한반도에서 신라를 우호국으로 삼아, 백제·가야에 대한 타격을 가하는 것으로 나타났던 것이다.

IV. 맺음말

맺음말은 지금까지의 내용을 정리하는 것으로 대신하고자 한다. 397년 2월에 後燕은 北魏를 기습해 승기를 잡고도, 대패했다. 397년 10월에 북위는 후연의 중부지역에 위치한 中山을 공격해, 차지하였다.

이로 인해, 후연은 398년 정월에, 남방의 南燕과 북방의 後燕으로 분열되었다. 결국 후연의 국력은 반분되었다. 398년 2월에 후연의 慕容寶는 북위를 공격하려 했으나, 段速骨과 宋赤眉 등이 반란을 일으켰다. 이런 혼란 속에서, 같은 해 5월에 蘭汗은 모용보를 시해하였다. 이와 함께 모용보의 太子 慕容策과 100여 명의 신하가 죽었다. 이들의 죽음은 후연의 재건을 어렵게 했다.

그렇지만 慕容盛은 난한을 398년 7월에 제거하고 후연을 통제했다. 그 한 달 후인 8월에, 步兵校尉 馬勒 등이 반란을 꾀하다가 죽자, 일이 황제의 일족인 慕容崇과 慕容澄에게로 연좌되었다.

398년 10월에 모용성은 황제의 자리에 올랐다. 2개월 후인 398년 12월에 다시 연좌사건이 일어났다. 이 무렵, 후연의 정국 불안은 398년 5월에 모용보가 시해된 파장 때문이었다.

에 한반도 남부에 있는 고구려군을 공격할 역량이 없었을 것이다.

같은 시기인 398년에 북위는 柔然과 匈奴를 토벌해, 그 인적·물적 자원을 흡수할 수 있었다. 북위는 이를 토대로, 398년 11월에 대대적인 체제정비를 하고 12월에 황제를 칭하였다.

한편 百濟의 阿莘王은 398년에 高句麗에 대한 공격을 준비하고 있었다. 아신왕이 고구려에 대해 공격을 하려 한 이유는 무엇일까? 그것은 396년, 고구려가 백제의 彌鄒城을 얻은 것에서 그 연유를 찾을 수 있다. 미추성은 인천으로, 백제의 수도인 漢山과 불과 40km 정도밖에 떨어져 있지 않다. 고구려가 미추성을 장악한 것은 백제에게는 커다란 위협이었다. 그러므로 백제가 고구려를 치고자 한 까닭은, 미추성을 탈환함으로써 수도인 한산의 방어체계를 확고히 하려는 의도 때문이었다.

그런데 400년 정월에 들어와, 후연의 주군 모용성은 스스로 칭호를 깎아내려서 庶人天王이라고 하였다. 皇帝에서 庶人天王이라는 칭호의 변화는 후연의 국력 약화를 상징적으로 보여준다.

주목할 점은 399년과 400년에, 한반도에 커다란 변화가 나타나고 있었다는 것이다. 399년에, 新羅에 침입한 倭를 물리치기 위해, 奈勿王은 고구려 廣開土王에게 구원을 요청하였다. 이에 광개토왕은 400년에 보병과 기병 5만 명을 보내 신라를 구원하고, 한반도 남부에까지 왜인을 추격하였다. 5만 명의 병력은 고구려가 동원한 규모 가운데 가장 큰 것이었다.

이러한 고구려의 한반도에 대한 영향력 확대는 북서쪽에 국경을 접한 후연의 급격한 약화와 관련되어 있었다.

그러나 후연의 주군 모용성은 400년 2월에, 3만 명의 군대로 고구려를 습격하였다. 후연은 新城과 南蘇 등 두 성을 빼앗고 7백여 리의 영역을 열고 5천여 호를 옮기고 돌아갔다. 이로 보아, 비록 후연은 약체화되었으나, 고구려를 위협할 수 있는 군사적인 역량을 갖추고 있었다. 그러나 후연의 고구려에 대한 침략은 한 달이라는 단기간의 것이었다. 그 이유는 후연의 내정불안과 후연·북위와의 적대관계 때문이었다.

고구려군은 400년 2월에 700여 리의 영토를 상실하였다.[88] 그렇지만 고구려군은 후연의 정치적 불안을 이용해, 이 시기에 5만 명의 병력을 돌리지 않고 낙동강지방에까지 나아가고 있었다.

한편 후연은 401년 8월에, 모용성이 반란으로 살해되고 慕容熙가 뒤를 이어 천왕의 자리에 올랐다. 모용성이 시해된 것은 모용보에 뒤이은 것이었다. 두 명의 주군이 잇따라 시해된 것은 후연의 내분이 심각하다는 것을 보여준다. 이러한 후연의 혼란이 高句麗가 한반도 남부인 新羅와 加耶지역으로 영향력을 확대하는 요인이 되었다.

---

88) 고구려는 400년 2월에 후연의 공격을 받았다. 이때 고구려 5만대군은 한반도 동남부로 나아가고 있었다. 백제로서는 고구려를 공격할 절호의 기회였다. 이 시기에 고구려를 공격한다면, 392년에 고구려에게 빼앗긴 石峴 등 10여성과 關彌城을 회복할 가능성이 있었다. 그러나 400년(아신왕 9년) 무렵에 백제는 고구려에 대한 공격을 하지 못했다. 이와 관련하여 아신왕대에 고구려를 공격하려는 시도가 동왕 8년(399) 8월을 끝으로 보이지 않는다는 점이 주목된다. 아신왕 8년 8월 이후부터 재위 마지막 해인 아신왕 14년까지 고구려에 대한 공격 또는 공격 기도가 없다. 결국 400년 고구려군 5만 명의 신라 지역으로의 남하에 대해, 백제가 고구려에 대한 공세를 할 수 없었던 것이다. 이 점은 무엇을 말하는가. 이때 와서 백제는 더 이상 고구려의 상대가 되지 못했던 것이다.

제4장 401년(廣開土王 10)~404년(廣開土王 13) 동아시아의 정세와 고구려의 동향

Ⅰ. 머리말

401~404년의 고구려에 관한 사료는 희소하다. 그것은 중국 측의 『晋略』, 『資治通鑑』과 같은 사료와 한국 측의 『三國史記』, 『廣開土王陵碑』에 편린과 같이 기록되어 있을 뿐이다. 결국 이때 고구려의 동향은 고구려와 국경을 직접적, 간접적으로 접한 이웃 나라의 내정과 외교, 전쟁을 통해서 유추해 볼 수밖에 없다.

먼저 이 시기의 연구동향을 보자. 慕容熙 실정을 통해, 後燕의 멸망원인을 다룬 연구가 있다. 모용희 재위시의 후연은 고구려와 대적할 능력이 없었다는 것이다.[1] 한편 광개토왕 9년(400) 이후의 대외관계가 모두 후연과의 관계에 집중되어 있다는 사실에 주목한 견해가 있다. 이 같은 원인은 후연이 북위의 압력에 밀려, 동쪽인 고구려 방면으로의 영역 확장을 기도하였기 때문이라는 것이다.[2] 또한 고구려와 후연의 영역 확장과 지방지배 양상을 비교한 연구가 있었다.[3]

---

1) 池培善, 『中世東北亞史硏究－慕容王國史를 중심으로』, 一潮閣, 1986, 348~354쪽.
2) 공석구, 『고구려 영역확장사 연구』, 서경문화사, 1998, 215~216쪽.

본장에서는 이 시기 高句麗 동향을 北魏·後秦·柔然·後燕 등 북중국지역·몽골지역의 정세와 연관시켜 검토할 것이다. 또한 고구려의 입지를 百濟·新羅와의 관계와 연결시켜 살펴보고자 한다. 이를 통해, 고구려가 성장할 수 있었던 요인을 분석할 것이다.

Ⅱ. 401년(광개토왕 10)~402년(광개토왕 11) 北魏·後秦의 격돌과 고구려의 동향

401년에, 동아시아의 정세는 어떻게 전개되었을까. 고구려와 서북방에서 국경을 접한 후연의 동향은 고구려에게는 일차적인 관심사였을 것이다. 鮮卑族이 세운 前燕은 故國原王 12년에 고구려를 침략하여, 美川王의 능묘를 파헤치고 5만 명의 고구려인들을 끌고 간 적이 있었다.[4] 전연의 뒤를 이은 後燕 역시 遼東지역을 놓고 故國壤王代인 385년 6월에 고구려와 쟁패를 벌여, 이 지역을 차지한 적이 있었다.[5] 그러므로 고구려로서는 그 군사력에서 우위에 있었던 후연의 동향은 실로 중요한 관심사였을 것이다.

401년에 후연은 심한 정치적 불안정을 겪고 있었다. 다음의 사료를 보자.

安帝 隆安 5년(401)……8월……燕王盛이 그 아버지인 寶가 유약하여

---

3) 여호규, 「4세기~5세기 초 高句麗와 慕容 '燕'의 영역 확장과 지배방식 비교」 『한국고대사연구』 67, 2012, 117~118쪽.
4) 『三國史記』 18, 高句麗本紀 6, 故國原王 12年.
5) 『三國史記』 18, 高句麗本紀 6, 故國壤王 2年.

나라를 잃었다는 것을 거울삼아서 준엄하고 위협하는 형벌을 시행했다. 또 스스로 총명하고 살필 수 있다고 자랑하며 시기하는 것이 많아 여러 신하 중에 조그마한 혐의만 있으면 모두 일에 앞서서 죽이니, 이로 말미암아 宗親과 勳舊와 사람들은 스스로를 보전하지 못했다.

丁亥일에 左將軍 慕容國과 殿上將軍 秦輿와 段讚이 禁兵을 거느리고 (모용성)을 습격하기로 꾀하였는데, 사건이 드러나서 죽은 사람이 5백여 명이었다.

壬辰일 밤에 前 將軍 段璣와 진여의 아들 輿, 단찬의 아들 泰가 禁中(궁전)에 잠입하여 북을 두드리고 시끄럽게 소리치며 크게 부르자, 모용성이 변란을 듣고 左右를 거느리고 나와 싸우니, 적의 무리는 도망치고 흩어졌다. 단기는 상처를 입고 廂屋(곁방) 사이에 숨었다. 잠시 후에 賊 한 명이 어둠 속에서 (모용)성을 공격하니 모용성이 상처를 입고 임금이 타는 수레를 타고 前殿에 올라 금위병을 거듭하여 합쳤지만, 일이 정해지고 죽었다.

中壘將軍 慕容拔과 冗從僕射 郭仲이 太后 丁氏에게 아뢰어 '국가에 어려움이 많으니 마땅히 나이 많은 군주를 세워야 한다.'고 하였다. 이때 무리의 바람은 모용성의 동생인 司徒·尙書令·平原公 (모용)元에게 있었다. 그런데 河間公 (모용)熙가 평소 丁氏에게 총애를 받았으므로 정씨는 이에 太子 (모용)定을 폐하고 비밀리에 (모용)희를 맞이하여 宮闕로 들여왔다. 다음 날 아침에 여러 신하들이 조정에 들어왔는데, 비로소 변이 있었음을 알고 그로 인해 表를 올려 (모용)희에게 나아가기를 권하였다. (모용)熙는 (모용)元에게 양보하였으나 元이 감당하지 못하였다. 癸巳일에 (모용)熙가 天王의 자리에 오르고 段璣 등을 잡아서 모두 三族을 죽였다. 甲午일에 크게 사면하였다. 丙申일에 平原公 (모용)元에게 혐의로 죽음을 내렸다.6)

위의 기록에서 후연이 401년 커다란 내분에 휩싸여 있음을 알 수 있다. 401년 8월에 좌장군 모용국과 전상장군 진여와 단찬이 禁兵을 인솔하여 모용성을 습격하기로 모의하였는데, 사건이 드러나서 죽은 사람이 5백여 명이었다. 그런데 禁兵은 禁軍으로[7] 도성 또는 궁궐을 보위하는 군대이다.[8] 황제 측근의 군대가 모반을 꾀하는데 가담하고 있는 것이다. 이로 보아 모용성은 무척 불안한 상황에 처해 있었다.

이 모반은 진압되었다. 그러나 前 장군 단기와 진여의 아들 진흥·단찬의 아들 단태가 궁전에 잠입하여 모용성을 공격하였으며, 그 와중에 모용성이 피살되었다. 후연의 황제인 모용보가 398년에 피살된 이후 다시 모용성이 피살되었다. 그러므로 401년에, 후연 조정은 극도로 불안한 내정 상황을 맞고 있었다.

그런데 후연 조정에서 무리의 바람은 모용성의 아우인 모용원에게 있었으나, 모용희가 평소 정씨에게 총애를 받았다. 정씨는 태자 모용정을 폐하고 은밀히 모용희를 맞이하여 궁으로 들어왔다. 이에 신하들이 표문을 올려서, 모용희가 天王의 자리에 올랐다.

그러나 정씨가 장례행렬을 보내고 돌아오지 않는데, 中領軍 慕容提와 步軍校尉 張佛 등이 옛 태자였던 慕容定을 세우려고 모의하였다.

---

6) 『資治通鑑』卷112, 晉紀 34, 隆安 5年(401). "安帝 隆安 五年……八月,……燕王盛懲其父寶以儒弱失國, 務竣威刑, 又自矜聰察, 多所猜忌, 群臣有纖介之嫌, 皆先事誅之, 由是宗親勳舊, 人不自保. 丁亥, 左將軍慕容國與殿上將軍秦輿段讚謀帥禁兵襲盛, 事發, 死者五百餘人. 壬辰夜, 前將軍段璣與秦輿之子輿段讚之子泰潛於禁中鼓譟大呼, 盛聞變, 帥左右出戰, 賊衆逃潰. 璣被創, 匿廂屋間.俄有一賊從闇中擊盛, 盛被傷, 輦昇前殿, 申約禁衛, 事定而卒. 中壘將軍慕容拔兇從僕射郭仲白太后丁氏, 以爲國家多難, 宜立長君. 時象望在盛弟司徒·尙書令·平原公元, 而河間公熙素得幸於丁氏, 丁氏乃廢太子定, 密迎熙入宮. 明旦, 群臣入朝, 始知有變, 因上表勸進於熙. 熙以讓元, 元不敢當. 癸巳, 熙卽天王位, 捕獲段璣等, 皆夷三族. 甲午, 大赦. 丙申, 平原公元以嫌賜死."
7) 檀國大學校 東洋學硏究所,『漢韓大辭典』10, 檀國大學校出版部, 2007, 496쪽.
8) 檀國大學校 東洋學硏究所, 위의 책, 2007, 493쪽.

112

이들은 일이 발각되어서 죽임을 당하였다.[9] 바야흐로 후연은 왕위계승 분쟁이 내분으로 비화되었다.

그런데 慕容熙가 後燕主가 된 것은 適任者이거나 嗣位할 순서가 합당했기 때문이 아니었다. 그것은 그가 丁氏와 情을 통했기 때문이다.[10] 이로 보아 401년에 후연은 모용성의 암살과 황제의 후계자를 놓고 갈등을 겪고 있었다.

한편 북위는 401년에 어떠한 상황에 있었을까. 401년 7월에 북위는 국경을 접한 後秦의 沒奕干과 後燕을 공격하고 있다.

401년 12월, 북위는 5만 명의 병력으로 後秦의 沒奕干을 高平에서 습격하였다. 같은 달에 북위의 虎威將軍 宿沓干이 後燕을 쳐, 令支를 뽑아버리고 그곳을 지켰다.[11] 그러므로 401년에 북위는 공세적으로 국경을 접한 후진·후연과 전투를 하고 있다. 북위는 양면에서 전투를 하고 있는 것이다. 주목되는 점은 전투를 먼저 시작한 쪽이 북위라는 점이다. 이 점은 북위가 그 군사력에 있어 자신감을 가지고 있음을 나타낸다.

401년에 이은 402년에도 동아시아는 격변의 상황으로 나아가고 있었다. 주목되는 점은 북위에 대해 수세적인 입장에 있었던 후연의 변화이다. 402년 정월, 후연의 慕容拔이 북위의 令支戍를 공격하여 이겼다. 宿沓干은 달아나고, 北魏의 遼西太守 那頡은 체포되었다. 그리하여 후연은 모용발을 幽州刺史로 삼아 令支를 진수하게 했다.[12]

그런데 후연은 모용보가 즉위한 이래, 북위의 상대가 되지 못했다.[13]

---

9) 『資治通鑑』 卷112, 晉紀 34, 隆安 5年(401).

10) 지배선, 앞의 책, 1986, 302~303쪽.

11) 『資治通鑑』 卷112, 晉紀 34, 隆安 5年(401).

12) 『資治通鑑』 卷112, 晉紀 34, 元興 元年(402). "元興 元年(402) 春, 正月,……丁丑, 燕慕容拔攻魏令支戍, 克之, 宿沓干走, 執魏遼西太那頡. 燕以拔爲幽州刺史, 鎭令支."

어떻게 후연이 북위에게 승리하였을까? 이와 관련하여 다음의 사료를
보자.

　　(402년 봄 正月) 戊子일에 魏의 材官將軍 和突이 黜弗과 素古延 등 여러
部를 깨뜨렸다. 처음에 魏의 주군 (拓跋)珪가 北部大人 賀狄干을 보내어
말 1천 필을 바치고 秦에게 혼인을 구하였는데, 秦王 興이 (탁발)규가
이미 慕容后를 세웠다는 것을 듣고 (하)적간을 잡아 그 혼인을 끊었고,
沒弈干과 黜弗·素古延은 모두 秦의 屬國인데 魏가 공격하니 이로 말미암
아 秦과 魏는 틈이 생겼다. 庚寅일에 (탁발)규가 군사와 말을 대대적으로
열병하고 并州의 여러 군에 명령하여 平陽의 乾壁에 곡식을 쌓아 秦에
대비하였다.
　　柔然의 (욱구려)社崙이 바야흐로 秦과 화목하였으므로 장수를 보내
黜弗과 素古延을 구원하였는데, 辛卯일에 (북위의 장군) 和突이 거꾸로
쳐 크게 깨뜨렸다. 사륜이 그 部落을 거느리고 멀리 사막 북쪽으로
달아나서 高車의 땅을 빼앗고 거주하였다. 斛律部의 장수 (곡률)倍候利
가 사륜을 쳤다가 크게 패하여 배후리는 魏로 달아났다. 사륜은 이에
서북으로 가서 흉노의 남아있는 종족인 日拔也鷄를 쳐 크게 깨뜨리고
드디어 여러 部를 병탄하니, 군사와 말이 번성하였으며 북방에서 웅비
하였다. 그 땅은 서쪽으로 焉耆(신강성)에 이르고 동으로 朝鮮에 접하고,
남으로 큰 사막에 이르고 곁에 있는 작은 나라들은 모두 羈屬되었는데,
스스로 豆代可汗이라고 불렀다.[14]

---

13) 지배선, 앞의 책, 1986, 296~307쪽.
14)『資治通鑑』卷112, 晉紀 34, 元興 元年(402). "(春 正月)……戊子, 魏材官將軍和突攻黜
　　弗素古延等諸部, 破之. 初, 魏主珪遣北部大人賀狄干獻馬千匹求婚於秦, 秦王興聞珪已
　　立慕容后, 止狄干而絶其婚, 沒弈干·黜弗素古延, 皆秦之屬國也, 而魏攻之, 由是秦魏有
　　隙. 庚寅, 珪大閱士馬, 命并州諸郡積穀於平陽之乾壁以備秦. 柔然社崙方睦於秦, 遣將

114

앞에서 보았듯이, 북위는 401년 12월에 후진의 속국인 몰혁간을 고평에서 습격했다. 다시 402년 정월에 북위는 후진의 속국인 몰혁간· 출불·소고연을 공격했다. 북위는 후진에 대해 도발하고 있었던 것이다.

그리하여 402년 정월에, 後秦과 北魏 사이에는 틈이 생겼다. 경인일에는 탁발규가 병사와 말을 대대적으로 검열하고 병주의 여러 군에 명령하여 평양의 건벽에 곡식을 쌓아서 後秦에 대비하도록 하였다. 그런데 유연부락의 욱구려사륜이 바야흐로 後秦과 화목했다. 그러므로 북위는 이때, 후진과 유연이라는 강대한 세력에 대한 대비에 힘을 쏟고 있었다고 보여진다.

이 점이 후연이 402년 정월에 북위에 대해 공격하고 승리할 수 있었던 주요한 요인이 되었을 것이다. 결국 402년 정월에, 후연의 북위에 대한 승리는 北魏가 後秦과 柔然에 대한 대비에 집중하고 있었기에 가능한 것이었다.

한편 후진과 관련하여, 유연이 402년에 등장하고 있다. 유연의 동향은 이 무렵에 중요한 영향을 주고 있었다. 이 점은 유연이 후진의 속국인 출불과 소고연을 북위로부터 구원하기 위해 장수를 보낸 점에서 알 수 있다. 후진은 유연과 군사적으로 연결되어 있었던 것이다.

그렇다면 고구려는 광개토왕대에 유연과 국가 간의 관계를 가지고 있었을까? 이에 관한 직접적인 사료는 없다. 그러나 정황증거로 이 점을 살펴볼 수 있다. 위의 사료에서 보듯이, 유연은 동쪽으로 조선에

求黜弗素古延, 辛卯, 和突逆擊, 大破之, 社崙帥其部落遠遁漠北, 奪高車之地而居之. 斛律部帥倍候利擊社崙, 大爲所敗, 倍候利奔魏. 社崙於是西北擊匈奴遺種日拔也鷄, 大破之, 遂呑倂諸部, 士馬繁盛, 雄於北方. 其地西至焉耆, 東接朝鮮, 南臨大漠, 旁側小國皆 羈屬焉, 自號豆代可汗."

접하였다. 여기에서의 조선은 고구려를 말한다.[15] 이로 보아 두 나라는 국경을 접했다. 이때, 유연과 고구려의 전쟁기록은 보이지 않는다. 광개토왕대에 두 나라는 국경을 접하며, 적대적인 관계는 아니었다고 보여진다.

그런데 402년 2월에, 북위는 후진의 속국인 몰혁간을 다시 공격하고 있다. 다음의 사료를 보자.

(2월)……癸丑일에 魏의 常山王 (탁발)遵 등이 高平에 이르렀더니 沒奕干이 그 部의 무리를 버리고 수천 기병을 거느리고 劉勃勃와 함께 秦州로 달아났다. 위의 군대가 추격하여 瓦亭에 도착했으나 미치지 못하고 돌아왔는데, 그 府庫에 축적된 것과 말 4만여 필, 여러 가축 9만여 마리를 모두 얻고, 그 백성을 代郡으로 옮겼으며 나머지 종족은 나누어지고 달아났다. 平陽太守 貳塵이 다시 秦의 河東을 침략하니 長安이 크게 진동하였고, 關中의 여러 성은 낮에도 문을 닫으며, 秦人들은 군사를 뽑고 병사를 훈련하여 魏를 칠 것을 꾀하였다.[16]

위의 사료에서 보듯이, 북위는 후진의 속국인 沒奕干을 공격했다. 이는 북위가 후진과 일전을 하겠다는 의도이다. 이때 북위는 몰혁간의

---

15) 『資治通鑑』은 고구려를 조선으로 칭하고 있다. 『資治通鑑』을 편찬할 때인 北宋代에 이성계가 세운 조선은 개창되지 않았다. 그러므로 이때의 조선은 고조선을 의미한다. 이는 중국인들이 고구려를 조선으로 인식했음을 보여주는 것이다. 따라서 고구려는 조선의 땅과 그 백성들을 기반으로 그 정통성을 이은 나라라는 것을 중국의 사서가 보여주고 있다.

16) 『資治通鑑』卷112, 晉紀 34, 元興 元年(402). "(二月)……癸丑, 魏常山王遵等至高平, 沒奕干棄其部衆, 帥數千騎與劉勃勃奔秦州. 魏軍追至瓦亭, 不及而還, 盡獲其府庫蓄積, 馬四萬餘匹, 雜畜九萬餘口, 徙其民於代郡, 餘種分迸. 平陽太守貳塵復侵秦河東, 長安大震, 關中諸城 晝閉, 秦人簡兵訓卒以謨伐魏."

府庫에 쌓인 물품과 말 4만여 필, 여러 가축 9만여 마리를 모두 획득하고, 그 백성을 代郡으로 옮겼다. 바야흐로, 북위는 몰혁간이 거느린 말과 가축 등을 획득하고 백성들을 차지하여 그 국세를 진작시켜 나갔다.

그리고 북위의 平陽太守 貳塵이 다시 後秦의 하동(산서성)을 침략하였다. 이제 북위는 직접 후진을 공격하고 있는 것이다. 이에 後秦人들은 병사를 뽑고 군사를 훈련하여 北魏를 정벌할 것을 꾀하였다.

이제 북중국에서는 격전이 치러지려 하고 있었다. 그것은 後秦과 北魏의 전쟁이었다. 다음의 사료를 보자.

402년 5월에,……고구려가 宿軍을 공격하니, 燕의 平州刺史 慕容歸가 성을 버리고 달아났다. 秦의 군주 姚興이 크게 여러 군대를 일으키고, 義陽公 (요)平과 尙書右僕射 狄伯支 등을 보내 보병과 기병 4만 명을 거느리고 魏를 정벌하게 하였다. (요)興이 스스로 大軍을 거느리고 뒤를 잇고, 尙書令 姚晃이 太子 (姚)泓을 도와 長安을 지키게 하고, 沒奕干은 임시로 上邽에 주둔하고 廣陵公 (요)欽은 임시로 洛陽에 주둔하게 하였다.

(요)平이 위의 乾壁을 공격하여 60餘日에 뽑아버렸다. 가을, 7월에 위의 주군 (탁발)珪가 毗陵王 (탁발)順과 豫州刺史 長孫肥를 보내어 6만 기병을 거느리고 선봉으로 하고, 스스로는 대군을 거느리고 계속 출발하여 공격하였다.

8월에,……위의 주군 (탁발)규가 永安(산서성 곽주시)에 이르니, 秦의 義陽公인 (요)平이 날랜 장수와 뛰어난 기병 2백 명을 보내 위의 군대를 엿보도록 하니, 長孫肥가 맞이해 쳐서 모두 사로잡았다. (요)平이 물러나 달아나니 (탁발)珪가 쫓았는데, 乙巳일에 柴壁에 이르러 (요)평이 성을 굳게 지키고, 위의 군대가 포위하였다. 秦王 (요)興이 군인 4만 7천명을 거느리고 구원하려고 장차 天渡에 의지해 양곡을 운반하여 (요)平에게 보내려 하였다.……(요)興은 蒲阪에 이르러 위가 강함을 꺼려 오래 지나서야, 군대를 나아가게 했다. 甲子일에, (탁발)珪가 보병과 기병 3만 명을 거느리고 (요)興을 蒙阬의 남쪽에서 맞아 치니, 머리를 자른 것이 천여 급으로, (요)興이 물러나 40여 리를 달아났고, (요)평 또한 감히 나올 수 없었다. (탁발)珪가 이에 군대를 나누어 네 군데의 험난한 요지에 의지해, 진의 군사가 柴壁에 접근하지 못하게 하였다. (요)興이 분수의 서쪽에 주둔하고 골짜기에 기대 보루를 삼아, 잣나무 재목을 묶어 분수의 상류로부터 놓아서 浮梁(부량 : 떠 있는 다리)를 부수려고 하였지만 위인이 모두 갈고리로 얻어서 땔감으로 하였다.

겨울 10월에 (요)平은 양식이 바닥나고 화살이 다하자 밤에 무리를 모아서 서남쪽에 있는 포위로 돌격하여 나가려 하니, (요)흥이 군대를 분수의 서쪽에 배치하고 봉화를 들고 북을 치고 시끄럽게 떠들며 호응하게 하였다. (요)興은 (요)平이 힘써 싸워 돌진해 모면하기를 바라고, (요)평은 (요)흥이 포위를 공격해 이끌어 접하기를 바랐는데, 단지 소리치고 부르며 서로 화답하며 감히 포위한 곳에 가지 못하였다. (요)평은 나갈 수 없고 계책이 다하자 이에 부하들을 이끌고 물에 달려가 죽으니, 여러 장수들 등 많은 사람들이 (요)평을 쫓아 물로 나아갔다. (탁발)규는 수영을 잘하는 사람으로 하여금 갈고리로 잡았으며, 면할 수 있는 사람은 없었다. 狄伯支와 越騎校尉 唐小方 등 40여 명을 잡고, 나머지 무리 2만여 명은 모두 손을 거두고 가서 잡혔다. (요)흥은 앉아서 그 궁함을 보고 힘을 써 구원할 수 없었으니 전군이 통곡하여, 소리가 산과 골짜기에 진동하였다. 여러 차례 사신을 보내어 魏에 화해를 구하였는데 (탁발)규가 허락하지 않고 승세를 타서 蒲阪으로 나아가

118

공격하자, 秦의 晉公 (姚)緒가 굳게 지키고 싸우지 않았다. 마침 柔然이 魏를 칠 것을 꾀하자, (탁발)珪가 그것을 듣고서 戊申일에 군대를 이끌고 돌아왔다.[17]

402년 8월부터 10월까지의 전쟁에서, 북위가 후진에 대해 압도적으로 승리하였다. 북위에 대한 후진의 패배요인은 무엇일까? 그것은 앞서 "탁발규가 보병과 기병 3만 명을 인솔하고서 요홍을 몽갱의 남쪽에서 받아쳤는데, 참수한 것이 천여 급이 되니, 요홍이 물러나서 40여 리 달아났고, 요평 역시 감히 나서지 않았다."는 데에서 알 수 있다. 이미 북위와 접전을 했던 후진은 북위의 예봉을 감당하지 못하고 공포감을 가졌던 것이다.

중요한 사실은 유연이 이 시벽의 전쟁에 중요한 변수가 되었다는 점이다. 유연이 북위를 칠 것을 모의하자, 북위의 탁발규가 그 소식을 듣고 군사를 이끌고 돌아왔던 것이다. 결국 유연의 북위에 대한 침공모

---

17) 『資治通鑑』卷112, 晉紀 34, 元興 元年(402). "五月,……高句麗攻宿軍, 燕平州刺史慕容歸棄城走. 秦王興大發諸軍, 遣義陽公平尙書右僕射狄伯支等將步騎四萬伐魏. 興自將大軍繼之, 以尙書令 姚晃輔太子泓守長安, 沒奕干權鎭上邽, 廣陵公欽權鎭洛陽. 平攻魏乾壁六十餘日, 拔之, 秋, 七月, 魏主珪遣毗陵王順及豫州刺史長孫肥將六萬騎爲前鋒, 自將大軍繼發以擊之. 八月,……魏主珪至永安, 秦義陽公平遣驍將帥精騎二百覘魏軍. 長孫肥逆擊, 盡擒之. 平退走, 珪追之, 乙巳, 及於柴壁, 平嬰城固守, 魏軍圍之. 秦王興將兵四萬七千救之, 將據天渡運糧以餽平.……興至蒲阪, 憚魏之强, 久乃進兵. 甲子, 珪帥步騎三萬逆擊興於蒙阬之南, 斬首千餘級, 興退走四十餘里, 平亦不敢出. 珪乃分兵四據險要, 使秦兵不得近柴壁. 興屯汾西, 憑壑爲壘, 束柏材從汾上流縱之, 欲以毀浮梁, 魏人皆鉤取以爲薪蒸. 冬, 十月, 平糧竭矢盡, 夜, 悉衆突西南圍求出, 興列兵汾西, 擧烽鼓譟爲應. 興欲平力戰突免. 平望興攻圍引接, 但叫呼相和, 莫敢逼戰, 平不得出, 計窮, 乃帥麾下赴水死, 諸將多從平赴水, 珪使善遊者鉤捕之, 無得免者. 執狄伯支及越騎校尉唐小方等四十餘人, 餘衆萬餘人皆斂手就禽. 興坐視其窮, 力不能救, 擧軍痛哭, 聲震山谷. 數遣使求和於魏, 珪不許, 乘勝進攻蒲阪, 秦晉公緒固守不戰. 會柔然謀討魏, 珪聞之, 戊申, 引兵還."

의가 북위의 후진에 대한 공격을 중지시켰던 것이다. 과연 402년 12월에 유연은 북위를 침공하고 있다. 다음의 사료를 보자.

(402년)……12월 신해일에 위의 주군 (拓拔)珪가 雲中으로 돌아왔다. 柔然의 可汗 (욱구려)社崙은 (탁발)규가 秦을 친다는 것을 듣고 參合陂로부터 魏를 침략해 豺山에 도착해, 善無(산서성) 북쪽의 늪에 이르니 魏의 常山王 (탁발)遵이 1만의 기병으로 쫓았으나 미치지 못하고 돌아왔다.18)

위의 사료는 유연이 북위를 치고 있음을 전한다. 그러나 유연은 북위의 탁발준이 기병 1만 명으로 쫓아오자 접전하지 않고 달아났다. 이 점은 두 가지 사실을 말해준다.

첫째, 유연은 접전을 했을 경우 북위의 상대가 될 수 없음을 알고, 달아났다는 것이다. 이 점은 북위의 군사력이 유연에 비해 우세함을 보여준다.

둘째, 북위는 유연으로 인해, 402년 10월에 거둔 후진에 대한 승리를 확실하게 굳힐 수 없었다는 점이다.19) 이 점은 결국 유연과 후진이 입술과 이의 관계라는 것을 보여준다. 후진이 북위에게 패망한다면, 유연은 북위의 집중적인 공략대상이 될 것이 자명하다. 또한 유연이 북위에게 패망한다면, 후진은 그 존립이 어려운 지경이 되는 것이다.

---

18) 『資治通鑑』卷112, 晉紀 34, 元興 元年(402). (402년)……十二月, 辛亥, 魏主珪還雲中. 柔然可汗社崙聞珪伐秦, 自參合陂侵魏, 至豺山, 及善無北澤, 魏常山王 遵以萬騎追之, 不及而還.

19) 유연의 북위에 대한 침략은 어떻게 이루어졌을까. 그것은 유연과 후진의 우호관계로 보아『資治通鑑』卷112, 晉紀 34, 元興 元年(402) 正月), 후진의 요청으로 이루어졌을 가능성이 있다.

이 점이 유연이 후진을 군사적으로 도왔던 중요한 이유로 파악된다.

한편 고구려는 동아시아의 군사강국인 후진과 북위의 전쟁을 알았을까? 後秦은 402년 12월에 사신을 보내 禿髮傉檀을 車騎將軍·廣武公으로, 沮渠蒙孫을 鎭西將軍·沙州刺史·西海候로 삼았다.[20] 독발녹단은 南涼의 왕이었다. 남량은 涼州의 강대국으로서의 지위를 가지고 있으면서, 형식적으로는 국경을 접한 동방의 後秦에게 종속했다.[21] 그리고 저거몽손은 北涼의 지배자로[22] 후진의 진서장군의 관작을 받았다.[23] 이들두 나라를 형식적으로나마 책봉할 정도로 후진은 강국이었다. 북위역시 후연을 격파할 정도로 강국이었다. 그러므로 두 나라가 전쟁을한 것은 고구려가 이 무렵에 알았을 가능성이 크다. 또한 고구려는유연과 국경을 접하고 있었다.[24] 앞에서 보았듯이, 유연은 후진과 연결되어 있었다. 고구려는 유연을 통해서도 북위와 후진의 격돌을 알았을것이다.

그렇다면 고구려는 동아시아 두 강대국이 전쟁을 하는 동안 어떤행보를 하고 있었을까? 402년 5월, 후진과 북위가 大戰을 시작할 무렵

---

20) 『資治通鑑』 卷112, 晉紀 34, 元興 元年 12월. "十二月……是歲 秦王興立昭儀張氏爲皇后,……遣使拜禿髮傉檀爲車騎將軍, 廣武公, 沮渠蒙孫爲鎭西將軍, 沙州刺史, 西海候." 402년 12월에, 후진은 독발녹단을 거기장군 광무공으로 저거몽손을 진서장군으로 삼았다. 이때는 후진이 북위에게 충격적인 패배를 당한 후였다. 시기로 보아, 후진은 북위를 의식하여 독발녹단과 저거몽손을 책봉한 것으로 보인다. 후진이 독발녹단과 저거몽손을 책봉하면, 외교적으로 후진의 군주와 이들은 上下의 관계를 맺게 된다. 후진의 군주는 책봉으로 형식적으로는 上의 위치에 있게된다. 이를 통해, 실제적이지는 않지만, 외교적으로 북위에 대한 견제를 하였다고파악된다.
21) 三崎良章 저 김영환 옮김, 『오호십육국』, 경인문화사, 2007, 118~120쪽.
22) 三崎良章 저 김영환 옮김, 위의 책, 2007, 122~123쪽.
23) 후진은 유연에 대해 장군 호를 주어 책봉하지 않는다. 이 점은 후진이 유연을대등한 관계로 여겼음을 의미한다.
24) 『資治通鑑』 卷112, 晉紀 34, 元興 元年(402) 正月.

에, 高句麗가 後燕의 宿軍을 공격하였던 것이다. 이에 平州刺史 慕容歸는 성을 버리고 달아났다.[25]

고구려는 후연의 平州刺史가 있던 숙군성을 공격하여 함락시켰다. 이 숙군성의 위치는 당시 고구려의 작전내용을 이해하는 데 중요한 단서가 된다. 즉 『資治通鑑』에 숙군성은 용성의 동북쪽에 위치하고 있다.[26]는 기록이 있다. 龍城이 現 朝陽 부근임을 감안해, 대체로 廣寧[27] 또는 義州 부근으로 생각된다. 이러한 숙군의 위치가 크게 벗어나지 않는다면, 이 당시 고구려의 공격이 요하를 넘어서 大凌河 유역에까지 미치고 있었음을 의미한다.[28]

이 당시 후연의 국력은 고구려에 대항하기 어려운 정도였다. 이 점은 402년 고구려가 후연의 대고구려 전진기지였던 숙군(평주자사 치소)이라는 요충지를 공격했음에도 불구하고 즉각적인 후연의 반격이 이루어지지 못했던 사실에서도 추정할 수 있다.[29]

바꾸어 말하면, 이 무렵 고구려가 강성하여 龍城의 동쪽에 위치한 숙군성을 점령한 것이다.[30] 여기에서 고구려가 후연의 숙군성을 공격한 시기인 402년 5월이 주목된다. 앞의 사료에서 보았듯이, 그 시기가 402년 북위와 후진의 격돌이 있던 같은 해 5월부터 10월까지와 맞물려 있기 때문이다. 고구려는 북위와 후진의 전면전이 벌어질 무렵에 후연을 공격했다.

---

25) 『資治通鑑』 卷112, 晉紀 34, 元興 元年(402).
26) 『資治通鑑』 112, 晉紀 34, 晉 安帝 元興 元年(402) 5月의 註에 "宿軍城在龍城東北"이라 되어있다.
27) 이병도, 『국역 삼국사기』, 한국학술정보, 2012, 324쪽.
28) 공석구, 앞의 책, 1998, 47쪽.
29) 공석구, 위의 책, 1998, 48쪽.
30) 지배선, 앞의 책, 1986, 353쪽.

이 사건은 중요한 의미가 있다. 이전인 400년(광개토왕 9) 정월에 광개토왕은 사신을 후연으로 보내 공물을 바쳤다. 그러나 같은 해 2월에 연왕 모용성은 광개토왕의 예가 오만하다 하여 스스로 군사 3만 명을 거느리고 고구려로 침입하였다.[31] 이때, 驃騎大將軍 (慕容)熙를 前鋒으로 하여, 新城과 南蘇 두 성을 빼앗고 7백여 리의 영역을 열고 5천여 호를 옮기고 돌아갔다.[32]

여기에서 후연과 고구려의 관계를 살펴보자. 5胡16國 시기에 강대국으로 부상하였던 북중국의 前秦은 東晉과의 淝水의 전투에서 패배한 이후 붕괴되어 갔다. 384년 1월, 전진의 장군이었던 慕容垂가 후연을

---

31) 400년 後燕主 모용성의 고구려 공격은 동아시아의 역학관계를 고려하지 않은 결정적인 패착이었다. 후연은 서방의 적대국인 북위를 그대로 놓아둔 채, 동방의 고구려를 공격했던 것이다. 그가 이렇게 고구려 공격에 나선 이유는 무엇일까? 그것은 고구려가 신라를 도와 주력군을 한반도의 남부에 진출시켰기 때문이다 (공석구, 「高句麗와 慕容 '燕'의 갈등 그리고 교류」『강좌 한국고대사』4, 2003, 76쪽). 후연은 고구려의 약점을 공격했던 것이다. 이 공격은 성공해, 고구려 영토 700여 리를 후연은 얻었다. 그러나 이러한 공격은 한 치 앞만 본 단기적인 것에 불과했다. 왜냐하면 고구려의 후방에는 전통의 주적인 북위가 계속 세력을 확장하고 있었기 때문이다. 고구려 역시 그 국세가 약화된 것이 아니라, 병력의 이동과정에서 후연과의 방어선이 취약해졌을 뿐이다. 이 점은 고구려군이 후연과의 국경으로 복귀한다면 해결될 수 있는 문제이다. 결국 모용성은 국가 간의 신의를 저버리고 선공을 함으로써, 뒷 시기에 광개토왕의 후연 공격에 대한 정당성을 부여해주는 결과를 초래하였다.

그런데 앞 시기에, 모용성의 父인 慕容寶는 고구려와의 책봉관계를 통해, 동방의 국경을 안정시킬 수 있었다. 이에 비해, 모용성은 이러한 정책을 폐기함으로써, 양면에서 강력한 적을 맞이해야 하는 지극히 위험한 노선을 택했던 것이다.

32)『資治通鑑』卷111, 晉紀 33, 隆安 4年(400). "春, 正月, 壬子朔, 燕主盛大赦, 自貶號爲庶人天王. 魏材官將軍和跋襲盧溥於遼西, 戊午, 克之, 禽溥及其子煥送平城, 車裂之. 燕主盛遣廣威將軍孟廣平救溥不及, 斬魏遼西守宰而還. 乙亥, 大赦……高句麗王安事燕禮慢, 二月, 丙申, 燕王盛自將兵三萬襲之, 以驃騎大將軍熙爲前鋒, 拔新城南蘇二城, 開境七百餘里, 徙五千餘戶而還. 熙勇冠諸將, 盛曰, '叔父雄果, 有世祖之風, 但弘略不如耳.'"

건국하였다.[33] 고구려는 후연이 건국된 직후인 385년에, 후연과 군사적인 충돌을 했었다. 고구려는 故國壤王 2年(385) 6월에 4만 명의 군사로 요동과 현토를 함락시켰다. 그러나 같은 해 11월에 고구려는 모용농이 거느린 후연 군에게 요동과 현토 두 군을 다시 내어주었다.[34] 고국양왕대에 고구려의 군사력은 후연에게 열세였던 것이다. 이후 고국양왕이 재위한 시기에, 고구려는 후연을 공격하지 않았다.

이어, 고구려의 광개토왕은 396년에[35] 후연의 모용보에게 책봉을 받았다.[36] 고구려왕이 후연에게 책봉을 받는 형식으로 외교관계를 맺었던 것이다.

이를 두고 본다면, 고구려는 요동지역을 놓고 후연과 쟁패를 벌인 385년 이후부터 후연의 숙군을 공격한 402년 5월 이전까지 후연에 대한 대결을 지양하였다.

후연 역시 400년 2월에 나타난 고구려에 대한 도발 이전까지는 고구려를 공격하지 않았다. 결국 양국은 386년부터 400년 2월 이전까지는 휴전 상태였다. 이러한 양국의 휴전은 그 이해관계가 일치했기 때문이다. 앞에서 보았듯이, 고구려는 385년에 요동을 놓고 후연과 전투를 했다. 그 이후에, 고구려는 백제와의 전투를 지속적으로 하였

---

33) 三崎良章 저, 김영환 옮김, 앞의 책, 2007, 93~94쪽.

34) 『三國史記』18, 高句麗本紀 6, 故國壤王 2年. "夏六月 王出兵四萬襲遼東 先是 燕王垂命帶方王佐 鎭龍城 佐聞我軍襲遼東 遣司馬郝景 將兵救之 我軍擊敗之 遂陷遼東玄菟 虜男女一萬口而還 冬十一月 燕慕容農 將兵來侵 復遼東玄菟二郡 初 幽冀流民多來投農以范陽龐淵爲遼東太守 招撫之."

35) 武田幸男, 『高句麗と東アジア』, 岩波書店, 1989, 213~214쪽 ; 余昊奎, 앞의 논문, 2006, 49쪽.

36) 『梁書』54, 高句麗傳, 『北史』94, 高麗傳. "孝武太元十年 句驪攻遼東玄菟郡 後燕慕容垂遣弟農伐句驪 復二郡 垂死 子寶立 以句驪王安爲平州牧 封遼東帶方二國王 安始置長史·司馬·參軍官 後略有遼東郡."

124

다. 한편 후연은 고구려와 전쟁을 벌인 이후인 390년대에, 그 주적은 북위였다.[37]

고구려와 후연은 결국 백제와 북위라는 적대국으로 인해, 서로의 필요에 따라, 휴전이라는 상황을 만들었다. 그러나 이러한 휴전은 앞에서 보았듯이, 후연의 선공으로 깨졌다. 400년(광개토왕 9) 2월에 後燕主 모용성이 고구려를 공격하였던 것이다. 이 점은 모용성이 북위라는 강력한 세력을 배후에 적대국으로 둔 채, 고구려를 공격했음을 말한다. 그런데 후연은 모용보가 집권한 396년 이래로, 북위에 대한 패배로 와해되어가고 있었다.[38]

이에 비해, 고구려의 상황은 달랐다. 고구려는 396년에 阿利水[39]를 통해 백제를 공격해 그 수도를 포위했다. 이에 阿莘王은 廣開土王의 奴客이 되기를 맹세했다.[40] 백제는 군사력에 있어, 고구려에 비해 현저한 열세를 보였던 것이다. 결국 국제정세에 있어 유리한 측면이 402년 5월에, 고구려가 후연에 대해 공격하고, 승리할 수 있었던 주요한 배경이 되었다.

그런데 402년 5월에 행해진 고구려의 후연에 대한 공격은 정당한 반격이었다. 그것은 400년(광개토왕 9년)에, 후연의 慕容盛이 침입해

---

37) 신정훈, 「동아시아의 정치적 정세와 高句麗의 동향－397年(廣開土王 6年)~400年 (廣開土王 9年)을 중심으로」『대구사학』 118, 2015, 3~15쪽.

38) 지배선, 앞의 책, 1986, 296~307쪽.

39) 阿利水는『三國史記』百濟本紀 蓋鹵王 21年에 보이는 郁里河와 통하는 것으로서, 한강을 가리킨다(노태돈, 「廣開土王陵碑」『역주 한국고대금석문』Ⅰ, 한국고대사 회연구소, 1992, 26쪽).

40) 『廣開土王陵碑』. "以六年丙申, 王躬率□軍, 討伐殘國. 軍□□首攻取寧八城, 曰模盧城, 各模盧城, 幹氐利城, □□城, 閣彌城, 牟盧城, 彌沙城 ……□其國城. 殘不服義, 敢出百戰, 王威赫怒, 渡阿利水, 遣刺迫城. □□歸穴□便圍城, 而殘主困逼, 獻出男女生口一千人, 細布千匹, 跪王自誓, 從今以後, 永爲奴客. 太王恩赦□迷之愆, 錄其後順之誠. 於是得五十八城村七百, 將殘主弟幷大臣十人, 旋師還都."

와 新城과 南蘇 두 성과 7백여 리의 땅을 뺏은 데에[41] 대한 응징이었다.

여기에서 주목해야 될 사실이 있다. 그것은 후진과 북위의 대립과 격돌이 402년 2월부터 10월까지 전개되고 있었다는 점이다. 따라서 고구려는 402년 5월에 북중국의 강자인 후진과 북위의 격돌이 시작될 때, 후연의 宿軍을 공격하였던 것이 된다. 그렇다면 후연은 강력한 적대국인 북위를 의식하지 않고 고구려와 싸울 수 있었다. 그럼에도 402년 무렵에, 후연의 반격이 없다.[42]

이렇게 후연이 고구려에 대한 반격을 할 수 없었던 이유는 무엇일까? 다음의 사료를 보자.

> 402년 11월−辛未일에 (모용)熙가 北原에서 사냥을 하는데, 石城令 高和가 尙方兵과 함께 뒤에서 난을 일으켜, 司隷校尉 張顯을 죽이고. 궁전에 들어가 노략질하고 창고의 무기를 얻고 병영과 관청을 위협하며 문을 닫고 성에 올랐다. (모용)희가 말을 달려 돌아오니 성 위의 사람들은 모두 무기를 던지고 문을 열었으며, 반란자를 모두 죽였으나

---

41) 『三國史記』 卷18, 高句麗本紀 6, 廣開土王.
42) 후연과 유연의 관계는 어떠했을까? 유연은 402년 12월에 북위를 침략했다(『資治通鑑』 卷112, 晉紀 34, 元興 元年(402) 12월). 후연 역시 북위와 390년 이래로 전투를 했다(지배선, 앞의 책, 1986, 268~279쪽). 그러므로 북위에 대해 유연과 후연은 공통적으로 적대국이었다. 그렇다면 402년 무렵에 유연과 후연이 연화관계를 맺어 군사적인 연결을 가졌을까. 이에 관한 사료는 없다. 다만 402년 정월에 후연은 북위와 후진의 전쟁을 틈 타, 북위와 겨뤄, 영지수에서 승리하였다. 그러나 후연은 이후 402년 5월부터 12월까지 있었던 북위에 대한 후진·유연의 충돌과 관련하여, 어떠한 역할도 하지 못하고 있다. 이 점은 후연이 후진·유연과 군사적으로 연결된 상태는 아니었음을 말한다. 후연은 국제적으로 적극적인 행보를 할 수 없었던 것이다. 다시 말해 후연은 국제적으로 고립되어 있었다. 이런 정세에서, 고구려는 402년 5월에 후연의 숙군을 차지할 수 있었다고 보여진다.

오직 (고)和만은 달아나 면하였다. 甲戌일에 대사하였다.[43]

위의 사료에서 주목되는 점이 있다. 그것은 궁전이 약탈당했다는
것이다. 이미 401년, 모용성 때에 단기와 진흥, 단태 등이 궁전에 잠입하
여, 모용성을 시해하였다. 다시 모용희가 지배하던 402년에 석성 현령
고화가 상방병과 함께 궁전을 약탈하였다. 궁전은 군주가 있는 곳이다.
이러한 궁전이 뚫렸다는 것은 후연의 기강이 극도로 해이해졌음을
보여준다.

그런데 고화가 군주로 옹립하고자 하는 인물이 없었다. 이로 보아
이 반란은 치밀하게 계획된 것은 아니었다. 반란의 원인은 앞서 보았듯
이, 모용희의 집권과정에 정당성이 없기 때문이었을 것이다. 후연은
내정에서 심각한 문제를 겪고 있었다. 결국 후연은 내정혼란으로, 고구
려에 대해 402년 무렵에 응전할 수 없었다.

Ⅲ. 403년(광개토왕 12)~404년(광개토왕 13) 後燕 慕容熙의 失政과 고구려의 동향

403년에 들어와 주요한 사건이 있었다. 한반도에서 고대국가로 발전
하였던 백제와 신라가 전쟁을 치렀던 것이다.

그런데 이 무렵에, 신라는 주목할 만한 변화를 겪고 있었다. 내물왕
(재위 356~402)대에 紫雲과 神雀, 木連理, 한 뿔 난 사슴이라는 유학과

---

43) 『資治通鑑』卷112, 晉紀 34, 元興 元年(402). "402年 十一月……辛未, 熙畋于北原,
石城令高和與尙方兵於後作亂, 殺司隸校尉張顯. 入掠宮殿 取庫兵, 脅營署, 閉門乘城.
熙馳還, 城上人皆投伏開門, 盡誅反者, 和走免. 甲戌, 大赦."

관련된 서상이 집중적으로 나타났던 것이다. 서상은 왕이 德治를 할 때, 하늘이 보내는 상서로운 징조이다. 이때 나타난 서상은 신라가 국가적으로 유학을 수용하고 있음을 보여준다. 이 점은 내물왕대부터 고대국가의 성립으로 왕권이 강화되었음을 의미한다.[44] 이런 상황에서 다음의 사료가 주목된다.

1) 實聖尼師今 2年(403) 가을 7월에 백제가 (신라의) 변경을 침입하였다 (『三國史記』 卷3, 新羅本紀 3).

2) 阿莘王 12年(403) 가을 7월에 군대를 보내 신라의 변경을 침입하였다 (『三國史記』 卷25, 百濟本紀 3).

위의 사료는 백제가 신라의 국경을 침공했음을 전한다. 이러한 백제의 신라 침공은 고구려와 관련하여 그 원인을 찾을 수 있다. 『廣開土工陵碑』는 396년(영락 6)에 광개토왕이 아리수를 통해, 백제를 원정했음을 전하고 있다. 이때 성을 포위당한 백제의 아신왕은 고구려왕의 奴客이 되겠다고 맹세했다.[45] 그런데 『廣開土王陵碑』는 永樂 9年(399) 己亥에, "百殘이 맹세를 어기고 倭와 和通하였다"고 했다.[46] 이 구절은 두 가지 사실을 말한다. 첫째로 백제가 396년에 노객을 자처한 것을 깼다는 사실이다. 둘째는 백제와 왜가 和通하였다는 것이다. 和通은 우호를 맺은 것이다.[47] 이 점은 백제가 왜와 연결되었음을 말한다. 백제의

---

44) 신정훈, 「新羅 麻立干期와 中古期의 瑞祥과 政治」 『국학연구논총』 15, 2015, 234쪽.

45) 『廣開土王陵碑』.

46) 『廣開土王陵碑』. "九年己亥, 百殘違誓與倭和通, 王巡下平穰. 而新羅遣使白王云, 倭人滿其國境, 潰破城池, 以奴客爲民, 歸王聽命."

47) 檀國大學校 東洋學硏究所, 『漢韓大辭典』 3, 78쪽.

주적은 고구려였다. 그렇다면 백제는 왜와 연결되어 고구려와 대립하였음이 분명하다.

이로 보아, 403년(실성이사금 2/백제 아신왕 12) 7월에 백제가 군사를 일으켜 신라의 변경을 침범한 이유는 무엇일까? 그것은 400년에 고구려가 신라를 구원하기 위해 倭를 쳤다는 사실[48]과 관련된다. 이때의 왜는 앞에서 보았듯이, 백제와 연결되는 존재였다. 그러므로 신라가 고구려군을 끌어들여 왜를 친 것은 백제를 적대시 한 것을 의미한다. 그리하여 백제는 고구려와 연결된 신라를 적으로 간주하고 공격하였던 것이다.

그런데 위의 사료에서, 백제가 신라의 변경을 침입하였을 뿐 그 결과는 나타나 있지 않다. 이 점은 백제가 신라를 공격했으나, 영토의 확보와 같은 실익이 없었음을 말한다. 이때 신라는 거대한 高塚古墳(積石木槨墳)이 조영되기 시작하는 시기로, 막대한 노동력을 동원할 수 있었다. 이는 5세기에 들어와 신라의 왕권이 급속히 성장했음을 말해주는 것이다.[49] 그리하여 왕권은 葛文王이나 6部의 유력자들을 자신과 구별하기 위한 정치적 장치가 필요했을 것이다. 마립간기가 시작되는 내물왕대에 보이는 서상은 왕권을 6부의 유력자들과 구별할 수 있는 유력한 정치적 상징이었다.[50] 6부의 유력자들과 구별되는 강화된 왕권을 바탕으로, 신라는 백제의 공격을 효율적으로 막아냈다고 보여진다.

이렇게 백제와 신라가 군사적인 충돌을 하였다는 것은 고구려에게는 중요한 의미가 있다. 그것은 한반도에서 신라가 백제를 상대로

---

48) 『廣開土王陵碑』. "十年庚子, 敎遣步騎五萬, 往救新羅. 從男居城, 至新羅城, 倭滿其中. 官軍方至, 倭賊退. □□背急追至任那加羅從拔城, 城卽歸復. 安羅人戍兵□新羅城□城, 倭寇大潰."

49) 李宇泰, 「정치체제의 정비」『한국사』 7, 국사편찬위원회, 1997, 73쪽.

50) 신정훈, 앞의 논문, 2015, 225쪽.

전쟁을 하게 됨에 따라, 고구려는 남쪽 국경에 있던 적대국인 백제를 상대적으로 덜 의식하게 되었다는 것이다.

한편 후연의 정세를 보자. 403년 무렵에 후연의 군주 모용희의 실정이 보이고 있다. 그의 실정의 큰 원인은 죽은 中山尹 苻謨의 두 딸, 娀娥와 訓英을 지나치게 총애한데에 있었다.[51] 이에 따라 후연이 부패하게 되었다.[52]

후연의 모용희는 403년 5월에 龍騰苑을 만들었다. 龍騰苑은 사방이 10여 리이고, 사역된 인부가 2만 명이었다. 용등원 안에 景雲山을 쌓았는데, 밑바닥의 너비는 500步이고, 봉우리의 높이는 17丈이었다.[53] 龍騰苑과 景雲山은 군주의 안목을 즐겁게 해 주는 것에 불과하다.

앞에서 보았듯이, 후연은 이 시기에 북위와 적대적인 관계였다. 그 뿐 아니라 402년에, 고구려는 후연의 숙군성을 공격하였다. 후연은 고구려와도 적대적이었던 것이다.

중요한 점은 후연의 지정학적인 특성이다. 후연은 서쪽으로 북위, 동쪽으로 고구려에 둘러싸인 지정학적인 불리함을 가지고 있었다. 북위는 동아시아의 강자로 이 무렵 웅비하고 있었다. 고구려 역시 광개토왕대에 백제 정벌과 거란 정토로 인적·물적 자원을 확보하며, 그 저력을 쌓아가고 있었다.[54] 이런 때에 모용희는 그 국력을 오히려 개인적인 쾌락으로 낭비하고 있었다.

그렇다면 403년은 고구려에게 어떠한 해였을까? 403년은 고구려에게 기회의 해였다. 이때, 고구려는 한반도에서 백제·신라와 국경을

---

51) 『資治通鑑』 卷112, 晉紀 34, 元興 元年(402) 10月.

52) 지배선, 앞의 책, 1986, 348쪽.

53) 『資治通鑑』 卷113, 晉紀 35, 元興 2年(403).

54) 신정훈, 「고구려 광개토왕의 백제정벌이 가진 의미에 대하여」 『대한정치학회보』 제19집 2호, 2011, 7~9쪽.

접하고, 서쪽으로는 후연과 닿아 있었다. 그런데 백제와 신라가 상호 전쟁을 하며, 후연은 모용희가 실정을 저지르고 있었다. 403년에 고구려는 안정적으로, 그 국력을 비축하고 있었다.

한편 후연에서 분리된 南燕의 동향을 보자. 남연은 그 창업주인 慕容德이 400년 12월에 황제의 자리에 올랐다.[55] 여기에서 간과할 수 없는 것이 있다. 모용덕이 황제로 될 즈음에, 後燕에서는 慕容盛이 400년 정월에 자신의 칭호를 황제가 아닌 庶人天王으로 격하시켰다는 사실이다.[56] 이는 후연이 쇠퇴기에 접어들고 있는 반면에, 남연은 성장기로 도약하고 있다는 사실을 말하는 사건이다.[57]

그런데 403년 9월 무렵에, 남연은 동진의 세력가인 桓玄을 의식하고 있었다. 남연의 公卿들은 환현이 새로이 뜻을 얻어서 아직은 도모할 수 없다고 생각했다. 이에, 남연은 동진에 대한 공격을 그만두었던 것이다.[58] 이로 보아, 동진의 세력가인 환현의 세력이 강해지고 있으며, 남연은 이를 의식하고 있는 것을 알 수 있다. 이 점은 남연이 고구려에게 영향을 끼칠 수 없음을 말한다.

한편 북위는 여전히 403년에도 정복전쟁을 계속하고 있었다. 403년 10월에 북위의 장군 伊謂가 기병 2만 명을 거느리고 高車의 나머지 종족인 袁紇과 烏頻을 습격하여 11월 庚午日에 그들을 대파하였던 것이다.[59] 이에 따라 북위는 원흘과 오빈 부락이 가진 우마군양을 획득하였으며, 그 백성들도 자연히 획득하게 되었다.

---

55) 『資治通鑑』 卷111, 晉紀 33, 隆安 4年 12月.
56) 『資治通鑑』 卷111, 晉紀 33, 隆安 4年 正月.
57) 池培善, 『中世中國史硏究』, 연세대학교 출판부, 1998, 132쪽.
58) 『資治通鑑』 卷113, 晉紀 35, 元興 2年(403).
59) 『資治通鑑』 卷113, 晉紀 35, 元興 2年(403). "冬 十月……丁巳, 魏將軍伊謂帥 騎二萬襲 高車餘種袁紇,烏頻, 十一月, 庚午, 大破之."

그리고 北魏는 내정을 정비하고 있다. 404년 9월에 그 주군 拓跋珪가 百官들의 관직을 바꾸거나 보완하였다. 조정의 대신인 문관과 무관을 불러들여 직접 저울질하고 가려내어 더하고, 재능에 따라서 임명장을 주었다. 작위는 4등급으로 하였다. 그리고 같은 해인 10월에 북위는 大赦하고, 연호를 天賜로 고쳤으며, 西宮을 쌓았다.[60] 이러한 북위의 조치는 팽창되는 영토와 백성들에 대응해, 내정을 정비하려는 것이다.

그런데 후연은 앞서 보았듯이, 403년에 모용희의 실정이 있었다. 이에 반비례해, 북위는 같은 시기에 그 국력이 신장되었다.

한편 403년에는 東晉의 정세에 중요한 변화가 있었다. 그것은 동진의 권력자였던 桓玄이 403년 10월에 東晉을 멸망시키고, 楚나라를 세워 12월에 황제에 올랐던 것이다.[61]

그러나 404년에는 劉裕가 권력의 전면에 나서게 된다. 유유는 404년 정월에 무리들의 추대를 받아 맹주가 되었다. 같은 해 3월에는 유유의 군대가 환현의 군대를 이겼다. 404년 5월에 유유의 군대는 달아나는 환현을 죽였다. 그렇지만 환현의 일족인 桓振이 동진의 황제인 安帝를 사로잡았다.[62] 이에 따라, 동진의 내정은 극도로 불안하였다. 바야흐로 동진에서는 유유 세력과 환현의 일족이 겨루는 형세가 되었다. 이러한 동진의 혼란은 이웃한 나라에 대한 영향력 행사를 생각조차 할 수 없게 했다.

그리하여 404년에, 東晉의 백성 중에는 亂을 피하여 어린아이를 포대기에 싸거나 노인을 등에 지고 회수의 북방으로 가는 사람들이 도로에

---

60) 『資治通鑑』 卷113, 晉紀 35, 元興 3年(404). "九月……魏主珪臨昭陽殿改補百官, 引朝臣文武, 親加銓擇, 隨才授任. 列爵四等……十月……辛巳, 魏大赦, 改元天賜, 築西宮."
61) 『資治通鑑』 卷113, 晉紀 35, 元興 2年(403).
62) 『資治通鑑』 卷113, 晉紀 35, 元興 3年(404).

서로 이어졌던 것이다.[63]

한편 404년에 들어와서도 후연에서는 慕容熙의 실정이 계속되었다. 같은 해인 4월에, 모용희는 龍騰苑에 逍遙宮을 지었는데, 이어진 방이 수백이었다. 曲光海를 팠는데, 한여름에 士卒들이 휴식을 하지 못하여 더위를 먹어서 죽은 자가 반을 넘었던 것이다.[64] 이와 관련하여, 다음의 사료를 보자.

> 404년……11월……燕主 熙가 苻后와 함께 遊畋을 하여, 北으로 白鹿山에 오르고, 東으로 靑嶺을 넘으며, 南으로 滄海에 임하여, 돌아오니, 士卒로 호랑이와 이리에게 죽은 자와 凍死者가 五千餘人이었다.[65]

이는 모용희와 부후가 많은 사졸을 동원하며 遊畋을 하였던 기록이다. 이때 사졸 가운데 동사자가 오천여인에 이르렀다는 것은, 모용희가 백성이나 사졸에는 관심 없이 오직 사냥만을 즐겼다는 증거이다. 따라서 후연의 기강이 해이되었다.[66]

이러한 모용희의 실정은 고구려가 후연을 공격할 기회를 주었다. 404년 11월에 광개토왕은 군사를 내어 연나라를 공벌하였던 것이다.[67]

---

63) 『資治通鑑』 卷113, 晉紀 35, 元興 3年(404). "是歲, 晉民避亂, 襁負之淮北者道路相屬."
64) 『資治通鑑』 卷113, 晉紀 35, 元興 3年(404). "404年……四月……燕王熙於龍騰苑起逍遙宮, 連房數百, 鑿曲光海, 盛夏, 士卒不得休息, 喝死者太半."
65) 『資治通鑑』 卷113, 晉紀 35, 元興 3年(404). "十一月……燕主熙與苻后遊畋, 北登白鹿山, 東踰靑嶺, 南臨滄海而還, 士卒爲虎狼所殺及凍死者五千餘人." 『十六國春秋』 後燕錄 「慕容熙」에는 모용희가 부후와 遊畋을 나간 시기가 404年 9월에서 11월까지로 되어 있다.
66) 지배선, 앞의 책, 1986, 347~348쪽.
67) 『三國史記』 卷18, 高句麗本紀 6, 廣開土王 13年(404) 11月. 『資治通鑑』은 고구려가 후연을 공격한 시기를 404年 12월로 기록하고 있다(『資治通鑑』 卷113, 晉紀 35, 元興 3年(404) 12월, 高句麗侵燕).

결국 고구려가 이 시기에 후연을 공격한 것은 후연의 약점을 파악했기 때문이었다.

이와 관련하여 『廣開土王陵碑』를 보자.

　　14년(역자 주 : 404년) 甲辰에 倭가 法度를 지키지 않고 帶方지역(帶方界)에 침입하였다.……石城(을 공격하고……). 連船(수군을 동원하였다는 뜻인 듯)……(이에 왕이 몸소 거느리고) 평양으로부터(……로 나아가) 군대의 앞줄이 서로 만났다. 왕의 군대가 막고 끊어 움직여 찌르니, 왜구가 무너져 패하였다. 베어서 죽인 것이 수를 셀 수 없었다.[68]

위에서 帶方지역(帶方界)은 황해도 연안지역을 말한다.[69] 위의 비문에서 보듯이, 광개토왕은 404년에, 왜와 대방계에서 싸웠다. 이 시기는 후연의 모용희가 실정을 거듭하던 시기와 일치한다. 이때 고구려는 후연지역에 최소한의 방어병력만 배치할 수 있는 여건이 되었던 것이다. 이 점이 고구려군이 대방계에서 왜구를 격멸할 수 있었던 배경이 되었다.

결국 고구려가 404년에 후연을 공격하고 倭를 격멸할 수 있었던 주요한 요인은 무엇인가? 그것은 후연주 모용희의 실정으로 후연이 쇠약해졌기 때문이었다.

또한 그 요인은 고구려가 광개토왕대에 거란을 점령하고 백제의 성들을 차지하여, 그 民과 조세수취를 증가시킬 수 있었던 내적인

---

68) 노태돈, 앞의 책, 1992, 28쪽. 『廣開土王陵碑』에 관한 역문은 노태돈, 위의 책, 1992를 참고하였다.
　　"十四年 甲辰, 而倭不軌, 侵入帶方界. □□□□□石城□連船□□□, [王躬]率□□, [從]平穰□□□鋒相遇. 王幢要截盪刺, 倭寇潰敗. 斬煞無數."
69) 노태돈, 위의 책, 1992, 28쪽.

국력양성에 있었음은 물론이다.

Ⅳ. 맺음말

결론은 지금까지의 내용을 정리하는 것으로 대신하고자 한다.

401~402년에, 高句麗와 국경을 접한 後燕은 慕容盛이 피살되며 정국이 극도로 혼미하였다. 뒤를 이은 慕容熙에 대한 반란으로 왕권은 동요되고 있었다. 후연의 내정불안으로 고구려는 서북방 경계의 수위를 낮출 수 있었다.

402년에 동아시아에는 변화가 일어나고 있었다. 북중국의 강자였던 後秦과 北魏 사이에 틈이 생겼던 것이다. 바야흐로 전쟁이 다가오고 있었다. 이때 몽골 쪽에 있던 柔然은 후진과 우호관계를 다지고 있었다. 드디어 북위는 402년 정월에 후진의 속국인 黜弗·素古延을 공격했다. 이에 유연은 장수를 파견하여 黜弗과 素古延을 구원했지만 북위에게 패했다. 이 점은 후진과 유연이 외교관계뿐만 아니라 군사적으로 연계된 것을 말한다.

동아시아의 세력 판도가 북위와 이에 맞서는 세력으로 형성되고 있었다. 북중국에서 북위에 대항해 후진과 유연이 연결되어 있었던 것이다. 한편 남중국에서는 동진의 정치적 불안정이 지속되고 있었다. 이때 동진은 동아시아의 세력판도에 영향을 미칠 수가 없었다.

402년 5월부터 10월까지, 동아시아에서 후진과 북위 간에 격전이 벌어졌다. 이때 유연은 후진을 군사적으로 도왔다. 같은 시기인 402년 5월에 고구려는 후연의 숙군을 공격했다. 이에 후연의 평주자사 모용귀는 성을 버리고 달아났다. 후연은 고구려의 공격에 대해, 402년에 반격을 하지 않았다. 이 점은 후연이 내정에서 심각한 상황에 처해 있었기 때문이다.

이어 403~404년에는 후연주 모용희가 龍騰苑을 만들고 逍遙宮을 지으며 실정을 거듭하고 있었다. 후연에 쇠퇴의 기운이 본격적으로 나타나고 있었던 것이다. 이에 비해, 북위는 관직을 정비하고 대사면을 행하며 내정을 정비하고 있다. 한편 남중국의 동진에서는 403년에 환현이 동진을 멸망시켰다. 환현은 초나라를 세웠으나 404년에는 유유의 군대가 환현을 죽였다. 이때 동진은 동아시아의 역학관계에 어떤 영향도 끼칠 수 없었다.

고구려는 404년 11월에 다시 후연을 공격했다. 이와 함께 황해도 연안지역에 침입한 倭를 궤멸시켰다. 이렇게 고구려가 후연을 공격하고 왜구를 물리칠 수 있었던 까닭은 후연주 모용희의 거듭된 실정 때문에 가능했다. 또한 광개토왕대에 民의 증가와 조세수취의 확대라는 국력증강이 있었기 때문이다.

이 시기의 정치적 정세를 정리하면 다음과 같다. 401~404년에 동아시아에서는 북위와 후진의 격전 속에서 유연이 후진을 도와주고 있었다. 북중국의 동쪽에 위치한 후연과 남중국의 동진은 이러한 역학관계에 영향을 미칠만한 국력이 없었다. 이때 고구려는 국경을 접한 후연에 대해, 402년과 404년에 공세적으로 공격하였다. 이러한 고구려의 공격은 후연이 후진·유연과 군사적으로 연결될 수 없는 가운데 이루어졌다. 결국 고구려가 후연에 대해 우세할 수 있었던 중요한 요인은 후연주 모용희의 실정과 아울러, 후연이 동아시아에서 고립되었다는 점 때문이었다.

제5장 405년(廣開土王 14)~407년(廣開土王 16)
동아시아의 정세와 고구려의 동향

Ⅰ. 머리말

405~407년은 중국 지역과 몽골에서 강력한 정복왕조였던 北魏의 대외적 공세가 주춤하던 시기였다. 그리고 北魏·高句麗와 국경을 접한 後燕이 멸망하고 北燕이 등장했다. 북중국의 정치세력이 대외적인 팽창을 할 여력이 없었던 것이다.

한편 한반도에서는 고구려의 주적인 百濟가 阿莘王 이후, 腆支王의 왕위 계승과정에서 분쟁을 겪었다. 고구려는 적대적인 후연·백제와 국경선을 사이에 두고 있었다. 그러므로 이 시기에 고구려는 대외적인 압력이 적었다.

이때 고구려는 일체의 반란이나 모반이 없었다. 또한『廣開土王陵碑』에는 광개토왕대의 치세를 國富民殷이라 하여, 민생의 안정을 기록하고 있다. 이러한 바탕 위에 고구려는 후연의 공세를 405년과 406년에 막아냈다.

그런데 407년에 후연에서 쿠데타가 일어났다. 후연의 慕容熙는 실각하고 馮跋의 추대를 받은 高雲이 집권했다. 같은 해인 407년에, 고구려는 보병과 기병 5만 명을 파견하여 적을 격파하고 沙溝城·婁城·佳城 등을 차지했다.[1] 따라서 고구려는 405~407년에 전개된 북위의 내정 혼란과 후연의 멸망이라는 격변의 시기에 대외적인 진출을 성공시키 고 있다.

이 시기의 고구려와 관련된 연구동향을 보자. 407년, 後燕이 멸망한 원인은 모용희가 과다한 토목공사를 벌임으로써 야기된 부패정치 때 문으로 보는 연구가 있다.[2] 한편 광개토왕은 405년과 406년에 전개된 후연주 모용희의 침략을 막아냄으로써 요동진출을 마무리하였다는 견해가 있다. 이어 407년 쿠데타로 모용희가 죽고 모용운이 집권한 의미에 주목하였다. 慕容雲이 高雲으로 개명한 것은 고구려를 의식한 조처로, 고구려가 후연에 끼치고 있는 영향력을 짐작하게 한다는 것이 다.[3] 또한 고구려는 4~5세기 초 산성 중심의 독자적인 지방통치조직 을 구축했으며, 각 방면 지방관이 군사권과 민정권을 아우르면서 일체 화된 양상을 띠었다는 연구가 있다.[4]

본장에서는 405~407년의 高句麗의 동향을 살펴봄으로써 국가적인 관심사가 무엇이었는가를 검토하고자 한다. 이를 알아보기 위해, 고구 려에 대해 영향을 직접적, 간접적으로 끼친 後燕·百濟·北魏·東晉·後秦· 柔然 등 국가들의 진로를 살펴보려 한다. 이를 통해, 이 시기 고구려의 국가적 목표가 무엇인지가 명확해질 것을 기대해 본다.

---

1) 『廣開土王陵碑』.

2) 池培善, 『中世東北亞史硏究-慕容王國史를 중심으로』, 一潮閣, 1986, 348~354쪽.

3) 공석구, 「高句麗와 慕容'燕'의 갈등 그리고 교류」 『강좌 한국고대사』 4, 2003, 79~82쪽.

4) 여호규, 「4세기~5세기 초 高句麗와 慕容 '燕'의 영역 확장과 지배방식 비교」 『한국고대사연구』 67, 2012, 117~118쪽.

Ⅱ. 405년(광개토왕 14)~406년(광개토왕 15)
後燕의 契丹·高句麗 공격과 고구려의 대처

405년에는 남중국에 위치한 東晉에서 내전이 벌어지고 있었다. 桓振이 동진의 황제를 잡고 劉毅가 거느린 군대와 대치하고 있었던 것이다. 그러나 405년 3월에 황제를 데리고 있던 환진이 전투로 죽었다.[5] 그리하여 404년에 권력을 잡기 시작했던 劉裕가[6] 동진에서 세력을 얻게 되었다.

405년 5월에는 東晉의 北青州刺史 劉該가 반란을 일으켜, 北魏를 끌어들여 후원세력으로 하였다. 또한 淸河陽平二郡太守 孫全이 무리를 모아 호응하는 사건이 있었다. 같은 해 6월에는 北魏의 豫州刺史 索度眞과 大將 斛斯蘭이 徐州를 침략하고 彭城을 포위하였다. 이에 유유가 군대를 파견하여 유해와 손전의 목을 베니, 북위의 군대가 패하여 달아났다.[7]

앞의 사건은 동진의 반란 세력이 북위와 손을 잡고 있음을 보여준다. 동진은 북위와 군사적으로 충돌을 하고 있었던 것이다. 그러나 동진의 유유는 반란세력과 북위의 군대를 패배시키고 있다. 이 점은 동진의 군사력이 상당함을 보여준다.

여기서 주목되는 것은 동진이 유유의 지휘아래 북위에 승리한 것이다. 자연히 동진에서 유유의 정치적 입지는 강화되었을 것이다. 유유는 405년 5월에 사신을 後秦에 보내 화평을 구하고, 南鄕 등 12개 군을

---

5) 『資治通鑑』 卷114, 晉紀 36, 義熙 元年(405).

6) 신정훈, 「401年(廣開土王 10年)~404年(廣開土王 13年) 동아시아의 정세와 高句麗의 동향」 『국학연구논총』 16, 2015, 323쪽.

7) 『資治通鑑』 卷114, 晉紀 36, 義熙 元年(405). "北青州刺史劉該反, 引魏爲援, 清河陽平二郡太守孫全聚衆應之. 六月魏豫州刺史索度眞大將斛斯蘭寇徐州圍彭城. 劉裕遣其弟南彭城……將兵救之, 斬該及全, 魏兵敗走."

달라고 요구했다. 이에 후진 왕 姚興이 허락하여, 남향 등 12개 군을 동진에게 주었다.8)

이렇게 후진이 동진의 요구에 순응한 까닭은 무엇일까? 그것은 이전의 사건과 관련되어 있었다. 402년에 북위는 후진에 대해 압도적으로 승리했다.9) 후진의 군주 姚興은 이 전쟁에서 후진의 전군이 통곡하여, 소리가 산과 골짜기에 진동하는 광경을 앉아서 바라 볼 수밖에 없었다.10)

이런 북위에게 승리한 동진의 군사력에 대해 요흥은 두려움을 가지고 있었을 것이다. 게다가 후진이 동진의 요구를 수용하지 않는다면, 동진과 후진의 전쟁으로 이어질 개연성이 크다. 이때 후연의 적대국인 북위가 후진을 공격한다면, 후진은 존망의 위기를 겪게 된다. 이 점이 후진의 주군 요흥이 동진에게 영토를 할양한 중요한 요인이 되었던 것이다.

한편 고구려와 국경을 접한 後燕의 동향은 어떠하였을까? 405년에 후연의 주군 慕容熙는 고구려에 대해 공세를 펴고 있었다. 다음의 사료를 보자.

(405년 春 正月) 戊戌일(16일)에……燕王 慕容熙가 고구려를 쳤다. 戊申일(26일)에 요동을 공격해 성이 또한 함락되니, 모용희가 장교와 병사들에게 명령하였다.

"성에 올라가지 마라. 그 성을 깎아 평평하게 한 뒤에 짐이 황후와

---

8) 『資治通鑑』卷114, 晉紀 36, 義熙 元年(405).

9) 신정훈, 앞의 논문, 2015, 312~313쪽.

10) 『資治通鑑』卷112, 晉紀 34, 元興 元年(402). "五月……興坐視其窮, 力不能救, 擧軍痛哭, 聲震山谷. 數遣使求和於魏, 珪不許, 乘勝進攻蒲阪, 秦晉公緒固守不戰. 會柔然謀討魏, 珪聞之, 戊申, 引兵還."

함께 연을 타고 들어갈 것이다."

이로 말미암아 성 안에서 엄하게 방비해 이기지 못하여 돌아왔다.[11]

405년 정월에 후연은 고구려의 요동성을 함락할 수 있었다. 그럼에
도 모용희는 황후와 같이 연을 타고 들어가려 하다가 이기지 못했다.
이 점은 모용희가 가진 리더십에 심각한 문제가 있음을 말한다.[12]
모용희는 이 실패를 만회하기 위해 다시 고구려를 침략하고 있다.
다음의 사료를 보자.

(405년) 12월에 燕王 (慕容)熙가 契丹을 습격하였다.……(406년) 봄 정
월……연왕 (모용)희가 陘北에 이르러 거란의 무리를 두려워해 돌아오
려 했으나 苻后가 듣지 않으니, 무신일에 마침내 輜重(군수품)을 버리고
경무장한 군대로 고구려를 습격하였다.……연군이 3천여 리를 가니,
병사와 말이 피로하고 얼어, 죽는 사람이 길에 이어졌고, 고구려의
木底城을 공격했으나 이기지 못하고 돌아왔다. 夕陽公 (慕容)雲이 화살
에 다쳤으며, 또 연왕 (모용)희의 포학함을 두려워해 마침내 병을 이유
로 관직을 떠났다.[13]

---

11) 『資治通鑑』卷114, 晉紀 36, 義熙 元年(405). "春 正月 戊戌……燕王熙伐高句麗.
戊申, 攻遼東, 城且陷, 熙命將士, 毋得城登, 俟刻平其城, 朕與皇后乘輦而入. 由是城中得
嚴備, 不克而還."

12) 모용희가 요동성을 공격하였다가 대패할 무렵에, 고구려와 후연의 군사력은
어떠하였을까? 이때 후연이 고구려 보다 약했다고 말할 근거는 없다고 한다(지배
선, 『중세중국사연구』, 연세대학교 출판부, 1998, 304~305쪽).

13) 『資治通鑑』卷114, 晉紀 36, 義熙 元年(405) ; 『資治通鑑』卷114, 晉紀 36, 義熙
2年(406). "(405) 十二月 燕王熙襲契丹……(406) 春, 正月……燕王熙至陘北, 畏契丹之
衆, 欲還, 苻后不聽, 戊申, 遂棄輜重, 經兵襲高句麗……燕軍行三千餘里, 士馬疲凍,
死者屬路, 攻高句麗木底城, 不克而還. 夕陽公雲傷於矢, 且畏燕王熙之虐, 遂以疾去官."

405년 12월과 406년 봄 정월에 후연주 모용희가 契丹을 습격했다. 그러나 모용희는 그 무리를 두려워하여 돌아가려고 했다는 것이다.

후연은 지정학적으로 문제가 있었다. 후연은 북쪽으로는 거란, 동쪽으로는 고구려에 둘러싸여 있었다. 그런 모용희가 거란과 고구려를 공격했다. 이 점은 거란, 고구려가 후연과 적대적이었다는 것을 나타낸다.[14]

더군다나 후연은 서쪽으로 북위와 인접하고 있었다. 두 나라는 395년부터 전쟁을 겪었다.[15] 그런데 후연은 북위와의 전쟁에서 慕容寶 시대 이래로 패전을 거듭했다.[16] 이렇게 후연은 동쪽과 서쪽 북쪽에서 적대국으로 둘러싸여 있었다.[17]

이런 후연이 거란과 고구려를 공격했다. 이것은 거란과 고구려가 후연이 상대하기에는 비교적 용이한 상대였음을 말한다. 이런 점으로 보아, 고구려는 이 무렵에 북중국의 강자인 북위에 비해 그 군사력에 있어 열세였던 것이다.

그런데 후연이 거란을 친 이유는 무엇일까? 이와 관련하여 고구려와 거란의 관계가 주목된다. 앞 시기에, 광개토왕은 동왕 2년(392) 9월에 북으로 거란을 쳐서 남녀 5백구를 사로잡았던 적이 있었다. 이때,

---

14) 고구려는 契丹(稗麗)과 함께 후연에 대한 공동전선 구축을 실현시켰다. 이 점은 어떻게 알 수 있을까? 그것은 慕容熙 시기에 세 차례의 거란과 고구려에 대한 군사행동 가운데 두 차례의 그것이 거란과 고구려에 대한 逐次的 군사행동의 양상을 띠고 수행되었던 것이다. 이로 보아, 고구려는 契丹과 함께 후연에 대한 공동전선 구축을 실현시켰다(朴京哲, 「高句麗軍事戰略考察을 위한 ─試論─平壤 遷都以後 高句麗軍事戰略의 指向點을 中心으로─」 『史學研究』 40, 1989, 24~26쪽).
15) 『資治通鑑』 106, 晉紀 28, 孝武帝 太元 10年(385)
16) 지배선, 앞의 책, 1998, 109~114쪽.
17) 후연의 모용희는 북위에 대해 공격하지 않았다. 이 점은 후연의 군사력으로 북위에 대해 승리하는 것이 가능하지 않았음을 보여준다.

그는 포로로 잡힌 고구려인 1만인을 招諭하여 고구려로 돌아왔다.[18]

여기에서 우리는 고구려의 거란에 대한 지배가 일시적인 것이 아니라 지속적인 것이라는 점을 간취할 수 있다. 그것은 광개토왕이 포로로 잡힌 고구려인 1만 명이라는 다수에게 초유했다는 점에서 알 수 있다. 여기에서 초유라는 단어가 주목된다. 초유는 불러서 타이른다는 뜻이다. 1만 명이라는 다수를 불러서 타이른다는 것은 고구려의 거란 정벌이 완전하게 이루어져야 가능했을 것이다. 따라서 이 시기부터 거란에 대한 고구려의 통제가 이루어졌을 것이다.

고구려가 거란을 통제한다는 사실은 후연에게는 지정학적으로 상당한 부담이었을 것이다. 후연은 북쪽으로 거란과, 남쪽으로 고구려에게 끼여 있게 되기 때문이다. 후연의 모용희가 거란을 침범한 것은 이러한 양 쪽으로부터의 지정학적 위험 요인을 타파하려 한 것이었다.

문제는 후연의 공격이 국력 피폐를 가중시켰다는 점이다. 후연군은 거란과 고구려를 공격하기 위해 3천여 리나 행군하여 군사와 말들이 추위에 시달려 죽는 자가 길에 깔렸던 것이다.

더군다나 모용희가 지배하던 후연은 내정 또한 불안하였다. 406년 5월에 후연의 주군이었던 慕容寶의 아들 博陵公 慕容虔과 上黨公 慕容昭가 의심을 받아서 죽음이 내려졌던 것이다.[19] 이들이 의심받은 이유는 모용희의 자리를 노릴 수 있다는 점 때문이었을 것이다. 이 점은 모용희의 권력 기반이 불안함을 보여준다.

한편 백제를 살펴보자. 이 시기에 고구려의 주적인 백제는 내정에 있어 혼란스러웠다. 백제는 405년에 腆支王의 아버지인 阿莘王이 죽자

---

18) 『三國史記』18, 高句麗本紀 6, 廣開土王 元年. "九月, 北伐契丹, 虜男女五百口, 又招諭本國陷沒民口一萬而歸."
19) 『資治通鑑』卷114, 晉紀 36, 義熙 2年(406).

정변이 일어났다.

아신왕의 막냇동생인 첩례가 둘째 동생인 훈해를 죽이고 스스로 왕이 되었다. 그러나 백성들이 첩례를 죽여 전지왕이 보위에 올랐다(405).[20] 전지왕은 오랫동안 왜국에 체류하여 국내의 지지기반이 미약하였다.[21] 따라서 405~406년 무렵에, 백제가 고구려에 대해 공세를 한다는 것은 생각할 수 없었다.

이로 보아, 고구려는 남방 경계인 백제가 안정화되었으므로 서쪽 후연으로의 공격이 가능했다. 그럼에도 고구려는 405~406년에, 후연의 침략에 대해 응징을 하지 않았다.

그 이유는 무엇이었을까? 고구려는 후연의 서쪽에 위치한 북위를 의식하여 후연을 공격하지 않았다고 보인다. 다시 말해 고구려는 동아시아의 군사대국인 北魏와의 사이에 완충지대로서 후연이 있는 것이 국익에 도움이 된다고 판단했다. 이 점이 고구려 광개토왕이 후연을 이 시기에 응징하지 않았던 주요한 이유로 생각된다.

그렇다면 이 무렵에 동아시아의 강대국인 북위는 어떠하였을까? 북위는 406년에, 수도의 조성과 궁궐의 축조에 힘을 기울이고 있었다.[22] 북위는 대외적 팽창을 하지 않았던 것이다. 이 점은 406년 4월에, 柔然의 郁久閭社崙이 북위의 변경을 침입하였음에도,[23] 북위의 반격이 보이지 않는 점에서도 확인된다.

앞의 내용을 정리해 보자. 405~406년에 고구려는 북서 국경에 있던 후연의 공격을 막아내었다. 한편 고구려의 남쪽에 있던 백제는 왕위계

---

20) 『三國史記』 25, 百濟本紀 3, 腆支王 前文.

21) 문안식, 『백제의 흥망과 전쟁』, 혜안, 2006, 208쪽.

22) 『資治通鑑』 卷114, 晉紀 36, 義熙 2年(406).

23) 『資治通鑑』 卷114, 晉紀 36, 義熙 2年(406).

승에서 내분이 일어났다. 이에 따라 백제는 고구려에 대한 공격을 할 수 있는 여건이 되지 못했다. 고구려는 백제의 혼란을 틈타, 후연에 대한 반격이 가능했다. 그럼에도 대외적인 진출을 하지 않았다. 다음 장에서는 407년의 상황에 대해 살펴보고자 한다.

Ⅲ. 407년(광개토왕 16) 후연의 멸망과 고구려의 백제 공략

407년 윤 2월에, 東晉의 권력자인 유유에게 반란을 꾀하는 사건이 있었다. 유유 官府의 부장 駱氷이 반란을 꾀하다가 일이 발각되었던 것이다. 유유는 낙빙과 함께 殷仲文, 桓石松 등의 가족까지 모두 죽였다.[24] 이 점은 유유에게 도전하는 세력이 무력으로 제거되었음을 말한다. 이제 동진에서 유유의 권력은 더욱 강화되었다.

그런데 동아시아의 강력한 세력은 남중국의 동진과 함께, 북중국의 北魏였다. 407년 무렵에 북위는 대외적인 팽창을 하지 않았다. 그 이유는 북위의 군주인 탁발규의 건강과 관련이 있었다.

탁발규는 일찍부터 寒食散을 복용했는데, 그 기간이 오래되자 부작용이 발효하였다. 409년 무렵에 그는 성격이 많이 조급하며 어수선해졌다. 또 분노가 일정하지 않았으며, 이때에 이르러 점차 심각해졌다.

탁발규는 근심하고 번민하며 불안해하고, 혹은 여러 날 먹지 않고 혹은 아침에 이르도록 자지 못했다. 평생의 성패와 득실을 나아가 계산하며 홀로 말하는 것을 그치지 않았다. 그는 여러 신하들과 주위의 모든 사람들을 의심하여 믿지 못했다. 탁발규는 매번 백관들이 아뢸

---

24) 『資治通鑑』 卷114, 晉紀 36, 義熙 3年(407).

일로 앞에 오면, 옛날 악한 것들을 미루어 기억하여 문득 그를 죽였다. 그 나머지는 혹은 안색이 변하거나 혹은 코로 숨 쉬는 것이 고르지 않는 경우에도, 혹은 걷거나 빨리 걷는 것이 절도를 잃거나, 혹은 말이 차이가 있어 잘못하면, 모두 마음속에 악을 품은 것이 밖으로 모습을 드러냈다 하여 때때로 손으로 쳐서 죽였다. 죽은 사람은 모두 天安殿 앞에 놓여졌다. 조정 사람들은 스스로를 보호하지 못하고, 백관들은 구차하게 면하면서 서로가 감독하거나 다스리지 못하여 도적들이 공공연히 다니고 마을간에는 사람들의 왕래가 드물어지게 되었다.[25)]

탁발규의 증상이 심해진 시기는 409년이다. 그러나 그가 함부로 사람들을 죽인 시기는 406년 무렵부터였다. 406년 6월에, 탁발규는 평성을 건설할 때 공정에 관여한 莫題가 나태하다 하여 분노하며 죽음을 내렸다.[26)] 또한 407년 6월에, 狄干의 말씨와 복장이 秦나라 사람과 비슷하여 사람들이 이를 본받으려고 하는 것에 분노했다. 탁발규는 賀狄干과 함께 동생인 賀狄歸를 죽였다. 407년 8월에는 司空 庾岳을 의복과 장식이 화려하며, 행동거지와 풍채가 군주를 본뜬 것 같다는 이유로 처형하였다.[27)] 406~407년에 북위의 적극적인 팽창이 보이지 않는 것은 한식산 복용으로 인한 탁발규의 불안과 타인에 대한 불신이 깊이 개재되어 있었다고 보인다.

---

25) 『資治通鑑』 卷115, 晉紀 37, 義熙 5年(409). "(409) 夏 四月……初, 珪服寒食散, 久之, 藥發, 性多躁擾. 忿怒無常, 至是寖劇……珪憂懣不安, 或數日不食, 或達旦不寐, 追計平生成敗得失, 獨語不止. 疑群臣左右皆不可信, 每白官奏事至前, 追記其舊惡, 輒殺之, 其餘或顔色變動, 或鼻息不調, 或步趨失節, 或言辭差繆, 皆以爲懷惡在心, 發形於外, 往往手擊殺之, 死者皆陳天安殿前. 朝廷人不自保, 百官苟免, 莫相督攝, 盜賊公行, 里巷之間, 人爲稀少."

26) 『資治通鑑』 卷114, 晉紀 36, 義熙 2年(406).

27) 『資治通鑑』 卷114, 晉紀 36, 義熙 3年(407).

146

北魏가 407년 무렵에 내정에서 문제를 가지고 있었던 것은 북위와 국경을 접한 후연에게 어떤 영향을 주었을까?

후연은 북위가 대외적인 팽창을 한다면, 그 타격을 받는 1차적인 목표였다. 이 점은 395년 무렵 이래로 전개된 북위와 후연의 공방에서 잘 알 수 있다.[28] 북위 군주 탁발규의 건강상의 문제가 나타난 407년에, 후연은 북위의 공격을 받지 않았다. 따라서 후연은 이를 이용해 국력을 회복할 수 있는 기회를 가질 수 있었다.

그러나 후연의 내정에서 심각한 문제가 발생하고 있었다. 그 주군 모용희의 신상에 변고가 있었던 것이다. 모용희의 황후인 苻氏가 407년 4월에 죽자, 모용희는 울며 번민하며 숨이 끊어지는 것 같다가, 오래지 않아 다시 소생하였다.[29] 모용희는 한 나라의 군주로서 자신의 감정을 조절할 수 있는 능력이 없었던 것이다. 부씨의 죽음은 후연의 멸망과 직결되었다.[30]

문제는 모용희 한 사람의 문제가 후연 백성들 모두에게 영향을 끼치고 있었다는 점이다. 모용희는 公卿 이하 군사와 백성에까지 부씨의 陵을 만들게 하였다. 이에 소비한 것으로 관부의 창고가 비어 버렸다.[31] 이 점은 두 가지 사실을 말해준다.

첫 번째는 民心과 관련된 문제이다. 능묘를 만들기 위해 군사와 백성들이 집집마다 가족들을 거느리고 노역에 동원되어 그 고충이 심하였다. 이 점은 후연 내부의 민심이반이 상당하였음을 말한다.

두 번째는 재정적인 문제이다. 후연이 대외적인 팽창을 하기 위해서

---

28) 신정훈, 「高句麗 廣開土王代의 稗麗 征討와 後燕과의 冊封이 가진 의미」 『中央史論』 37, 2013, 8~28쪽.

29) 『資治通鑑』 卷114, 晉紀 36, 義熙 3年(407).

30) 池培善, 『中世東北亞史硏究-慕容王國史를 중심으로-』, 一潮閣, 1986, 351쪽.

31) 『資治通鑑』 卷114, 晉紀 36, 義熙 3年(407).

는 재정적인 지원이 있어야 한다. 그런데 황후 부씨의 능묘를 만드는 데, 후연은 국가의 재정을 소비하여 관부의 창고가 비어 버렸다.

민심이 이반된 가운데 재정이 비어버린 상태가 된 것이다. 고구려의 입장에서 후연의 이러한 상태는 무엇을 의미하는 것일까? 그것은 후연이 더 이상 모용성과 모용희가 침입할 때와 같이, 고구려를 침입할 역량이 없다는 것을 말한다.

모용희의 이어지는 실정은 결국 파국으로 이어졌다. 中衛將軍 馮跋과 그의 아우인 侍御郞 馮素弗이 慕容雲(高雲)을 추대하여 407년 7월에 쿠데타를 일으켰던 것이다. 모용희는 결국 시해되었다.[32]

바야흐로 후연은 모용희가 시해됨으로 인해 멸망하였다.[33] 모용희에 대한 평가는 쿠데타를 일으킨 풍발이 한 다음 말에서 알 수 있다. "河間(모용희)은 음란하고 잔학하여 사람과 신이 함께 怒하니, 이것이 하늘이 그를 멸망하게 하는 때입니다."[34] 사람과 신이 함께 노한다는 표현은 후연에서 모용희에 대한 인심이 얼마나 좋지 않은지를 보여준다.

그리하여 慕容雲(高雲)이 馮跋 일가의 도움으로 北燕의 天王으로 즉위했다.[35] 모용운은 후연의 주군이었던 慕容寶의 양자였다. 그런데 쿠데타를 일으킬 때에, 풍발은 "공(慕容雲(高雲)은 고씨의 이름 있는 가문으로, 어떻게 다른 사람의 양자가 될 수 있느냐"[36]고 하였다.

풍발이 말한 고씨의 이름 있는 가문은 무엇을 말하는가? 408년(광개

---

32) 『資治通鑑』卷114, 晉紀 36, 義熙 3年(407).
33) 모용희를 끝으로 후연은 멸망하였다(『晉書』124, 「慕容雲載記」). 『晉書』「慕容雲載記」에서 후연은 慕容垂~慕容熙까지라고 하였다.
34) 『資治通鑑』卷114, 晉紀 36, 義熙 3年(407).
35) 『資治通鑑』卷114, 晉紀 36, 義熙 3年(407).
36) 『資治通鑑』卷114, 晉紀 36, 義熙 3年(407).

토왕 17) 3월에, 고구려 광개토왕은 북연에 사신을 파견해 宗族의 정을 베풀었다. 이에 북연왕 雲이 侍御史 李拔을 보내 답례하였다.[37] 여기에서 종족은 父의 一族 또는 一家이다.[38] 따라서 고운은 광개토왕과 같은 一家의 인물이었다.

그런데 풍발은 고구려 왕성인 고씨를 이름있는 가문으로 보았다. 실제로 慕容雲(高雲)은 帝位에 오른 후 연호를 正始, 국호를 大燕이라 하면서, 자신의 姓을 다시 高氏라 하였다.[39] 이는 고운이 고구려의 후예였다는 사실을 과시하려는 의도이다.[40]

앞의 풍발의 말은 쿠데타를 일으킬 때에 고구려의 동향을 염려하면서 나온 표현으로 보여진다. 만약 풍발 세력이 모용희와 접전을 하는 중에, 고구려가 침입한다면, 후연은 누란의 위기를 겪게 된다. 이러한 고구려의 침입을 방지해 주며, 고구려와 우호관계를 맺을 수 있는 인물로 풍발은 고운을 주목하였을 것이다.

후연의 혼란 속에서, 幽州刺史인 上庸公 慕容懿가 令支를 가지고 북위에 항복하니, 북위에서는 모용의를 平州牧, 昌黎王으로 삼고 있다.[41] 모용의가 북위에 영지를 가지고 항복해, 후연의 영역과 백성이 줄어들게 되었다.

한편 모용의가 영지를 가지고 북위에 항복하였다는 것은 무엇을 말하는가? 그것은 모용의가 모용희에 대해 쿠데타를 일으킨 풍발과

---

37) 『三國史記』18, 高句麗本紀 6, 廣開土王. "十七年 春三月, 遣使北燕, 且敍宗族, 北燕王 雲, 遣侍御史李拔報之."
38) 張三植 編, 『大漢韓辭典』, 博文出版社, 1975, 382쪽.
39) 『晉書』卷124, 「慕容雲載記」. 雲의 할아버지 高和는 고구려의 갈래로서, 스스로 高陽氏의 자손이라고 하였기 때문에 高로써 성을 삼았다(『三國史記』18, 高句麗本 紀 6, 廣開土王. 17年).
40) 池培善, 『中世中國史硏究』, 연세대학교 출판부, 1998. 307쪽.
41) 『資治通鑑』卷114, 晉紀 36, 義熙 3年(407) 7月.

고운(모용운)을 지지하지 않았음을 말한다. 결국 북연(후연)은 모용희를 지지하는 세력이 축출되거나 망명하고 풍발과 고운이 지배하게 되었다.

고운(모용운)이 지배하는 북연은 확연히 모용희가 다스리는 후연과 성격이 달랐다. 그것은 고구려와의 관계에서 드러난다. 앞서 보았듯이, 408년 3월에 고구려 광개토왕은 북연에 사신을 파견해 宗族의 정을 베풀었다. 이에 北燕 王 高雲이 고구려에 侍御史 李拔을 파견하여 보답하고 있다.42) 이러한 양국의 우호관계는 무엇 때문에 이루어졌을까?

백제와 관련해 이 문제를 살펴보자. 이 무렵에 백제의 내정이 불안했다. 백제는 405년에 정변이 일어난 후 전지왕이 보위에 올랐던 것이다. 그러므로 백제는 이 무렵에 고구려를 공격할 형편이 못되었다.

이 기회를 이용해 고구려가 서진하여 407년과 408년 무렵에, 북연을 공격한다면 어떻게 될까? 그럴 경우, 고구려가 승리할 가능성이 크다. 왜냐하면 후연(북연)은 모용희가 재위할 때부터 고구려와 거란에 대한 공격 실패와 지나친 능묘공사로 국력이 피폐되어 있었기 때문이다. 더군다나 모용희가 실각하고, 고운이 황제가 되는 과정에서 후연(북연)은 내분 상태에 있었다. 이런 정세를 이용한다면, 고구려는 북연의 영역을 쉽게 차지할 수 있을 것이다.

그러나 고구려는 뜻밖의 위험을 감수해야 된다. 그것은 고구려가 북중국의 강자인 北魏와 국경을 접한다는 점이다. 고구려는 완충지대로서 북연(후연)의 존재를 인정하는 현실적 결정을 하고, 북연과 우호관계를 맺었을 것이다.

북연 역시 407년 무렵에, 정국이 불안했으므로, 고구려에 대한 공세

---

42) 『三國史記』 18, 高句麗本紀 6, 廣開土王.

는 생각할 수 없었다. 북연의 주군인 고운과 실력자인 풍발에게는 대외적인 팽창이 문제가 아니라, 신생왕조인 北燕의 내정을 안정시키는 것이 급선무였을 것이다. 이런 이유로, 고운과 풍발은 고구려와 우호관계를 맺었다고 보여진다.

앞서 보았듯이, 이 무렵에 북위의 주군 탁발규는 건강상에 심각한 문제를 가지고 있었다.[43] 탁발규의 건강상 문제로 큰 이익을 얻는 나라는 어느 나라였을까? 첫 번째로 後秦을 들 수 있다.

후진은 탁발규의 건강 이상으로 크게 수혜를 받는 입장에 있었다. 앞서 402년에, 북위는 후진에 대해 압도적으로 승리하였다.[44] 그러나 탁발규의 건강문제로 인한 북위의 내정 불안은 그와 인접한 후진에게 그 군사적 압박을 덜게 하는 효과가 있었을 것이다.

또한 북위와 국경을 접하며 적대관계였던 東晉과 北燕(後燕) 역시 북위의 내정 불안으로 그 예봉을 피할 수 있게 되었다.

결국 407년에 탁발규의 건강 이상으로 인한 북위의 내정 불안은 이 지역의 군사적 긴장을 줄여주는 효과를 가져왔다. 이 무렵에 고구려는 중국지역의 정세를 크게 의식하지 않아도 되었다.

한편 한반도에서는 어떤 정세가 진행되고 있었을까? 신라는 이때 實聖王(402~417)이 재위하고 있었다. 이전인 奈勿王 代(356~402)에 新羅는 고구려 광개토왕의 도움으로 倭를 격퇴하였다.[45] 그로부터 신라는 고구려와 밀접한 관계에 있으며 그 영향을 받고 있었다.[46] 따라서

---

43) 탁발규의 건강 문제는 북위의 대외적인 팽창을 멈추게 했다. 그렇다고 하여 북위의 군사적인 역량이 줄어든 것은 아니었다. 왜냐하면 북위가 이웃나라에 패전하거나 國庫를 과다하게 사용한 흔적이 보이지 않기 때문이다. 따라서 북위는 그 주군이 바뀌면 언제든지 대외적인 행창을 할 수 있는 역량이 있었다.

44) 신정훈, 앞의 논문, 2015, 312~313쪽.

45) 『廣開土王陵碑』.

고구려는 407년과 408년에, 신라와 우호관계를 유지하며 신라에 대한 영향력을 가지고 있었을 것이다.

고구려와 신라의 연결은 상당히 중요한 변화를 가져왔다. 한반도에서 강대국인 고구려와 고대국가로 발돋움하던 신라가 백제를 고립시켰던 것이다. 이것은 두 나라에게 모두 바람직한 것이었다. 고구려로서는 주적인 백제를 신라와 함께 고립시킴으로써 그 군사적 부담을 덜게 되었다. 신라로서는 강대국인 고구려와 연결됨으로써, 또 다른 강대국인 백제의 압박을 완화시킬 수 있었던 것이다.

결국 407년에, 고구려는 한반도에서 신라에 대한 영향력을 확보하며, 신라와 함께 백제를 포위하고 있었다.

그런데 『廣開土王陵碑』에 永樂 17년(407)의 전투가 기록되어 있다.

17年(407) 丁未에 왕의 명령으로 보병과 기병 5만 명을 파견하여 □□□□□□□□□師, □□合戰하여 적을 斬煞 蕩盡시켰다. 적으로부터 노획한 鎧甲(갑옷)이 만여 벌이며, 軍資器械(군수물자)는 그 수를 헤아릴 수 없이 많았다. 돌아와 沙溝城, 婁城, □住城, □城□□□□□□城을 깨뜨렸다.[47]

위의 기사에 대해 고구려의 對百濟作戰說, 對後燕作戰說, 對倭作戰說

---

46) 신정훈, 「新羅 瑞鳳塚의 銀盒 年代와 그 築造時期에 대한 신 검토 - 역사적 맥락과 관련하여 -」 『국학연구논총』 13집, 2014, 298~300쪽.

47) 역문과 해석은 노태돈, 「廣開土王陵碑」 『譯註 韓國古代金石文』Ⅰ, 한국고대사회연구소, 1992, 14~19쪽 ; 이형구·박노희 지음, 『광개토왕릉비』, 2014, 새녘, 142쪽을 참고하였다.
"十七年丁未, 敎遣步騎五萬, □□□□□□□□師□□合戰, 斬煞蕩盡. 所獲 鎧甲一萬餘領, 軍資器械不可稱數, 還破沙溝城 ; 婁城, □住城, □城,□□□□□□城."

등 여러 견해가 있다.[48] 그렇다면 永樂 17년(407)의 기록은 어느 나라와
관련되었을까?[49]

여기에서 중요한 사실이 있다. 그것은 407년이라는 연대이다. 이
해에 後燕이 멸망하고, 北燕이 들어섰다. 이 점은 405년, 406년과는
전혀 다른 상황이 전개되었음을 말한다.

앞에서 보았듯이, 405년에 후연은 요동성을 함락시킬 수 있음에도
부황후로 인해 그렇게 하지 못했다. 406년에 후연주 모용희는 다시
고구려를 공격했다. 후연의 공세에 고구려는 방어로 일관했다. 이 시기
에 고구려의 신경은 후연에게 집중되어 있었을 것이다.

407년에 후연의 모용희가 사라지고 그가 다스리는 나라는 멸망했다.
전혀 다른 상황이 전개되었던 것이다. 407년 고구려가 보병과 기병
5만 명을 동원할 수 있었던 데에는 이러한 후연의 정세 변화가 있었기

---

48) 노태돈, 앞의 책, 1992, 28쪽 ; 이형구·박노희 지음, 2014, 앞의 책, 144쪽. 대다수의
    연구자들은 이 해의 작전을 대백제전으로 보고 있다(노태돈, 앞의 책, 1992,
    28쪽).
49) 고구려는 이미 광개토왕 2년(393) 8월에, 아홉 개의 절을 평양에 지었다. 고대에
    있어 절은 신앙의 도량을 넘어서 정치와 연관되어 있었다. 고대 삼국의 수도에
    수많은 절들이 세워진 것이 이를 말해 준다. 평양에 있는 아홉 개의 절은 고구려가
    평양을 중요한 도시로 키우려는 의지를 보여준다(공석구,『고구려 영역확장사
    연구』, 서경문화사, 1998, 196쪽). 9개의 절 창건은 국내 지역 주민들의 평양으로의
    지속적인 이주 내지는, 천도를 전제로 하는 것이다(임기환,『고구려정치사연구』,
    한나래, 2004, 191~192쪽).
    평양으로 천도하기 위해서는 남방지역에 있는 백제에 대한 확고한 우위는 필수적
    인 것이었다. 이런 맥락에서 보아,『廣開土王陵碑』永樂 17년(407)의 기록은 고구려
    가 백제를 공략하는 것을 나타낸 것으로 보인다.
    한편 광개토왕릉 비문에 보이는 沙溝城이 삼국사기 백제본기 전지왕 13년(417)에
    東北 2부의 사람으로 나이 15세 이상을 징발해 쌓은 沙口城과 같은 성으로
    보는 설이 있다(손영종,「廣開土王陵碑를 통하여 본 고구려의 영역」,『력사과학』
    1986-2, 26쪽 ; 연민수,「廣開土王 기사의 검토」,『동국사학』21, 1987, 30쪽) 즉
    이 해의 작전을 대백제전으로 보는 것이다.(노태돈, 앞의 책, 1992. 28쪽).

에 가능했다. 고구려는 배후지역인 요서지방에서의 침략 위험이 없는 가운데 5만 명의 대군을 백제 공략에 동원했던 것이다.[50)]

이 당시 백제의 내정은 어떠하였을까? 407년 무렵에 백제왕은 腆支王이었다. 그런데 전지왕 4년(408) 정월에 上佐平이 설치되었다. 왕은 餘信을 상좌평에 임명하고 軍國政事를 맡겼다.[51)] 군정정사는 국가운영의 핵심인 군사권과 정치권을 말한다. 이 군국정사를 여신에게 맡겼다는 것은 정치 운영의 주도권이 여신에게로 옮겨간 것을 말한다. 이는 곧 왕권이 실권귀족의 힘으로 말미암아 크게 제약되었음을 뜻하는 것이기도 하다.[52)]

이로 보아, 전지왕대의 왕권은 불안정했다. 이러한 왕권의 불안정은 백제로 하여금 대외적인 대처를 하지 못하는 주요한 요인이 되었을

---

50) 『廣開土王陵碑』에 있는 영락 17년의 기록이 倭와 관련된 것으로 보이지는 않는다. 이 점은 고구려가 이전 시기인 영락 14년(404)에 왜에게 큰 타격을 가한 적이 있다는 점에서 알 수 있다. 이때, 고구려는 왜구를 베어서 죽인 것이 수를 셀 수 없을 정도였다. "十四年 甲辰, 而倭不軌, 侵入帶方界. □□□□□石城□連船□□□, [王躬] 率□□, [從] 平穰」□□□鋒相遇. 王幢要截盪刺, 倭寇潰敗. 斬煞無數"(『廣開土王陵碑』).
한편 영락 17년조의 기록이 후연(북연)과는 관계가 없다고 보여진다. 앞서 보았듯이, 407년 7월에 후연에서는 쿠데타가 일어나 북연으로 왕조가 교체되었다. 북연의 고운은 408년에 고구려의 광개토왕과 우호관계를 맺고 있다. 그런데 『廣開土王陵碑』에는 영락 17년(407)에, 고구려군이 적을 斬煞 蕩盡시켰다고 하였다. 그리고 同 碑에는 적으로부터 노획한 鎧甲(갑옷)이 만여 벌이며, 軍資器械(군수물자)는 그 수를 헤아릴 수 없이 많았다고 기록되어 있다.
407년에 고구려는 압도적으로 후연(북연)을 격파하였다. 그런데 이듬해인 408년(광개토왕 17) 3월에 고구려 광개토왕이 북연의 고운에게 사신을 파견하고 宗族의 정을 베풀었다는 것은 이해가 되지 않는다. 맥락에서 보아, 『廣開土王陵碑』의 영락 17년조 기록은 후연(북연)과는 관계가 없다고 파악된다.
51) 『三國史記』 卷25, 百濟本紀 3, 腆支王.
52) 노중국, 『백제사회사상사』, 지식산업사, 2010, 167쪽.
한편 위의 기록은 왕권의 귀족세력에 대한 통제를 강화한 것으로 이해되기도 한다(이기동, 『백제사연구』, 일조각, 1996, 101쪽).

것이다. 이것은 고구려가 백제를 공격하기에 좋은 기회였음을 말한다.[53]

지금까지 보았듯이, 407~408년에, 북위에서는 내정불안이 있었으며, 후연(북연)에서 쿠데타가 있었다. 백제는 이 시기에 왕권이 제약되어 있었다.

고구려는 북중국과 한반도 남쪽 모두에서 큰 압박이 없었다. 이때 고구려는 407년, 보병과 기병 5만 명을 파견하여 백제에게 타격을 주었다. 이러한 백제에 대한 공격은 전략도시인 평양 지역의 안정을 확고히 하려는 목적 때문에 이루어졌다.

Ⅳ. 맺음말

405~406년에, 남중국에 있는 東晉에서 北魏와 연결된 반란이 일어났으나, 진압되었다. 이 점은 동진의 군사력이 상당함을 보여준다. 이러한 동진의 승리는 劉裕의 지휘아래 이루어져, 그의 정치적 입지가 강화되었다.

그런데 後燕은 405년과 406년에 高句麗와 契丹을 공격하였다. 후연의

---

53) 고구려의 대후연작전설은 어떻게 보아야 할까? 이와 관련되어, 고구려가 추구한 국가진로를 점검해 볼 필요가 있다. 고구려는 광개토왕 대에 꾸준히 한반도 방향으로 영역을 확장하였다. 그 주요한 목표는 백제였다. 그런데 고구려 광개토 왕대에는 북중국지역에서 북위가 강대국으로 있었으며, 후연은 쇠약해지고 있었다(신정훈, 앞의 논문, 2015, 325~326쪽). 이런 상황에서 후연은 고구려와 북중국지역의 강대국인 북위의 대립을 완충해주는 역할을 하였다. 따라서 고구려는 후연과의 대립에서, 후연의 영역을 완전히 소멸시키는 정책을 구사한 것은 아니었다. 이 점 때문에 405년과 406년에, 후연주 모용희가 고구려를 공격했음에도, 고구려는 응징하지 않았다고 헤아려진다.

공격은 후연이 적대국으로 둘러싸여 있다는 점 때문에 행해졌다. 후연은 고구려, 거란, 북위라는 적대국에 둘러싸여 있었던 것이다. 그러나 후연의 공격은 실패로 끝났다.

한편 백제는 405년에 아신왕이 죽자, 정변을 거쳐 전지왕이 16세에 즉위했다(405). 백제는 전지왕 즉위 초반의 혼란한 상황에서, 강력한 왕권을 행사할 수 없는 상태에 있었다. 이 점은 고구려에게 남방에서의 공격 위험이 현저히 줄어들었음을 말하는 것이다. 그럼에도 고구려는 405년과 406년에 후연의 공격을 막기만 할 뿐 공세를 취하지 않았다. 그 이유는 무엇일까? 고구려는 동아시아의 군사대국인 북위와의 사이에 완충지대가 필요했다. 그리하여 고구려는 후연에 대한 군사적인 공세를 하지 않았던 것이다.

그런데 동아시아의 강대국 북위는 406년에 대외적인 팽창이 아니라, 수도의 조성과 궁궐의 축조에 국력을 기울였다. 또한 407년 무렵에 북위 주군 拓拔珪는 건강상의 문제로 내정에서 문제를 가지고 있었다.

이것은 북위에게 적극적인 대외팽창을 하지 못하도록 하였다. 이에 따라 북위의 주요한 공격 목표인 후연이 여유를 가지게 되어 405년과 406년에, 고구려와 거란을 공격할 수 있었다. 그렇다면 후연이 북위를 공격하지 않은 원인은 무엇인가?

이전에 북위의 공세로, 후연은 참패하고 후연에서 다시 남연이 분리되었다. 후연은 그 국력이 반분되었다. 후연이 이때 북위를 공격한다는 것은 자멸을 의미하는 것이었다. 이에 비해 후연에게 있어, 거란과 고구려는 북위에 비해 손쉬운 상대였다. 이 점이 후연이 거란과 고구려를 공격한 주된 이유로 생각된다. 결국 동아시아의 군사적 충돌은 이 무렵에 상호 연동성을 가지고 전개되고 있었다. 북위의 후연에 대한 공세 중지는 후연의 고구려와 거란에 대한 공격을 낳았던 것이다.

407년에 후연은 모용희가 시해되며 망했다. 후연의 뒤를 이은 北燕은 모용희 재위시의 국력 피폐가 이어졌다. 이 시기에 북위의 내정도 불안했다. 이것은 고구려에게 유리한 기회를 주었다. 북서쪽에서의 고구려에 대한 공격 가능성이 현저히 감소되었던 것이다.

이때 광개토왕은 중요한 조치를 취하게 된다. 그것은 한반도에 관한 것이었다. 407년에 고구려는 백제에 대한 공세를 다시 취하게 되었다. 이렇게 백제에 대한 공세가 가능했던 까닭은 전지왕의 왕권이 안정적이지 못해, 백제의 내정이 불안한 데에 있었다. 이와 관련된 기록이 『廣開土王陵碑』에 기록된 永樂 17년(407)의 전투이었다.

제6장 東晉의 北進과 고구려의 대응

Ⅰ. 머리말

408년에 高句麗의 廣開土王은 산동반도에 있는 南燕에 사신을 보냈다. 고구려 사자가 南燕의 廣固에 도착해서 남연에게 千里를 달릴 수 있는 사람 열 명과 千里馬 한 필을 바쳤다.[1] 그 이듬해인 409년에 동진이 북벌하여 남연을 공격했다. 410년에 남연은 동진의 공격으로 멸망했다.[2] 한 국가가 전쟁으로 사라졌던 것이다.

이 주제와 관련되어, 고구려가 남연에게 준 천리마와 천리인을 통해, 두 나라의 관계에 주목한 연구가 있다.[3] 그런데 『三國史記』의 광개토왕대 기록에, 고구려가 남연에게 보낸 천리인과 천리마 기사가 보이지 않는다. 또한 고구려가 천리인과 천리마를 남연에게 보낸 목적이 무엇인지는 중국측의 사서에 기록되어 있지 않다. 본장에서는 고구려와

---

[1] 『十六國春秋』 64, 南燕錄 2, 「慕容超」 太上 4年. "高句‧驪復遣使至, 獻千里人十人千里馬一疋."

[2] 『晉書』 128, 「慕容超載記」.

[3] 池培善, 『中世中國史硏究』, 延世大學校出版部, 1998, 213~268쪽.

동아시아에 위치한 東晉, 南燕, 北燕, 北魏 등의 관계를 통해, 그 의미를 파악해 보고자 한다.

한편 본장은 長壽王이 즉위한 이후, 고구려가 남중국지역에 있던 동진에 조공을 보낸 의미에 주목하고자 한다. 고구려는 장수왕이 즉위한 413년에 동진에 조공을 보냈다. 장수왕이 동진에 조공을 보낸 배경을 이 무렵의 동아시아의 정세 변화와 연관시켜 규명하고자 한다.

그리고 『廣開土王陵碑』가 세워진 414년에 나타난 『三國史記』의 서상이 가진 의미를 분석하고자 한다.

II. 南燕 慕容超 시기의 정치적 불안정과 고구려의 남연에 대한 千里人·千里馬 공헌

고구려 廣開土王이 남연에 사신을 보냈을 때, 남연은 어떤 상태에 있었을까? 남연은 모용초가 즉위한 이후 정치적 불안정을 겪고 있었다. 義熙 3년(408)에 일어난 사건을 보자.

남쪽 성 밖에서 제사를 지내기 위해 제단을 오르려 할 때에, 동물이 있었는데 크기가 말과 같았다. 모양은 쥐와 비슷한데 색이 붉었다. 이들이 天子가 冬至에 하늘에 제사지내던 곳의 옆으로 모였는데, 갑자기 있는 곳을 알지 못했다. 잠시 큰 바람이 사납게 일더니 하늘과 땅이 낮에 어두워지며, 임금이 행차하는 숙소인 행궁의 깃발이 모두 찢어졌다. (모용)초가 두려워하여 몰래 그것을 太史令 成公綏에게 물었다. 대답하여 아뢰기를 "폐하께서 간신들을 믿으며, 어질고 착한 사람을 죽이며, 세금이 번거롭고 많으며, 일을 부리는 것이 성하고 고되어 일어난 것입니다."라고 하였다. (모용)초가 두려워하여 크게 사면하고, 公孫五樓 등을 견책하였다. 갑자기 이전 상태로 돌려버렸다. 이 해에 廣固에 지진이 있었으며, 天齊에서는 물이 솟고 우물물이 넘치고, 女水가 말랐다. 河濟에서는 얼은 것이 합쳐지고, 灅水에서는 얼지 않았다.[4]

408년에 나타난 천재지변은 의미심장하다. 慕容超가 하늘에 제사를 지내기 위해 제단을 오르려고 할 때에 나타난 말과 같이 커다란 짐승은 쥐와 비슷했으며 색깔이 붉었다. 이들이 제단의 옆으로 모여들자, 모용초는 어디로 피해야 할지 몰라 당황했다. 또한 큰 폭풍이 갑자기 일어나더니 낮인데도 천지가 어두워졌다. 더군다나 임금 행차하는 데 사용하는 임시숙소가 모두 찢어졌다.

고대에 있어 天災地變은 天에 의한 君主의 不德을 상징하는 것이었다.[5] 그러므로 이때의 천재지변은 남연의 정치적 불안정을 보여준다.

이러한 천재지변에 대해, 태사령 성공수는 다음과 같이 말했다. 그는 "모용초가 간신들을 믿고 있으며, 이들이 어질고 착한 사람을 마구 죽이며 자주 많은 세금을 거두면서 일을 시키기 때문에 고통이 심하여서 이러한 천재지변이 일어났다."고 하였다. 성공원은 결국 천재지변이 일어난 원인이 간신들을 믿고 있는 모용초에게 있음을 말한 것이다.

이는 남연의 앞날이 어렵다는 전조이다. 모용초에 의한 실정의 연속

---

4) 『晉書』128, 「慕容超載記」. "義熙 3年(408). 祀南郊, 將登壇, 有獸大如馬, 狀類鼠而赤色, 集于圓丘之側, 俄而不知所在, 須臾大風暴起, 天地晝昏, 其行宮羽儀皆振裂, 超懼, 密問其太史令成公綏 對曰 '陛下信用奸臣 誅戮賢良, 賦斂繁多, 事役殷苦所致也.' 超懼而大赦, 譴責公孫五樓等, 俄而復之, 是歲廣固地震, 天齊水湧, 井水溢, 女水竭, 河濟凍合, 而灅水不氷."

5) 李熙德, 『韓國古代 自然觀과 王道政治』, 혜안, 1999, 5~7쪽.

은 남연이 오호십육국시대라는 상황 속에서 생존하는 것을 방해했다.[6]

慕容超는 慕容納의 아들이었다.[7] 慕容納은 남연을 세운 慕容德의 형이었다. 그는 前燕의 왕 慕容皝의 아들이었다.[8] 前燕은 鮮卑族이 세운 나라이다.[9] 선비족은 前漢시대에는 烏桓의 북방 西拉木倫江 이북에 위치해 유목과 수렵에 종사했다. 後漢 초기에 이르러 오환이 후한 영역 안으로 이동하자, 선비는 遼東의 長城 부근까지 남하하였고, 점차 중국 역사서에 등장하게 되었다.[10]

그런데 남연은 산동을 근거로 한 나라였다. 이로 보아 산동에 있던 남연의 구성은 소수의 선비족과 다수의 산동에 거주하던 토착인으로 이루어졌을 것이다. 이 사료에 따르면, 세금을 내고 일을 해야 하는 다수 토착인의 인심 이반이 심각했다.

이런 천재지변은 408년 이전의 실정 때문에 일어났음을 태사령이 말하고 있다. 그러므로 이 사건이 일어난 408년 이전에 정치적 불안이 남연에서 극심하게 일어났다고 해석할 수 있다. 그런데 모용초가 즉위한 이후 남연의 정치적 불안을 고구려가 알았을 가능성이 높다고 보인다.

그 이유는 五胡十六國시대의 상인들의 왕래가 자유로웠다는 사실들이 꽤 많기 때문이다.[11] 이로 보아 남연을 왕래하며 무역을 하던 고구려 상인과 남연 상인들에 의해 남연의 불안정한 정세가 고구려에게 전해졌을 가능성이 있다. 고구려는 주변국과의 교류에 있어서 적극적인 자세를 갖고 있었기 때문에 남연으로 사신을 파견하였을 것이다.[12]

---

6) 지배선, 앞의 책, 1998, 214~216쪽.
7) 『晉書』 128, 「慕容超載記」.
8) 지배선, 앞의 책, 1998, 157쪽.
9) 三崎良章 저, 金榮煥 옮김, 『五胡十六國』, 景仁文化社, 2007, 64~68쪽.
10) 三崎良章 저, 金榮煥 옮김, 위의 책, 2007, 8~10쪽.
11) 지배선, 앞의 책, 1998, 217쪽.

앞에서 보았듯이, 408년(광개토왕 17)에 고구려는 남연에 사신을 보냈다. 이때 고구려 사신은 남연에게 천리를 달릴 수 있는 사람 열 명과 천리마 한 필을 바쳤다.[13] 고구려는 그 밖에 큰 곰가죽·障泥 등을 예물로써 남연에 바쳤다.[14]

그런데 이들을 공물로 보기가 석연치 않다. 그것은 고구려가 북위에 보낸 물건을 통해 확인된다. 고구려는 北魏에게 해마다 黃金 200근과 白銀 400근을 보냈다.[15]

또한 고구려 문자왕 13년(504)에, 북위에 사신으로 간 고구려의 芮悉弗은 北魏의 世宗에게 다음과 같이 말하였다. "우리나라는 정성껏 대국과 사귀어 여러 번 지성을 다하고 토지의 생산물을 허물없이 조공하였다. 다만 黃金은 扶餘에서 나고, 珂玉은 涉羅에서 생산된다. 이제 부여는 勿吉에게 쫓겨났고 섭라는 백제에게 합병되었다. 두 가지 물건을 王府에 올리지 못하는 것은 사실 두 도적들 때문이다."[16]

위의 기록으로 본다면, 고구려가 북위에게 준 공물은 황금과 백은, 토지의 생산물 등이다. 그렇다면 고구려가 남연에게 준 공물인 천리인과 천리마는 의외의 것이다. 공물이라면 황금, 백은 등과 관련된 물건으로 보는 것이 상식이다.

따라서 고구려가 보낸 천리인과 천리마는 일반적인 공물이 아니라고 보여진다. 그것은 바로 군사적인 용도와 관련하여 살펴 볼 수 있다.

---

12) 지배선, 위의 책, 1998, 222~223쪽.

13) 『十六國春秋』 64, 南燕錄 2, 「慕容超」, 太上 4年.

14) 『太平御覽』 359, 兵部 90 「障泥」, 蕭方等條.

15) 『魏書』 100, 列傳 高句麗. "後貢使相尋, 歲致黃金二百斤, 白銀四百斤."

16) 『三國史記』 19, 高句麗本紀 7, 文咨王 13年 夏4月. "文咨王十三年夏四月 遣使入魏朝貢 世宗引見其使芮悉弗於東堂, 悉弗進曰, '小國係誠天極, 累葉純誠, 地産土毛, 無愆王貢, 但黃金出自扶餘 珂則涉羅所産, 扶餘爲勿吉所逐, 涉羅爲百濟所幷, 二品所以不登王府 實兩賊是爲.'"

천리인은 먼 거리를 빠른 시간에 가는 사람이다. 이 점은 고구려 내부에 하루에 먼 거리를 달리면서 물건 등을 나르는 전령역할을 하였던 계층의 사람들이 꽤 많았다는 것을 의미한다.[17] 그리고 천리마는 소식을 빠르게 전하는 말이다. 따라서 고구려가 보낸 천리인과 천리마는 남연의 정세를 신속하게 전하기 위해 사용될 수 있는 전령으로 파악된다.

다음으로 障泥를 보자. 장니는 말다래를 말한다.[18] 이것은 말을 탄 사람의 옷에 진흙이 튀지 않도록 가죽 같은 것으로 만들어 말의 배 양쪽에 늘어뜨리어 놓은 물건이다.[19] 장니 역시 전령과 관련된 물품이다.

앞에서 보았듯이, 남연의 어지러운 정세를 알고 있는 고구려가 그 정세를 신속히 알기 위해 이러한 것들을 선물이라는 형식으로 주었을 가능성이 있다. 이들은 남연에게 귀속되었을 것이나, 고구려와 남연간의 소식을 빠르게 전달하는 수단으로 사용되었을 것이다.[20]

408년에 고구려가 먼저 남연에 사신과 물품을 보냈다는 사실은 의미심장하다. 이것은 고구려가 북중국 일대의 지역정세에 상당한

---

17) 지배선, 앞의 책, 1998, 222~223쪽.
18) 이희승 편저, 『국어대사전』, 民衆書林, 1994, 3225쪽.
19) 이희승 편저, 위의 책, 1994, 1178쪽. 장니는 고구려가 말을 많이 갖고 있고 명마를 소유한 국가답게 馬具類 생산에서도 유명하였다는 사실을 확인시켜준다(지배선, 앞의 책, 1998, 222~223쪽).
20) 고구려 사신은 어떻게 남연으로 갈 수 있었을까? 고구려의 사신은 산동반도에 위치한 남연으로 가는데 해로를 통해 갔다고 보여진다. 그런데 그 무렵 고구려는 황해를 중심으로 한 해상로를 빈번하게 활용하였다. 그것은 고구려와 남연 모용초 재위시의 통교가 있었던 것보다 70년이나 앞선 338년경의 일로 알 수 있다. 後趙는 이때, 3백 척의 배를 동원하여 30만 斛의 곡물을 前燕과의 전쟁을 대비하기 위한 군량미로 사용하려고 고구려에다가 저장하였던 것이다(지배선, 앞의 책, 1998, 216~218쪽).

관심을 가지고 있었음을 보여주기 때문이다.[21]

한편 남연의 모용초는 고구려로부터 천리인 외에도 많은 진기한 물건을 받고 기뻐하여, 답례로 水牛와 能言鳥 등을 고구려에게 주었다.[22]

여기에서 우리의 관심을 끄는 것이 있다. 모용초가 고구려 사신이 바친 진기한 물건을 받고 기뻐했다는 점이다. 그는 진기한 물건 때문만이 아니라, 또 다른 이유로 기뻐한 것이 아닐까? 그것은 그가 답례로 수우와 능언조 등을 고구려에게 주었다는 점에 주목할 필요가 있다. 이것은 남연의 사절이 고구려에 도착했다는 것을 의미한다. 이로 미루어 모용초는 고구려와 긴밀한 교류를 하고 싶었음을 알 수 있다.

그런데 남연은 건국 이래, 북으로 北魏와 적대적인 관계에 있었다.[23] 뒤 시기인 409년에 남연은 東晉에 쳐들어가, 백성들을 약탈했다.[24] 이로 보아, 남연은 동진과도 적대관계였다. 남연의 상황으로 보아, 5胡16國의 격렬한 대립 가운데, 생존을 도모하기 위해서 군사적인 동맹국이 있다는 것은 중요한 의미가 있다.

---

21) 지배선, 위의 책, 1998, 218쪽.
22) 『太平御覽』 359, 兵部 90 「障泥」, 蕭方等條. 물건들을 고구려와 남연이 주고받았던 사실에서 고구려 사절단의 규모에 대한 추측도 가능하다. 즉 고구려에서 남연으로 보내졌던 것이 천리인 열 명, 천리말 한 필과 그 밖의 물건이 보내졌던 사실만으로 짐작하더라도 고구려 사절단의 규모가 수십 인이 넘었을 것이라는 예측이 가능하다. 게다가 해로로 오고 갔다고 하면, 배를 저을 수 있는 인원과 물자를 운반하는 인원까지 감안해야 하므로, 그 사절단의 숫자는 백 명을 훨씬 웃돌았을 것이 분명하다. 고구려가 적지 않은 규모의 사절단을 남연으로 파견하였다는 사실에서, 이미 남연시기에 산동반도를 중심으로 하여 고구려가 활발히 해상교통로를 이용하면서 무역하였다는 사실은 틀림없다(지배선, 위의 책, 1998, 223~224쪽).
23) 지배선, 위의 책, 1998, 217쪽.
24) 『資治通鑑』 115, 晉紀 37, 義熙 5年(409).

여기에서 주목되는 점이 있다. 그것은 이 시기가 광개토왕의 재위시기라는 점이다. 광개토왕은 영락 5년(395)에, 북으로 稗麗(契丹)를 정벌했다. 영락 6년(396)에, 남으로 백제를 쳐 阿莘王을 항복시켰다.[25] 고구려는 이 무렵에 군사적 저력을 갖추고 있었다.

우리는 여기에서 모용초가 기뻐한 이유를 알 수 있다. 모용초는 고구려가 선물을 보내자, 고구려와의 군사적 연결을 염두에 두고 기뻐하며, 다시 고구려에 선물을 보냈을 것이다.

그런데 409년에 남연에는 중요한 변화가 찾아오게 된다. 다음의 사료를 보자.

409년 봄 정월 庚寅에, 남연의 주군이었던 모용초가 群臣들과 朝會할 때에, 太樂이 준비되지 않은 것을 한탄하여 晉人을 노략질하여 기예에 보충할 것을 의논하였다.……2월에 남연의 장수 慕容興宗·斛穀提·公孫歸 等이 기병을 인솔하고 宿豫를 침공하여 그곳을 뽑아버리고 크게 노략질하여 돌아갔다. 남녀 2천5백 명을 뽑아 太樂에 맡겨서 가르쳤다.……모용초는 또한 公孫歸 등을 파견하여 濟南을 약탈하고 남녀 1천여 명을 붙잡아서 돌아갔다.[26]

위의 사료에서 보듯이, 남연의 모용초가 숙예를 침공하여 많은 동진 사람들을 잡아갔다. 이 때문에 동진은 남연에 대하여 적대적일 수밖에 없었다.[27]

---

25) 『廣開土王陵碑』.

26) 『資治通鑑』 115, 晉紀 37, 義熙 5年(409). "義熙 5年(409年) 春, 正月, 庚寅朔, 南燕主超朝會群臣, 歎太樂不備, 議掠晉人以補伎.……二月南燕將慕容興宗, 斛穀提, 公孫歸等帥騎寇宿豫, 拔之, 大掠而去, 簡男女二千五百付太樂敎之.……超又遣公孫歸等寇濟南, 俘男女千餘人而去."

남연의 침략에 대해, 동진의 재상 劉裕는 군대를 이끌고 남연을 향하여 진격하였다. 다음의 기록을 보자.

己巳에 劉裕는 建康을 출발하여 수군을 인솔하여 淮河에서 泗水로 들어갔다. 5월에 下邳에 도착하여 선함과 치중을 남겨두고, 걸어서 진군하여 琅邪에 도착했다. 지나는 곳에 모두 성을 쌓고 군사를 남겨 지키게 하였다.……6월 기사일에 (동진의) 유유가 東莞에 도착하였다. 모용초는 먼저 公孫五樓·賀賴盧·左將軍 段暉 等을 파견하여 보병과 기병 5만 명을 거느리고, 臨朐에 주둔하게 하였다. 그는 진의 군대가 고개로 왔다는 소식을 듣고 보병과 기병 4만 명을 거느리고 나아갔다.……모용 초가 크게 놀라 單騎로 성의 남쪽에 있는 段暉에게 갔다. 유유는 그로 인해 군대를 놓아 떨쳐서 치니 연의 무리가 크게 패했다. 단휘 등 대장 십여 인을 목 베었다. 모용초가 도망해 廣固로 돌아가 그의 玉璽와 연·豹尾를 챙겼다. 유유가 승세를 타고 북쪽으로 쫓아 광고에 도착했다. 丙子에 그 큰 성에서 이겼다. 모용초가 무리를 모으고 들어와 작은 성을 지켰다.[28]

위에서 보듯이, 409년 6월에 동진군은 남연의 군대에게 대승을 거두 었다. 이렇게 된 까닭은 무엇일까? 남연은 동진의 공격에 대해, 아무런

---

27) 지배선, 앞의 책, 1998, 227쪽.

28) 『資治通鑑』115, 晉紀 37, 義熙 5年(409). "己巳, 劉裕發建康, 帥舟師自淮入泗. 五月, 至下邳, 留船艦輜重, 步進至琅邪, 所過皆築城, 留兵守之.……六月, 己巳, 裕至東莞. 超先遣公孫五樓賀賴盧及左將軍段暉等將步騎五萬屯臨朐, 聞晉兵入峴, 自將步騎四 萬往就之,……超大驚, 單騎就段暉於城南. 裕因縱兵奮擊, 燕衆大敗, 斬段暉等大將十 餘人, 超遁還廣固, 獲其玉璽輦及豹尾. 裕乘勝逐北至廣固, 丙子, 克其大城. 超收衆入保 小城."

제6장 東晉의 北進과 고구려의 대응 167

대책도 마련하지 못했다. 이는 남연의 대외정책이, 숙예를 침공한 것과 같이 즉흥적으로 결정될 뿐만 아니라 이에 대한 사후 관리마저 부재했음을 말한다. 남연은 동진과의 국지전이 전면전의 위험성이 개재해 있다는 사실을 파악하지 못했다.[29]

동진의 공격으로 모용초는 도망해, 수도인 광고로 돌아갔다. 동진군은 광고의 큰 성에서 남연군을 이겼다. 바야흐로 수도 함락이 가까워지는 순간이었다. 이에 모용초는 尙書郞 張綱을 파견하여 後秦의 姚興에게 군사를 요청하였다.[30] 후진의 요흥은 사신을 동진의 유유에게 파견하였다. 이때 후진의 요흥이 보낸 사신과 동진의 유유의 대화를 보자.

(409년) 가을 7월에……秦王 姚興이 사신을 파견하여 유유에게 말하였다. "모용씨가 서로 더불어 이웃으로 하면 좋겠다고 하고 있소. 지금 晉의 공격이 급하여 秦은 이미 鐵騎 10만 명을 파견하여 洛陽에 주둔하였소. 晉의 군대가 돌아가지 않으면, 마땅히 멀리까지 달려가서 진격하겠소." 유유가 진의 사자를 불러서 말했다. "너의 요흥에게 말하여라. 나는 연을 이긴 다음에 군사를 3년 동안 쉬게 한 다음, 마땅히 關中과 洛陽을 빼앗을 것이니, 지금은 스스로 보낼 수 있지만 곧 빨리 올 것이다."[31]

이 기록은 409년 7월의 것이다. 앞에서 보았듯이, 남연은 6월에 수도를 포위당하고 바로 후진에게 사신을 보냈다. 그런데 후진 왕

---

29) 지배선, 앞의 책, 1998, 227~231쪽.
30) 『晉書』 128, 「慕容超載記」.
31) 『資治通鑑』 115, 晉紀 37, 義熙 5年(409). "秋, 七月……秦王興遣使謂裕曰, '慕容氏相與鄰好, 今晉攻之急, 秦已遣鐵騎十萬屯洛陽, 晉軍不還, 當長驅而進.' 裕呼秦使者謂曰, '語汝姚興, 我克燕之後, 息兵三年, 當取關洛, 今能自送, 便可速來.'"

요흥의 진격 경고에 대해 동진의 유유의 반응을 보자. 그는 후진의 사신에게 '너의 요흥'이라는 표현을 쓰고 있다. 또한 진이 영유한 관중(섬서성)과 낙양을 빼앗을 것을 공언하고 있다.

이것은 東晉이 後秦을 인정하지 않는다는 의미이다. 동진의 유유가 진을 국가로서 보았다면 이런 표현과 공격의도를 비칠 수 없을 것이다.

주목되는 점은 후진의 姚興이 남연을 구하기 위해 군사력을 움직였다는 점이다. 요흥은 그의 장군 姚强에게 보병과 기병 1만 명을 인솔하고 남연으로 가게 했다. 요흥은 그의 장수인 姚紹도 남연의 상서령인 韓範을 따라 洛陽에서 나아가게 했다. 그리하여 군사들을 합하여 남연을 구원하게 하였다. 때마침 夏의 赫連勃勃이 후진군을 대파하여, 요흥은 요강을 쫓아 長安으로 돌아왔던 것이다.[32] 결국 남연을 도와주려던 후진의 시도는 赫連勃勃에 의해 무산되었다.

그런데 後秦에 의한 남연 구원이 무산된 사실은 당시의 북중국 질서를 재편하게 만든 중요한 요인이 되었다. 이것은 남연의 멸망을 피할 수 없는 사실로 확정지었던 사건이었다.[33]

이로 보아 남연의 구원요청에, 실제로 후진은 그 군사력을 움직였으나 실패했음을 알 수 있다. 이렇게 후진이 남연을 위해 동진의 유유에게 사신을 파견하는 한편, 그 군사력을 움직인 것은 무엇 때문일까? 그것은 앞의 유유의 이야기에서 그 답을 찾을 수 있다. 유유는 후진이 영토로 하고 있던 관중(섬서성)과 낙양을 빼앗을 것이라고 했던 것이다. 그러니까 남연이 멸망한다면, 다음 공격목표는 후진이 되므로, 후진은 적극적으로 남연 문제에 개입했던 것이다.

---

32) 『晉書』128, 「慕容超載記」. "時姚興乃遣其將姚强率步騎一萬, 隨範就其將姚紹于洛陽, 幷兵來援, 會赫連勃勃大破秦軍, 興追强還長安."
33) 지배선, 앞의 책, 1998, 255~256쪽.

여기에서 우리는 다음의 사실을 주목할 수 있다. 앞에서 보았듯이, 409년 6월 동진 군대가 남연의 수도를 포위했다. 남연은 이 무렵에 후진에게 구원을 요청했다. 같은 해 7월에 후진의 요흥이 동진의 유유에게 사신을 파견하여 철군을 요구하였다.

그렇다면 남연은 후진뿐만 아니라 고구려에도 도움을 요청했을 가능성이 있다는 점이다. 남연은 이때 수도인 광고의 큰 성에서 졌다. 이제 생존이 경각에 달렸다. 그러므로 그 생존을 위해 온갖 수단을 동원했을 것이다. 그것이 후진에 대한 적극적인 구원요청으로 나타났다고 보여진다. 이로 보아 외교적으로 이미 교류하고 있던 고구려에 대한 구원요청이 있었을 가능성이 크다.

이와 관련하여 앞서 보았던, 천리인과 천리마가 주목된다. 고구려가 남연에게 선물했던 천리인은 먼 거리를 가는 데 지치지 않을 뿐 아니라 빨리 달리는 사람을 뜻한다.[34] 천리마 또한 먼 길을 달릴 수 있는 지구력 있는 말이다. 이것은 일단 유사시에 적과 아군의 소식을 신속히 전할 수 있는 전령이 될 수 있다. 따라서 남연은 국가의 명운이 경각에 달했던 409년 6월 무렵에, 후진과 더불어 고구려에도 천리인과 천리마를 이용해 군사적 도움을 요청했을 가능성이 있다.

그런데 고구려가 남연을 군사적으로 도울 능력이 있었을까? 특히 남연을 돕기 위해서는 水軍을 보유하고 있어야 할 것이다. 고구려는 이미 永樂 6年(396)에 百濟를 치기 위해 수군을 동원해 황해를 건너 阿利水로 들어갔던 적이 있었다. 이때 백제의 수도가 있던 한성을 포위해 백제의 아신왕을 항복시켰다.[35] 이로 보아 고구려는 남연을 돕기

---

34) 지배선, 위의 책, 1998, 219쪽.

35)『廣開土王陵碑』.『廣開土王陵碑』에 관한 역문은 노태돈,「廣開土王陵碑」『譯註 韓國古代金石文』I, 韓國古代社會研究所, 1992를 참고하였다.

위한 군사적인 능력은 충분히 있었다. 그러나 어느 사서에도 고구려가 남연을 돕기 위한 군사적인 움직임을 보였다는 기록은 없다.

이와 함께 주목해 보아야 할 사실이 있다. 그것은 동진이 남연을 공격할 무렵의, 고구려의 대외정세이다. 먼저 백제를 보자. 남방의 숙적이었던 백제는 이 무렵에 대내적으로 정치적 불안정을 겪고 있었다.

남연이 동진의 공격을 받을 때, 백제는 腆支王(405~420)이 재위하고 있었다. 그런데 전지왕이 즉위한 405년에, 왕위계승 분쟁이 있었다.[36] 이 과정에서 전지왕을 옹립하는 데 중추적인 역할을 한 왕족의 일부와 解氏세력은 자기들 권력기반을 확대하기 위해 최고의 佐平으로서 上佐平을 설치하였다. 이러한 상황에서 전지왕은 상좌평 餘信에게 군국정사를 위임하였다.[37] 이는 전지왕의 정치적 입지가 매우 미약하였음을 반영하는 것이다.[38] 이로 보아 백제는 동진이 남연을 공격하는 409년 무렵에, 고구려를 공격할 만한 여유는 없었다고 생각된다.

한편 신라는 이 무렵에 고구려에게 종속되어 있는 형편이었다. 신라 내물왕은 동왕 37년(392) 봄 정월에, 고구려가 강성하였으므로, 伊湌 大西知의 아들 實聖을 보내 볼모로 삼았다.[39]

그리고 永樂 9년(399)에, 신라 영토에 倭가 침입하자, 내물왕은 奴客을 자처하며 고구려에 대해 구원을 요청하였다. 이에 광개토왕은 永樂 10년(410)에, 步騎 5만을 보내어 신라를 구원하였다.[40]

또한 『廣開土王陵碑』에는 "옛날에는 新羅 寐錦이 몸소 高句麗에 와서

---

36) 『三國史記』 25 百濟本紀 3, 腆支王 卽位年.
37) 『삼국사기』 25, 백제본기 3, 전지왕 4년.
38) 노중국, 「삼국의 정치와 사회」 Ⅱ 백제 『한국사』 6, 국사편찬위원회, 1995, 191쪽.
39) 『三國史記』 3, 新羅本紀 3, 奈勿王 37年 正月.
40) 『廣開土王陵碑』.

보고를 하며 聽命을 한 일이 없었는데, 國岡上廣開土境好太王代에 이르러 신라 매금이 朝貢했다"고 하였다.41) 여기에서 매금은 신라 왕의 칭호이다. 신라 왕이 직접 고구려의 수도에 가서 조공했다. 이것은 신라가 고구려의 영향력 아래 완전히 놓였음을 보여준다. 이와 같이 고구려는 광개토왕대에 한반도에서 안정적인 상황을 유지하고 있었다.

또한 고구려와 서방에서 요하를 경계로 국경을 접한 北燕과의 관계는 어떠했을까? 407년에 後燕의 마지막 왕 慕容熙가 재위할 때에, 馮跋이 쿠데타를 일으켜 慕容雲을 추대하여 北燕을 세웠다.42)

모용운은 고구려 출신으로 모용보의 양자가 되어, 모용씨를 하사받았다.43) 그런데 모용운이 북연을 세움에 따라 원래 성으로 회복하였다.44)

풍발은 후연이 계속되는 고구려의 압박으로 점점 쇠퇴하던 상황을 알고 있었으므로, 고구려를 의식해 일부러 고구려계 인물인 고운을 왕에 추대한 것일 수도 있다.45)

고구려 광개토왕은 408년에, 사자를 北燕으로 파견하여 宗族의 은의를 베풀어주니, 北燕 王 高雲은 侍御史 李拔을 보내어 답례하였다.46)

---

41) 『廣開土王陵碑』. "昔新羅寐錦未有身來[論事], □[國罡上廣]開土境好太王□□□□寐[錦]□□[僕]勾」□□□□朝貢."

42) 『資治通鑑』 114, 晉紀 36, 義熙 3年(407).

43) 『資治通鑑』 109, 晉紀 31, 隆安 元年 4月. "寶以高雲爲建威將軍, 封夕陽公, 養以爲子, 雲 高句麗之支屬也."

44) 『晉書』 124, 「慕容雲載記」. "雲遂卽天王位, 復姓高氏, 大赦境內殊死以下, 改元曰正始, 國號大燕."

45) 姜仙, 「高句麗와 五胡十六國의 關係」『高句麗研究』 14, 고구려연구회, 2002, 278~279쪽.

46) 『三國史記』 18, 高句麗本紀 6, 廣開土王 17年. "春三月, 遣使北燕, 且敍宗族, 北燕王雲遣侍御史 李拔報之."

172

태왕릉 원경

고운은 離班과 桃仁에게 궁을 호위하게 하였는데, 409년 이들에 의해
시해되었다.[47] 이때 풍발이 이 사건을 지켜보고 있었다.[48] 이 사건은
풍발이 사주한 것으로 추측된다.[49] 그런데 풍발이 정권을 잡은 후에도
북연에서 고구려의 영향력이 크게 작용하였다. 또 풍발의 뒤를 이은
馮弘 재위시에, 북연은 고구려의 보호국이나 다름없는 상황이었다.[50]

이와 같이, 고구려는 그 남방과 서방에서 대외정세가 안정되어 있었
다. 그러므로 고구려는 군사적으로 남연을 구원할 수 있는 여건이
되어 있었다. 그러나 고구려는 남연에 대해 어떤 군사적 지원도 하지
않았다. 이 점을 어떻게 보아야 할까? 그것은 무엇보다 東晉과의 관계

---

47) 『晉書』 124, 「慕容雲載記」.
48) 『晉書』 125, 「馮跋載記」.
49) 강선, 앞의 논문, 2002, 278~279쪽.
50) 池培善, 「「高句麗와 五胡十六國의 關係」에 대한 토론」 『고구려연구』 14, 고구려연
    구회, 2002, 286~287쪽.

때문이라고 보여진다. 고구려가 남연을 구원하는 즉시 고구려는 동진과 전투를 하게 된다. 그것은 고구려가 동진과 적대국이 되는 결과를 가져온다. 이런 위험성 때문에 고구려는 적극적으로 남연문제에 개입하지 않으려 했다고 여겨진다.

이와 함께 살펴보아야 할 사실이 있다. 앞에서 보았듯이, 모용초가 기뻐한 것은 고구려와의 군사적 연결을 염두에 두었기 때문일 것이다. 그러나 고구려가 남연에 사신을 보낸 목적은 무엇이었을까? 그것은 고구려가 남연 지역의 동향을 알려는 의도였다는 점이다.

그러나 고구려는 남연을 통해 이 지역의 동향을 알려고 하였을 뿐, 남연과의 군사적인 연결은 결코 생각하지 않았다고 보여진다.

그 이유는 이전의 역사적 사실과 관련된다. 고구려 故國原王代에 선비족이 세운 전연의 慕容皝이 고구려를 침입했다. 이때 수도인 환도성(국내성)이 함락되고 5만여 명의 고구려인들이 전연으로 끌려갔다. 고국원왕의 부왕인 美川王의 능묘가 파헤쳐져 그 시신과 함께 왕의 어머니와 왕비도 전연으로 끌려갔다.[51] 이런 커다란 패배 속에서 고국원왕은 동왕 13년(343) 2월에 아우를 연나라에 보내 자신을 신하로 칭하게 하면서 조회하고, 천여가지에 달하는 진기한 물건을 바쳤다. 연나라 왕 慕容皝은 곧 미천왕의 시신은 돌려보내고, 임금의 어머니는 그대로 남게 해 볼모로 삼았다. 다시 고국원왕 25년 겨울 12월에, 임금이 연나라에 사신을 보내서 볼모와 공물을 바치며 그 어머니를 돌려보낼 것을 요청했다. 연나라 왕 慕容儁이 이를 허락하고, 殿中將軍 刁龕에게 왕의 어머니 周氏를 호송하여 귀국하게 하였다. 그리고 고국원왕에게 이전과 동일하게 征東大將軍營州刺史의 작호를 주고 樂浪公으

---

51) 『三國史記』 18, 高句麗本紀 6, 故國原王 12年 11月.

로 봉했다.52)

그런데 모용초는 南燕의 초대황제 慕容德의 조카였다.53) 모용덕은 前燕 慕容皝의 막내아들이었다.54) 그러니까 모용초는 전연 모용황의 손자였다.

고구려 광개토왕을 보자. 그는 故國壤王의 아들이다.55) 고국양왕은 小獸林王의 아우이다.56) 소수림왕은 故國原王의 아들이다.57) 그러므로 광개토왕은 고국원왕의 손자였다. 고구려에게 남연은 결코 우호적인 나라가 될 수 없었다.

앞에서 보았듯이, 모용초가 즉위한 후에, 남연은 정세가 어지러웠다. 고구려는 이 사실을 알았을 것이다. 이에 따라 고구려는 이 지역의 정세를 보다 빨리 알기 위해 천리인과 천리마를 보냈다고 판단된다.

그렇다면 왜 고구려는 이렇게 남연의 정세를 알고 싶었을까? 고구려는 이전에 前燕·後燕과 전쟁을 하면서도 사신을 왕래시킨 예가 있었다. 이는 고구려가 북중국의 정세 파악에 기민하게 대처하였던 증거로 보여진다.58)

이 점과 관련하여 살펴보아야 할 점이 있다. 그것은 앞 시기에 일어났던 前秦의 흥망이다. 氐族이 세운 전진은 苻堅에 이르러 적극적인 확대정책을 전개했다. 370년 11월에, 전진은 前燕을 멸망시키고 中原에서부터 遼東까지의 영역을 확보했다. 전진은 376년까지 華北의 통일을 완성

---

52) 『三國史記』 18, 高句麗本紀 6, 故國原王.
53) 『晉書』 128, 「慕容超載記」.
54) 『十六國春秋』 63, 南燕錄 1, 「慕容德」.
55) 『三國史記』 18, 高句麗本紀 6, 廣開土王 卽位年.
56) 『三國史記』 18, 高句麗本紀 6, 故國壤王 卽位年.
57) 『三國史記』 18, 高句麗本紀 6, 小獸林王 卽位年.
58) 지배선, 1998, 앞의 책, 218쪽.

하였다.59)

그런데 小獸林王 2年(372) 6月에, 전진 왕 부견이 고구려에 사신 및 중 順道를 파견하여 佛像과 經文을 보냈다. 소수림왕은 전진에 사신을 파견하여 사례하고 方物을 바쳤다.60) 고구려와 전진은 우호관계를 맺었던 것이다.

그러나 전진은 383년에, 남중국에 위치한 東晉을 치기 위해 전쟁을 일으켰으나 참패했다(淝水의 전투). 이로 인해 북중국의 전진은 쇠퇴하고 선비족이 세운 後燕이 일어났다.

고구려의 故國壤王은 이 기회를 이용하여 遼東과 玄菟를 함락시켰다.61) 그러나 후연의 慕容農이 군사를 거느리고 침입하여 요동·현토 두 군을 다시 빼앗아 갔다.62) 전진의 예에서 보듯이, 중국지역의 정세는 고구려에게 직접적으로 영향을 끼쳤다. 이로 보아, 고구려는 산동반도에 위치한 남연에게도 관심을 가졌다고 보여진다.

그런데 동진의 유유는 드디어 남연의 수도인 광고성을 포위하고, 남연을 멸망시키려 하였다. 이에 관한 사료를 보자.

안제 의희 6년(410) 봄 정월 갑인일에 남연의 주군 모용초가 天門에 올라 여러 신하들과 성 위에서 조회를 하였다. 을묘일(2일)에 모용초가 寵姬 魏夫人과 성 위에 올라 晉의 군사들이 강성한 것을 보고서 손을 잡고 마주보며 눈물을 흘렸다.……2월……남연의 (慕容)賀賴盧와 公孫五樓가 땅굴을 만들고 나가서 진의 군대를 공격했으나 물리치지 못하였

59) 三崎良章 저, 金榮煥 옮김, 앞의 책, 2007, 80~82쪽.
60)『三國史記』18, 高句麗本紀 6, 小獸林王 2年 6月.
61)『三國史記』18, 高句麗本紀 6, 故國壤王 2年 6月.
62)『三國史記』18, 高句麗本紀 6, 故國壤王 2年 11月.

다. 성문은 오랫동안 닫혀 있고, 성 안의 남녀들은 다리에 병들어서 약한 사람들이 태반이었고, 나가서 항복하는 사람들이 서로 계속되었다. 모용초가 연을 타고 성에 오르니 尙書 悅壽가 모용초에게 유세하였다.

"지금 하늘이 오랑캐를 도와 포학하게 되었으며, 전쟁하는 군사들은 초췌하여 오직 궁색한 성만 지킬 뿐 외부에서 구하는 것도 절망적이니, 天時와 人事 역시 알 만 합니다. 진실로 曆數에는 끝이 있어서 堯와 舜도 자리를 피해주었는데, 폐하께서는 어찌 변통의 계획을 생각하지 않으십니까?" 모용초가 탄식하여 말했다. "쇠퇴와 흥왕함은 운명이다. 내 차라리 검을 휘두르다 죽을지언정 옥을 입에 물고 살지는 않을 것이다." 정해일에 유유가 모든 무리들을 데리고 성을 공격했다.……사방에서 그들을 급히 공격하였다. 열수가 문을 열고 진의 군사를 받아들였다. 모용초가 주위에 있는 수십 기병과 함께 성을 넘어 포위를 뚫고 나가서 도주하였으나, 추격하여 붙잡았다.[63]

위의 사료에서 보듯이, 동진의 공격으로 남연은 410년 2월에 멸망하였다. 이제 산동반도를 동진이 장악하였다. 그런데 모용초가 다스리던 시기에 남연은 靑州, 徐州, 兗州, 幷州와 幽州를 그 영역으로 하였다. 그리고 治鐵業이 상당히 발달하여 강력한 군사력을 갖출 수 있었다.[64]

---

63) 『資治通鑑』 115, 晉紀 37, 義熙 6年(410). "春, 正月, 甲寅朔, 南燕主超登天門, 朝羣臣於城上. 乙卯, 超與寵姬魏夫人登城, 見晉兵之盛, 握手對泣.……二月……南燕賀賴盧公孫五樓爲地道出擊晉兵, 不能卻. 城久閉, 城中男女病脚弱者太牛, 出降者相繼. 超輦而登城, 尙書悅壽說超曰, '今天助寇爲虐, 戰士凋瘁, 獨守窮城, 絶望外援, 天時人事亦可知矣. 苟曆數有終, 堯舜避位, 陛下豈可不思變通之計乎,' 超歎曰, '廢興, 命也. 吾寧奮劍而死, 不能銜璧而生.' 丁亥, 劉裕悉衆攻城.……四面急攻之. 悅壽開門納晉師, 超與左右數十騎踰城突圍出走, 追獲之."

64) 지배선, 앞의 책, 1998, 237~238쪽.

동진은 남연이 영유한 지역을 확보하게 되었다. 자연적으로, 동진은 야철과 같은 군수물자를 확보하는 결과를 가져와, 군사력이 증대되었을 것이다. 더욱이 이 지역의 인구는 동진의 인적자원이 된다. 이 점이 동진이 남연을 공격하고 차지하려 했던 이유로 여겨진다.

동진은 산동반도를 점유함에 따라 북진을 성공시켰다. 그런데 동진에서는 劉裕가 남연을 공격하는 틈을 타, 410년 2월, 盧循이 반란을 일으켰다. 이 반란은 411년 4월에 완전히 진압되었다. 이어 유유는 412년 10월에 江陵城을 공격하여 劉毅를 살해하였다.[65]

동진의 유유는 412년 11월에 西蜀을 정벌하고자 모의하여, 12월에 朱齡石을 益州刺史로 삼았다.[66] 413년 7월에 주령석이 여러 군영을 인솔하여 급히 북쪽에 있는 성을 공격하여 이기고, 候暉와 譙詵의 목을 베고, 군사들을 이끌고 남쪽에 있는 성으로 돌아오니 남쪽에 있는 성이 스스로 궤멸되었다.[67] 그리하여 서촉을 멸망시켰다. 이와 같이, 413년 7월에 동진의 유유는 사천성에 있던 서촉마저도 멸망시켰다.

결국 409년부터 413년 사이에 동진의 유유는 남연을 멸망시키고, 동진 내에 있던 노순과 유의 세력을 궤멸시켰으며, 서촉을 없앴다.

고구려로서는 이와 같은 동진의 북진에 주목했을 것이다. 북진이 계속될 경우 동진과 고구려는 국경을 접할 가능성도 있었다. 그리하여 고구려는 이 상황에 대비해, 동진과의 외교적 교섭을 모색했으리라고 보인다. 다음 절에서는 장수왕 즉위년에 동진에게 보낸 조공과 책봉이 가진 의미에 대해 살펴보려 한다.

---

65) 范文瀾 지음, 金榮煥 옮김, 『魏晉南北朝史』(下), 吉祥得, 2006, 35~36쪽.
66) 『資治通鑑』116, 晉紀 38, 義熙 8年(412).
67) 『資治通鑑』116, 晉紀 38, 義熙 9年(413). "秋, 七月, 齡石帥諸軍急攻北城, 克之, 斬候暉譙詵, 引兵廻趣南城, 南城自潰."

Ⅲ. 高句麗 長壽王의 東晉에 대한 朝貢과 冊封

고구려의 長壽王은 413년에 즉위하였다. 장수왕은 즉위하자, 長史 高翼을 晉나라로 파견하여 글을 보내고 赭白馬를 바쳤다. 이에 진나라의 安帝는 왕을 高句麗王 樂浪郡公으로 봉했다.[68]

그런데 중국지역에서는 280년 晉이 吳를 멸망시키고 전국을 통일했다. 그렇지만 북중국지역에 五胡가 침입해, 진을 멸망시켰다. 317년에 司馬睿가 東晉을 建鄴에서 개국했다. 420년에는 劉裕가 동진을 멸망시키고 宋을 세웠다.[69]

고구려는 동진이 존속한 기간 동안 단 세 차례만 동진에 사신을 보냈다. 故國原王 6年(336) 3月에, 고구려는 동진에 토산물을 바쳤다.[70] 이어 故國原王 13年(343) 7月에, 사신을 동진에 파견하여 조공하였다.[71]

그 이후 일체의 교류가 없다가, 413년에 고구려는 동진에 조공을 보내고 책봉을 받았다. 약 70년 만에 행해진 장수왕의 동진에 대한

---

68) 『三國史記』18, 高句麗本紀 6, 長壽王 元年. 고구려가 이때 보낸 사신은 어떤 목적으로 파견되었을까? 사신단은 정례적으로 파견하는 경우와 특별한 사안이 있을 때 파견하는 경우로 나눌 수 있다. 정례적인 사절로는 賀正使가 있다. 비정기적인 사절단으로는 謝恩使, 告陳使, 奏請使 등이 있었다. 여기에서 비정기적인 사절단에 속하는 고진사에는 전왕의 죽음과 자신의 즉위를 알리는 告哀使, 戰勝을 알리는 告捷使, 시비곡직을 자세히 따져 설명하는 告奏使 등이 있다(노중국, 앞의 책, 2012, 56~57쪽). 장수왕이 이때 동진에 보낸 사신은 전왕의 죽음과 자신의 즉위를 알리는 고애사였을 것이다.

이와 함께, 고구려 장수왕이 장사 고익을 진나라로 파견하여 글을 보냈을 때, 그 글에는 어떤 내용이 적혀 있었을까? 그것은 410년에 있었던 동진의 남연 정벌을 경하하는 내용이 적혀 있었을 것이다.

69) 范文瀾 지음, 金榮煥 옮김, 앞의 책, 2006.

70) 『三國史記』18, 高句麗本紀 6, 故國原王 6年 3月. "六年春三月, 大星流西北, 遣使如晉, 貢方物."

71) 『三國史記』18, 高句麗本紀 6, 故國原王 13年 7月. "十三年秋七月, 遣使如晉朝貢."

조공은 간단히 보고 넘어가기 힘들다.

여기에서 고구려와 동진의 관계가 70년 만에 다시 이루어진 것은 양국이 독립국가 간의 관계라는 점을 보여준다. 만약 동진이 종주국이고 고구려가 복속국으로 있었다면, 두 나라는 정기적으로 조공과 책봉관계를 맺어야 하기 때문이다.

또한 고국원왕대와 장수왕대는 달라진 점이 있다. 그것은 책봉과 관련해서이다. 고국원왕 때에는 고구려가 동진에 대해 토산물을 바쳤지만, 동진은 이에 대해 고구려왕을 책봉하지 않았다. 그렇지만 장수왕대의 조공에 대해, 동진은 고구려왕을 책봉하고 있다. 이 점은 동진이 장수왕대에 들어와, 고국원왕대와 달리 고구려를 상당히 의식하고 있었음을 나타낸다. 이러한 변화는 광개토왕대에 들어와 고구려의 정복활동으로 국력이 커진 데 기인한다고 생각된다.

이와 함께, 장수왕대에 동진에 대한 조공과 책봉에는 동아시아의 정세변화와 관련된 것은 아니었을까?[72] 이때의 조공은 표면적으로는 즉위를 알리기 위해서였을 것이다. 그러나 실제적으로는 다른 목적이 있었던 것은 아닐까?

장수왕이 즉위하고 나서 동진에게 조공과 책봉을 받은 것은 어떤 의미를 가지는 것일까? 이와 관련하여 저족이 북중국지역에 세운 前秦과 高句麗의 관계를 보자. 小獸林王 2년(372) 6월에 전진 왕 부견이 사신 및 중 순도를 파견하여 불상과 경문을 보냈다. 이에 왕은 사신을 파견하여 사례하고 方物을 바쳤다.[73] 그리고 소수림왕 7년 11월에

---

72) 장수왕은 신왕의 즉위의례로서 동진에 장사 고익을 보내어 조공하고 책봉을 요청했다. 이로 미루어보아, 고구려가 책봉호를 동진에 요청했다는 견해가 있다 (堀敏一, 『中國と古代東アジア世界』, 岩波書店, 1993, 153~154쪽).

73) 『三國史記』18, 高句麗本紀 6, 小獸林王 2年 6月. "小獸林王 二年夏六月, 秦王苻堅遣使及浮屠順道, 送佛像經文, 王遣使廻謝, 以貢方物."

왕이 사신을 전진에 파견하여 공물을 바쳤다.[74]

이와 같이 고구려와 전진은 사신을 주고받는 단계였다. 이때, 고구려는 전진에 대해 공물을 바치는 형식을 취하고 있다. 이 점은 고구려가 힘의 역학관계상 전진에 대해 열세였음을 보여주고 있다. 고구려 역시 이러한 힘의 우열관계를 인정했기에 貢이라는 표현을 썼을 것이다.

그런데 383년 淝水의 전투에서 전진의 부견은 동진에게 참패를 하고 말았다. 이 전투는 5胡16國 時代의 가장 큰 전쟁이었다.[75] 전진은 이 전투를 계기로 멸망했다. 고구려는 전진을 군사적으로 압도한 동진에 대해 열세를 인정하고 있었을 것이다.

따라서 고구려는 힘의 역학관계에서 우위에 있었던 동진에 대해 조공이라는 형식으로 사신을 보냈다고 보여진다. 더욱이 410년에 동진의 군사력은 남연을 멸망시켜 산동에까지 이르렀으며, 413년에는 서촉을 멸망시켜 사천성에까지 이르렀다. 이로 보아, 장수왕이 이때 동진에게 보낸 조공은 동진의 북진에 따라 이루어졌다고 할 수 있다. 그렇다면 장수왕은 무엇 때문에 동진에 조공을 하였을까?

이와 관련하여 이 시기 고구려의 남방정세를 살펴보자. 장수왕이 즉위하고 나서의 백제와 신라에 대한 정책은 어떠하였을까? 장수왕은 413년에 즉위하고, 427년에 평양으로 도읍을 옮겼다.[76] 장수왕은 427년 평양천도 때까지 백제에 대해서 어떠한 공격도 하지 않고 있다.

한편 고구려와 신라는 이 무렵에 우호관계였다. 그것은 장수왕 12년 (424) 봄 2월, 신라에서 사신을 보내와 수교하므로, 임금이 이를 위로하

---

74) 『三國史記』 18, 高句麗本紀 6, 小獸林王 7年 11月. "十一月, 南伐百濟, 遣使入苻秦朝貢."
75) 范文瀾 지음, 金榮煥 옮김, 『魏晉南北朝史』(上), 吉祥得, 2006, 337쪽.
76) 『三國史記』 18, 高句麗本紀 6, 長壽王 15年. "十五年, 移都平壤."

고 특히 후대하였다는 기록[77]으로 알 수 있다.

이로 보아, 장수왕의 동진에 대한 조공은 고구려가 백제와 신라를 의식해서 이루어진 것은 아니었다고 헤아려진다.

한편으로 고구려 서쪽의 요하를 경계로 국경을 접한 북연과의 관계는 어떠하였을까? 앞에서 보았듯이, 북연의 풍발과 풍홍이 집권한 기간에, 북연에서 고구려의 영향력이 크게 작용하였다.[78] 이 점은 장수왕의 동진에 대한 조공이 북연을 의식해서 행해진 것이 아님을 보여준다.

결국 장수왕이 이 시기에 동진에게 조공한 이유는 다음의 이유 때문이었다. 그것은 동진의 책봉을 받음으로써 뻗어나가는 동진의 위협 가능성을 외교적으로 막을 수 있었다는 점이다.

이와 관련하여 『廣開土王陵碑』를 살펴보자. 長壽王이 동진에 사신을 보낸 다음 해에 『廣開土王陵碑』가 건조되었다. 장수왕은 『廣開土王陵碑』를 414년 9월 29일에 父王인 廣開土王의 업적을 기리기 위해 세웠다.[79]

여기에서 주목되는 것이 이 비의 높이이다. 『廣開土王陵碑』의 높이는 6.39m이다.[80] 『廣開土王陵碑』는 입비되기까지 동아시아에서 최대높이이며 당시로서는 이와 비교될 만한 것이 없다. 중국 지역의 魏나 晉에서는 2~3m 정도 되는 비가 세워졌으며 모두 국가사업과 관련된 것이었다. 5호16국 시대의 비는 거의 없는데, 당시는 많은 나라가 흥망을 되풀이하는 혼란기였으므로 큰 석비를 세울만한 사업을 하기 힘들었을 것으로 생각된다. 그렇게 볼 때 광개토왕릉비는 규모에서 그 祖型을

---

77) 『三國史記』 18, 高句麗本紀 6, 長壽王 12年 2月. "十二年春二月, "新羅遣使修聘, 王勞慰之特厚."

78) 지배선, 앞의 논문, 2002, 286쪽.

79) 『廣開土王陵碑』.

80) 王健群 著, 林東錫 譯, 『廣開土王碑研究』, 역민사, 1985, 34쪽.

상정케 하는 자료가 없다는 결론에 이른다.[81]

이와 함께, 주목해 보아야 할 것이 있다. 그것은 조공 책봉관계에서 조공을 하는 종속국이 종주국 보다 더 큰 비석을 세울 수 있느냐이다. 조공을 하는 종속국의 왕의 업적을 기린 비석이 책봉을 하는 종주국의 비석 보다 더 클 수는 없다.

그런데 고구려의 『廣開土王陵碑』는 비의 높이에서 단연 중국지역의 비를 압도하고 있다.

이 점은 413년에 행해진 장수왕의 동진에 대한 조공이 형식적인 것에 불과함을 여실히 보여준다. 또한 이것은 고구려가 중국과는 다른 독자적인 세계를 가졌음을 보여준다.

한편 비의 설치를 금하는 중국의 碑禁에 대해 살펴보자.

漢代에 세워진 비가 魏代와 晉代에 들어 감소하는 것은 분명하다.[82] 이 배경에는 중국에서 碑禁의 영·조가 있다. 後漢 말인 建安 10년(205), 曹操가 호화로운 葬禮와 立碑를 금했다고 한다. 그 후 규제가 느슨해지자 西晉 때 司馬炎이 咸寧 4년(278)에, 다시 이를 엄하게 금하였다. 뒤 시기, 東晉末인 義熙 연간(405~418)에 裵松之라는 사람이 다시 금비에 대해 논하였다고 한다.

당시의 高句麗가 중국의 금비에 대해 파악하고 있었는지는 분명하지 않지만, 魏와 晉代의 비금과는 무관하게 입비사업을 추진했을 가능성이 크다.

그런데 고구려에서 비금에 대한 배려를 했다면, 이 정도로 거대한

---

81) 시노하라 히로카타, 「고구려 문자자료의 특성」 『고대 동아시아 세계론과 고구려의 정체성』, 동북아역사재단, 2007, 177~185쪽.
82) 중국과 고구려의 碑高에 대한 비교는 시노하라 히로카타, 위의 논문, 2007, 179~180쪽을 참조할 것.

비를 제작할 생각은 하지 않았을 것이다. 그런 점에서 광개토왕릉비 제작에 중국의 비금은 고려되지 않았다고 할 수 있다.[83]

만약 조공을 하는 나라가 종속국이고, 책봉을 하는 나라가 종주국이라면, 고구려는 晉의 금비규정을 지켜야 할 것이다. 그러나 고구려는 동진에 조공을 한 이듬해인 414년에『廣開土王陵碑』를 세웠다.『廣開土王陵碑』는 고구려의 자주성을 그 자체로 웅변하고 있는 것이다.

한편 장수왕 2년(414)에 세워진『廣開土王陵碑』에 장수왕은 永樂이라는 광개토왕의 연호를 새겨놓았다. 광개토왕 시기의 고구려는 永樂이라는 독자적 연호를 세워, 중국의 국가들과 대등하고 독립적인 국제적 지위를 과시하였다.[84]

고구려는 413년에, 동진에 조공하고 책봉을 받았다. 그렇다면 414년에 건립된『廣開土王陵碑』에 동진의 연호를 새겨 넣어 광개토왕대의 사실을 기술하여야 한다. 그러나 고구려는 영락이라는 독자적 연호를 썼다. 이 점은 장수왕 원년에 이루어진 동진과의 조공과 책봉이 종주국과 복속국의 관계가 아니라, 외교적인 의례관계였음을 보여준다.[85] 그것은 장수왕이 세운『廣開土王陵碑』에 동진과 관련된 내용이 전혀

---

83) 시노하라 히로카타, 위의 논문, 2007,182~184쪽.

84) 김한규,『한중관계사』I, 도서출판 아르케, 1999, 164~165쪽.

85) 조공제도는 과거 동아시아 국제사회에서 장구하게 시행되었다. 조공제도에 의한 국제관계는 중국을 중심으로 한 차등적 국제관계이다. 고대 중국에 있어 조공은 안으로는 강고한 씨족조직과 전통의식으로 결속된 정치적·군사적 독립 집단이 무력적 강약에 의해 보다 강한 집단에 복속을 표시한 의례였다. 그러나 그 복속은 어디까지나 자국의 이해관계에 따라 행해졌기 때문에 이해관계가 상충되면 수시로 단절될 수 있었다. 따라서 조공을 통한 복속관계는 항시 일시적이었으며 항구적일 수 없었다(李春植,「中國古代 朝貢의 실체와 성격－朝貢의 성격과 그 韓國的 意味－」『古代韓中關係史의 硏究』, 三知院, 1987, 45~47쪽). 그런데 광개토왕릉비의 규모와 永樂이라는 연호는 동진에 대한 조공이 형식적인 것이었으며 복속관계를 의미하는 것이 아니었음을 보여준다.

없는 점을 통해서도 알 수 있다.

또한 고구려의 독자성과 관련되어 주목되는 현상이 있다. 다음의
사료를 보자.

> 장수왕 2년 가을 8월에 異鳥가 王宮에 모였다. 겨울 10월에 왕이
> 蛇川 벌판에서 사냥을 하다가 흰 노루를 잡았다(『三國史記』18, 高句麗本
> 紀 6).

장수왕 2년(414)에 나타난 異鳥와 흰 노루는 서상으로 파악된다.[86]
서상이 나타난다는 것은 통치자인 왕이 하늘과 직접 연결된 존재임을
의미한다.[87] 따라서 장수왕 2년에 나타난 서상은 고구려가 독자적인
세계를 가지고 있었음을 분명히 보여준다.

여기에서 주목할 만한 사실이 있다. 앞에서 장수왕 2년(414) 9월
29일에 장수왕이 부왕인 광개토왕의 업적을 기리기 위해 『廣開土王陵碑』
를 세웠다고 하였다. 그런데 『三國史記』에는 장수왕 2년 8월에 異鳥가
王宮에 모이고, 10월에 왕이 蛇川벌판에서 흰 노루를 잡았다고 하였다.

두 기사의 특징은, 서상이 모두 직접적으로 왕과 관련된다는 점이다.
장수왕 2년 8월에 이조가 나타난 공간은 왕이 사는 王宮이었다. 장수왕
2년 10월에는 왕이 직접 흰노루를 잡았던 것이다. 이 점은 장수왕이
즉위할 무렵에 왕권이 강력했음을 보여준다.

그리고 『廣開土王陵碑』가 건립된 시기인 414년 9월을 주목해 보자.
시기적으로 보아, 이 비가 건립되기 한 달 전에 이조가 출현했으며,
그 한 달 후에 장수왕이 흰 노루를 사냥했다. 이로 보아, 이조와 흰

---

86) 신정훈, 『한국 고대의 서상과 정치』, 혜안, 2013, 62~63쪽.
87) 신정훈, 위의 책, 2013, 5~7쪽.

노루는 광개토왕릉비의 건립과 관련된 서상으로 파악된다. 결국 이 서상들은 광개토왕의 업적을 기리는 장수왕의 왕권을 상징하는 것으로 파악된다.

장수왕대 79년이라는 장기간의 재위기간 동안에 서상은 2개뿐이다. 이 서상들은 『廣開土王陵碑』와 관련되었다. 우리는 『廣開土王陵碑』가 고구려에게 커다란 의미를 가진 것을 이 서상으로 알 수 있다.

IV. 맺음말

맺음말은 지금까지의 내용을 정리하는 것으로 대신하고자 한다.

408년에 南燕에서 잇따른 천재지변이 발생했다. 천재지변이 나타내는 남연의 정치적 불안정 속에서 廣開土王은 408년에 남연에 사신을 보냈다. 이때 고구려 사신은 천리를 달릴 수 있는 사람 열 명과 천리마 한 필을 남연에게 바쳤다.

南燕의 慕容超는 물건을 받고 기뻐하여, 답례로 水牛와 能言鳥 등을 高句麗에게 주었다. 이 무렵의 남연은 북으로 북위와 적대 관계에 있었다. 모용초가 고구려의 선물을 기뻐한 이유는 고구려와의 군사적 연결을 염두에 두었기 때문이었다.

409년 2월, 남연의 모용초는 동진의 숙예를 침공하여 동진사람들을 잡아갔다. 이에 대해, 동진의 재상 유유는 남연을 공격하기 시작했다. 동진군은 409년 6월에 남연군을 크게 이기고 남연의 수도를 포위했다. 같은 해 7월에 後秦의 王 姚興이 東晉에게 철군을 요구했다. 남연은 상황이 절박하자, 외교적으로 교류하던 고구려에게 구원을 요청했을 가능성이 있다. 이때 천리인과 천리마가 주목된다. 국가의 명운이 경각에 달했던 남연은 409년 6월 무렵에 후진과 더불어, 고구려에도 천리인과 천리마를 이용해 군사적 도움을 요청했을 가능성이 있다.

이 무렵의 동아시아 정세를 보자. 고구려와 남쪽으로 국경을 접한 백제는 전지왕 치세에 정치적 불안을 겪고 있었다. 그리고 신라는 고구려의 정치적 영향을 받고 있었다. 또한 요하를 경계로 국경을 접한 북연과도 충돌이 없었다. 이렇게 대외정세가 안정되었음에도, 고구려는 남연에 대해 군사적 원조를 하지 않았다. 그 이유는 무엇일까? 고구려가 남연을 구원한다면, 고구려는 동진과 전쟁을 하게 된다. 이런 점 때문에 고구려는 남연문제에 개입하지 않았다고 보인다.

결국 동진은 남연을 공격해 410년 2월에 멸망시켰다. 이어 413년 7월에 동진은 사천성에 있던 서촉도 멸망시켰다. 고구려는 동진의 북진에 주목하고 외교적 교섭을 모색했을 것이다. 왜냐하면 두 나라는 국경을 접할 가능성이 있었기 때문이다. 그리하여 장수왕은 413년에 즉위하자, 장사 고익을 진나라로 파견하여 글을 보내고 赭白馬를 바쳤다. 동진의 안제는 이에 대해 장수왕을 고구려왕 낙랑군공으로 봉했다. 장수왕이 동진에 조공한 것은 410년 남연의 멸망과 413년 서촉 멸망 즈음에 이루어졌다. 결국 장수왕의 동진에 대한 조공은 동진의 북진에 따라 이루어진 것이었다.

고구려가 동진에 조공을 보낸 다음 해인 414년 9월 29일에 장수왕은 『廣開土王陵碑』를 건립했다. 『廣開土王陵碑』는 그 시기까지 건립된 비석 중, 동아시아에서 가장 높은 것이었다. 중국의 비석으로 이와 같은 크기의 비석은 없다. 이 점은 고구려가 중국과는 다른 독자적인 세계를 가졌음을 상징적으로 보여준다.

또한 『廣開土王陵碑』에는 永樂이라는 광개토왕의 연호가 새겨져 있다. 동진의 연호는 광개토왕릉비에서 발견되지 않는다. 이 점은 고구려와 동진이 독립적인 관계였음을 보여준다.

　이와 함께 관련할 사실이 있다. 414년 9월 29일에 장수왕이 부왕인 광개토왕의 업적을 기리기 위해 『廣開土王陵碑』를 세웠다. 그 한 달 전인 8월에 이조들이 출현했으며, 한 달 후인 10월에 장수왕이 흰 노루를 사냥했다. 시기로 보아, 異鳥와 흰 노루는 『廣開土王陵碑』의 건립과 관련된 瑞祥으로 파악된다.

백제 枕流王·辰斯王代의 정국과 고구려의 동향

Ⅰ. 머리말

백제는 辰斯王 6년(390) 9월에 達率 眞嘉謨를 보내 고구려를 쳐, 都坤城을 함락시키고 2백 명을 포로로 하였다.[1] 고구려와 백제의 격전지는 이 무렵에 예성강유역이었다.[2] 도곤성도 이 지역에 위치했을 것이다.

그런데 廣開土王(392~413)이 즉위한 해인 392년 7월에, 고구려는 백제의 성을 10개나 빼앗았다. 같은 해 10월에는 요새인 關彌城을 7道로 나누어 20일 동안 공격하여 차지했던 것이다.[3] 그 이듬해인 393년에

---

1) 『三國史記』 25, 백제본기 3, 辰斯王 6년 9월. "王命達率眞嘉謨伐高句麗 拔都坤城 虜得二百人." ; 『三國史記』 18, 고구려본기 6, 故國壤王 7년 9월. 『三國史記』의 故國壤王 7년 9월 기록에는 都押城으로 되어 있다. 한편 같은 사서의 辰斯王 6년 9월 기록은 都坤城이라 하였다. 都押城과 都坤城은 같은 성을 달리 표기한 것으로 보여진다.

2) 서영일, 「고구려의 백제 공격로 고찰」 『사학지』 38, 2006, 49~50쪽.

3) 『三國史記』 18, 高句麗本紀 6, 廣開土王 1年. "秋七月 南伐百濟 拔十城……冬十月 攻陷百濟關彌城 其城四面峭絶 海水環繞 王分軍七道 攻擊二十日乃拔."
   廣開土王 1년에 해당되는 백제의 辰斯王 8년 7월에는 고구려왕 談德이 군사 4만을 이끌고 백제의 북쪽을 쳐 石峴 等 10餘城을 함락시켰다고 한다(『三國史記』 25, 백제본기 3). 『三國史記』 고구려본기는 광개토왕이 백제의 10성을 빼앗았다고

평양에 9개의 절을 지었다.[4] 이 점은 392년에 벌어진 고구려와 백제의 전투에서 고구려가 압도적인 우위를 거두었다는 것을 의미한다. 평양성에 9개의 절을 지을 정도로 이 지역이 안정적으로 확보되었던 것이다.[5]

본장에서는 이 시기 무렵인 백제 침류왕(384~385), 진사왕대(385~392)의 정국과 고구려의 동향을 연관시켜 살펴 볼 것이다. 먼저 이와 관련된 연구를 살펴보자.

백제는 고구려의 남하에 따른 국가적 시련이 계속되는 과정에서도 진사왕대에 사치와 외형의 치장에 빠졌다는 연구가 있다.[6] 또한 백제 枕流王·辰斯王代에 지배세력 간의 갈등에 따른 정정불안이 고구려의 대 백제 공략에 유리하게 작용했다는 검토가 있다.[7]

이와 함께 392년 이루어진 광개토왕의 백제 정벌에서, 그 지명을 비정하고 의미를 검토한 연구가 있다.[8] 고구려와 백제의 역학관계에서

되어있다. 이에 비해 『三國史記』 백제본기는 石峴 等 10餘城이라 적고 있는 것이다. 광개토왕의 백제공격이 『三國史記』 백제본기에 보다 자세히 기록되어 있다. 이 점은 백제본기에 석현 등이라고 구체적인 지명이 기술되어 있는 점에서 알 수 있다. 주목되는 것은 '10餘城'에서 餘의 용례이다. 여는 그 이상을 나타낼 때에 붙는 접미어이다(民衆書林 編輯局 編, 『漢韓大字典』, 2009, 2576쪽). 따라서 『三國史記』 백제본기에 따른다면, 10개의 성 보다 많은 숫자의 성을 고구려군이 뺏었다고 할 수 있다.

4) 『三國史記』 18, 高句麗本紀 6, 廣開土王 2年. "創九寺於平壤."
5) 고구려 광개토왕은 393년에 평양성에 9개의 절을 창건하였다. 이것은 427년에 평양으로 천도를 추진하는 과정에서 이루어진 것이었다. 371년에 고구려는 평양성 전투에서 고국원왕이 전사하였으며, 377년에도 평양성은 백제로부터 공격받았다. 그러므로 광개토왕은 평양성 천도와 관련해, 왕도의 안정적 확보와 운영을 위해 백제에 대한 대대적인 공격을 단행했다고 한다(이도학, 『고구려 광개토왕릉 비문연구』, 서경, 2006, 101쪽).
6) 申瀅植, 「百濟史의 性格」 『汕云史學』 6, 1992, 17~18쪽.
7) 孔錫龜, 『高句麗 領域擴張史研究』, 서경문화사, 1998, 288쪽.
8) 李丙燾, 『한국고대사연구』, 박영사, 1985, 378~380쪽.

190

392년의 광개토왕 정토기사를 분석하기도 하였다.[9] 진사왕이 재위할 무렵에, 고구려 광개토왕의 백제에 대한 공격이 이루어진 배경을 살핀 연구가 있다.[10]

한편 침류왕은 불교를 공인하는 과정에서 반대세력에게 피살되었을 가능성이 크며, 진사왕대에 眞氏세력의 정치적 역할로 아신왕이 즉위하였다는 연구가 발표되었다.[11] 진사·아신왕대에 왕위계승과정에서의 알력과 군사운용권의 이동을 살피기도 했다.[12] 또한 4세기 말 백제의 혼란한 상황에서의 왕위계승과 귀족세력의 동향에 관한 연구가 이루어졌다.[13] 변칙적으로 즉위하였던 진사왕은 고구려와의 전쟁에서 충격적인 패배로 정치적 기반이 와해되어, 정변이 일어났다는 연구가 있다.[14] 한편으로 392년에 이루어진 고구려와 신라의 수호에 주목하기도 하였다.[15] 이와 같이 여러 학자들의 연구논문이 다수 발표되었다.

그런데 다음의 두 가지 문제는 지금까지 사실상 연구가 되지 않고 있다.

첫 번째로 백제 침류왕이 재위한 무렵에 행해진 고구려의 요동진출과 침류왕대의 정국을 연관시켜 검토한 연구는 없다고 할 수 있다. 또한 이러한 고구려의 요동공략이 무엇 때문에 이루어졌는가를 알아보고자 한다.

---

9) 이기동, 『백제사연구』, 일조각, 1996, 20~22쪽.
10) 서영수, 「廣開土太王과 고구려 남진정책」『廣開土太王의 漢江流域 진출과 그 역사적 의미』, 2002. 33~35쪽.
11) 盧重國, 「百濟의 政治」『百濟의 歷史와 文化』, 학연문화사, 1996, 110~111쪽.
12) 강종원, 『4세기 백제사연구』, 서경문화사, 2002, 136~143쪽.
13) 최윤섭, 「4世紀 末 百濟의 王位繼承과 貴族勢力」『靑藍史學』14, 2006.
14) 문동석, 『백제지배세력연구』, 혜안, 2007, 87쪽.
15) 노중국, 앞의 논문, 1996, 169~170쪽.

두 번째는 광개토왕이 392년에 백제에게 크게 승리한 요인을 살펴보고자 한다. 지금까지 392년(백제 진사왕 8년, 광개토왕 즉위년)에 고구려가 백제에 대해 승리한 요인을 백제 내정의 문제와 관련하여 구체적으로 규명한 연구는 없었다. 본장에서는 이 무렵 백제의 내정을 살펴보고, 이것이 392년 고구려와 백제의 전쟁에 어떠한 영향을 미쳤는가를 검토하고자 한다.

Ⅱ. 침류왕대의 주변 국제정세와 고구려의 요동 장악

백제의 침류왕이 재위했던 380년대에 중국지역은 격변을 맞고 있었다. 북중국에 있던 前秦이 383년에 강남의 東晉을 공격하다가 대패하면서 급격하게 쇠퇴하였다.[16] 그 후, 북중국지역에서는 여러 유목민족들이 국가를 건국하였다.

그 중에서도 우리의 관심을 끄는 국가는 고구려와 국경을 접하고 있던 鮮卑族이 세운 後燕이다. 다음의 사료를 보자.

> 1) 孝武帝 太元 9年(384) 봄 正月……丙戌에……(慕容)垂가 榮陽에 이르자 많은 부하들이 굳게 존호에 오를 것을 청하자 모용수는 마침내 晉의 中宗의 故事에 의하여 大將軍·大都督·燕王이라 칭하고 承制하여 업무를 시행하고 統府라 하였다. 여러 부하는 신하라 칭하고 문서와 表文, 奏疏, 관직과 작위를 책봉하고 주는 것이 모두 왕과 같았다.[17]

---

16) 공석구, 「고구려와 모용'연'의 전쟁과 그 의미」『동북아연구논총』 15, 2007, 90쪽.

17) 『資治通鑑』 105, 晉紀 27, 孝武帝 太元 9년(384년). "春 正月……丙戌……(慕容)垂至榮

2) 孝武帝 太元 11년(386) 봄 正月, 戊戌에 拓跋珪가 牛川에서 크게 모아놓
　고 代王의 자리에 오르고 연호를 고쳐서 登國이라 하였다.……燕王(慕
　容)垂가 皇帝의 자리에 올랐다.18)

　1)의 사료에서, 384년 정월에 모용수가 형양에서 대장군·대도독·연
왕이라 칭하고 있다. 새로운 국가인 후연이 북중국 지역에 나타났던
것이다. 2년 후인 386년에는 2)에서 보듯이 탁발규가 우천에서 代王의
자리에 오르고 있다. 같은 시기에 후연의 모용수는 황제가 되고 있다.
　1)과 2)에서 보듯이, 384년에서 386년 사이에 북중국지역에서 유목
민족인 선비족이 세운 강력한 국가인 후연과 북위가 들어서는 변화가
전개되고 있었다.
　모용수가 왕의 자리에 오른 1년 후인 385년(고국양왕 2)에 고구려는
후연과 요동 지배를 놓고 전투를 벌이게 되었다. 북중국지역에 선비족
이 세운 신생국인 후연과 기원전 1세기에 건국된 고구려가 힘을 겨루게
되었던 것이다. 『三國史記』의 다음 기록을 보자.

　고국양왕 2년(385) 6월에 왕은 군사 4만 명을 내어 遼東을 습격했다.
　이보다 먼저 燕王 垂가 帶方王 佐에게 명하여 龍城을 지키게 하였는데
　대방왕 좌는 아군이 요동을 습격한다는 말을 듣고 司馬 郝(학)景을 파견
　하여 군사를 거느리고 이를 구원하게 하였으나, 我軍은 이를 격파하여
　드디어는 遼東, 玄菟를 함락시키고 남녀 1만구를 포로로 하여 가지고

　　陽, 羣下固請上尊號, 垂乃依晉中宗故事, 稱大將軍 大都督 燕王, 承制行事, 謂之統府.
　　羣下稱臣, 文表奏疏, 封拜官爵, 皆如王者."
18) 『資治通鑑』 106, 晉紀 28, 孝武帝 太元 11年(386) "春, 正月, 戊戌, 拓跋珪大會於牛川,
　　卽代王位, 改元登國……燕王垂卽皇帝位."

돌아왔다.

　11월에 燕의 慕容農이 군사를 거느리고 침입하여 요동, 현토의 두 군을 회복했다. 처음에 幽州, 冀州의 流民이 많이 고구려에 來投하므로, 모용농은 范陽의 龐(방)淵을 遼東太守로 삼아 이들을 불러 위로하게 하였다.[19]

　위의 사료에서 보듯이, 고구려는 고국양왕 2년(385) 6월에 4만 명의 군사로 요동과 현토를 함락시켰다. 그러나 같은 해 11월에 고구려는 모용농이 거느린 후연군에게 요동과 현토 두 군을 다시 빼앗겼다.

　이와 같이 385년 무렵에 고구려는 요동과 현토를 놓고 후연과 쟁패를 겨루고 있었다. 이 무렵에 고구려는 남방지역에 있던 백제와의 관계가 어떠했을까.

　이전인 371년에 고구려와 백제는 큰 전투를 치렀다. 고구려 고국원왕 41년(371) 10월에, 백제왕이 군사 3만 명을 거느리고 침입하여 평양성을 공격했다. 고국원왕은 군사를 거느리고 나가서 이를 막다가 적의 화살에 맞아 돌아갔다.[20] 이때의 전투 이후 고구려와 백제는 숙적이 되었다.

　그런데 고구려가 요동을 공격해 차지했을 무렵에 백제의 왕은 침류왕(384~385)이었다. 침류왕대의 중요한 사실로 불교가 공인되었다는 점이다. 침류왕 1년(384) 9월에 胡僧 마라난타가 東晉에서 오자 그를

---

19) 『三國史記』 18, 高句麗本紀 6, 故國壤王 2년. "夏六月 王出兵四萬襲遼東 先是 燕王垂命 帶方王佐 鎭龍城 佐聞我軍襲遼東 遣司馬郝景 將兵救之 我軍擊敗之 遂陷遼東玄菟 虜男女一萬口而還 冬十一月 燕慕容農 將兵來侵 復遼東玄菟二郡 初 幽冀流民多來投 農以范陽龐淵爲遼東太守 招撫之."

20) 『三國史記』 18, 高句麗本紀 6, 故國原王 41년 10월. "四十一年冬十月 百濟王率兵三萬 來攻平壤城 王出師拒之 爲流矢所中 是月二十三日薨 葬于故國之原."

맞아 궁중에 두고 예로서 받드니, 백제에서 불법이 이로부터 시작되었던 것이다.[21]

백제에서 불교가 전래되기 이전의 신앙은 불교와는 이질적인 토착신앙임이 분명하다. 그러므로 불교라는 새로운 종교가 전래되고 또 그것을 옹호하고 신앙하는 세력이 생겨남에 따라, 재래의 토착신앙을 묵수하고자 하는 세력들과의 갈등과 마찰이 일어났을 것이다.[22]

침류왕은『삼국사기』에 의하면 재위 2년에 그치고 있다. 어쩌면 그는 불교의 공인과정에서 빚어진 찬반 양 세력의 갈등 때문에 천명을 다 누리지 못한 것인지도 모른다. 이 점은 그의 사후 태자 아신이 있음에도 불구하고 동생인 진사가 왕위에 오르고 있다는 사실에서 추론이 가능하다.[23]

따라서 침류왕이 재위한 384년부터 385년 무렵까지 불교 공인과 관련하여. 백제의 내정이 혼란스러웠다.

이 틈을 타, 고구려는 요동과 현토를 공격했다. 고구려가 고국양왕 2년(385) 6월에 서북방의 요동과 현토군을 공격한 것은 남방지역에서 백제에 대한 부담이 없는 속에서 이루어진 것이었다고 해석된다.[24] 이때 고구려는 그 군사적인 역량을 서북방에 집중했다.

---

21)『三國史記』24, 百濟本紀 2, 枕流王 即位年 9月. "九月 胡僧 摩羅難陀自晉至 王迎致宮內 禮敬焉 佛法始於此."

22) 노중국,『백제정치사연구』, 일조각, 1988, 115~116쪽.

23) 노중국, 위의 책, 1988, 130쪽. 침류왕은 재위 2년 만에 죽었다. 그의 짧은 재위기간 은 아마도 그가 불교를 공인하는 과정에서 반대세력에 의해 피살된 결과일 가능성이 크다고 한다(노중국, 앞의 논문, 1996, 110~113쪽).

24) 고구려는 백제에서 침류왕이 불교를 공인한 데에 따른 혼란을 알고 있었을까. 불교의 공인은 국가적인 일이었다. 이에 대한 논의로 내정이 불안했다면 고구려 는 이를 파악하고 있었을 것이다. 더 나아가 본다면, 고구려는 적어도 고국원왕의 전사 이후 백제 내에 그들의 정보조직을 어떤 식으로든 침투시켜 백제의 내정을 파악하려 했을 것이다.

고구려의 역량이 서북방에 집중되었다는 점은 병력의 숫자에서도 확인된다. 고국양왕이 거느린 4만 명의 병력이 이를 말해준다. 이전인 소수림왕대에 백제를 공격할 때는 병력의 숫자가 기록되지 않았다. 단지 水谷城이나 백제의 北境, 백제를 쳤다는 식의 기록이 있을 뿐이다.[25]

그러나 고국양왕 2년에 요동, 현토를 칠 때에는 4만 명의 군사라는 숫자가 명기되어 있다. 이 점은 고구려가 대규모 공격을 했음을 말한다.

여기에서 살피고 넘어가야 할 점이 있다. 그것은 고구려와 백제의 관계이다. 고구려와 백제의 전투에서, 371년에 고구려의 고국원왕은 전사했다. 그 이후 두 나라는 숙적이었다. 고구려는 백제가 불교를 공인하는 문제로 혼란스러운 틈을 타, 백제를 공격할 수도 있었다. 그러나 고구려는 요동과 현토를 공격해 차지했다.

이렇게 고구려가 먼저 북방지역을 공격한 것은 다음의 두 가지 사실에서 살펴볼 수 있다. 첫 번째는 북중국에서 전진의 쇠락으로, 고구려는 요동과 현토에 대한 점령이 용이했을 것으로 판단했을 가능성이 있다.[26]

두 번째는 요동지역이 가진 풍부한 철 때문이었다. 『漢書』28, 地理志에는 鹽官과 鐵官을 두었던 平郭縣이 遼東郡에 속해 있다. 이로 보아, 요동군은 염과 철을 충분히 공급할 수 있는 지역이었다. 고구려는 이전인 341년에 요동지역에 진출하기 위해, 평곽에서 前燕과 여러 차례 전투를 했었다.[27] 이처럼 고구려가 요동지역에 진출하고자 한

---

25)『三國史記』18, 고구려본기 6, 小獸林王. "五年……秋七月 攻百濟水谷城 六年冬十一月 侵百濟北鄙 七年冬十月 無雪 雷 民疫 百濟將兵三萬來侵平壤城 十一月 南伐百濟 遣使入苻秦朝貢."

26) 孔錫龜, 앞의 책, 1998, 203쪽.

27) 공석구, 앞의 논문, 2007, 61쪽.

196

것은 이 지방에 있는 평곽현의 鐵場이 생산력과 무력증강에 이바지할
수 있었기 때문이다.[28] 장기적인 관점에서 고구려는 백제에 대한 경제
적·군사적 우위를 확보하기 위해 이 지역에 대한 지배가 절실했던
것이다. 그것이 385년 6월 고구려의 요동에 대한 공격으로 나타났던
것이다.

그렇지만 385년 11월에, 고구려는 후연의 모용농이 이끈 대군에게
요동, 현토의 두 군을 다시 빼앗겼다. 이 점은 고구려의 군사적인
역량이 새로 일어난 후연에게 미치지 못했음을 말한다.

Ⅲ. 진사왕대의 정국과 고구려와의 공방

고구려는 故國壤王 9年(392) 봄에 사신을 신라에 보내어 修好했다.
이때 신라의 내물왕은 조카 實聖을 고구려에 보내어 볼모로 삼았다.[29]
여기에서 修好란 의미가 주목된다. 수호는 나라와 나라가 사이좋게
지내는 것을 의미한다.

이 점은 두 가지 사실을 보여준다. 첫째, 고구려가 신라와 수호하였다
는 것은 남쪽의 백제를 견제하기 위한 포석에서 이루어졌다.

사실 고국원왕의 뒤를 이은 小獸林王代부터 고구려와 백제는 접전을
거듭했다. 고구려는 소수림왕 5년(375)에 백제의 수곡성을 공격하였
다.[30] 이에 백제의 수곡성이 함락되었다. 백제의 近肖古王이 장수를

---

28) 李龍範, 『韓滿交流史硏究』, 同和出版公社, 1989, 125~126쪽 ; 공석구, 위의 논문,
   2007, 61쪽.
29) 『三國史記』18, 高句麗本紀 6, 故國壤王 9年 봄. "九年 春 遣使新羅修好 新羅王遣姪實聖
   爲質."
30) 『三國史記』18, 高句麗本紀 6, 小獸林王 5年 7月.

보내 막았으나, 이기지 못하였다.[31] 다음해인 소수림왕 6년(376)에 다시 고구려는 백제의 북변을 침략하였다.[32]

고구려에 대한 응징으로, 백제의 近仇首王은 재위 3년째 되던 해인 377년 10월에 왕이 친히 군사 3만 명을 거느리고 고구려의 평양성을 공격하였다.[33] 같은 해 11월에 고구려는 남으로 백제를 쳤다.[34] 이때 고구려가 백제를 공격한 것은 백제의 평양성 공격에 대한 반격이었다. 소수림왕대의 백제공략은 큰 성과를 거두지는 못하였지만 계속적으로 추진되었다.[35] 이와 같이 고구려와 백제는 철저하게 대립하고 있었다.

고구려 소수림왕의 뒤를 이은 고국양왕은 신라와의 수호를 통해, 신라를 자국 영향권내로 깊숙이 당겼다. 그것을 기반으로 고구려는 백제에 대한 군사적 압박을 강화할 수 있었다.[36]

두 번째는 신라는 볼모를 보내나, 고구려는 볼모를 보내지 않았다는 점이다. 이것은 고구려가 힘의 우위에 있음을 말한다.[37]

---

31) 『三國史記』 24, 百濟本紀 2, 近肖古王 30년 7月.
32) 『三國史記』 18, 高句麗本紀 6, 小獸林王 6年 10月.
33) 『三國史記』 24, 百濟本紀 2, 近仇首王 3年 10月.
34) 『三國史記』 18, 高句麗本紀 6, 小獸林王 7年 11月.
35) 공석구, 앞의 책, 1998, 202쪽. 『三國史記』에서 소수림왕대의 대외관계를 살펴보면 前秦관계 2회, 百濟관계 3회로 나타나고 있다. 여기서 전진과의 관계는 화친을 목적으로 한 사절 파견기사인데 비하여 백제와의 관계는 모두가 침공기사이다. 이 점에서 소수림왕대의 대외정책을 알 수 있다. 즉 소수림왕은 전진과의 화해를 도모함으로써 서변에서의 국력소모를 줄이고 모든 역량을 백제에 대한 공격에 집중시키려는 의도를 가지고 있었다(공석구, 위의 책, 1998, 201~202쪽).
36) 이도학, 앞의 책, 2006, 100쪽.
37) 장창은, 「신라 눌지왕대 고구려세력의 축출과 그 배경」『한국고대사연구』 33, 2004, 216~217쪽. 내물왕 27년 정월에 고구려에서 신라에 사신을 보냈다. 왕은 고구려가 强盛한 까닭으로 伊湌 大西知의 아들인 實聖을 고구려에 보내어 볼모로 삼았다(『삼국사기』 3, 신라본기 3, 奈勿尼師今). 이로 보아, 현실적으로 신라는 고구려의 강성함을 인정하고 있었다.

198

그런데 고구려와 신라가 수호하기 전인 373년에 신라-백제 간의
관계가 대립관계로 변화를 맞이하는 사건이 있었다. 『三國史記』 신라본
기에는 다음과 같은 내용이 전한다.

백제의 禿山城主가 300명을 이끌고 항복하므로 왕은 이들을 六部에
나누어 살게 했다. 백제왕은 글을 전하여 말하기를 "양국은 和好하여
형제로 약속하였다. 지금 대왕이 우리의 도망간 백성을 들이니, 화친의
의미를 심하게 어그러지게 하는 것이다. 대왕에게 바라는 바가 아닐
것이니 돌려주기를 청한다"고 하였다.

답하여 말하기를 "백성은 常心이 없는 것입니다. 그런 까닭에 생각나
면 오고 마음에 싫으면 가버리기도 하는 것이 진실로 그 할 바입니다.
대왕은 백성의 불안을 근심하지 않고 寡人을 꾸짖으시니 어찌 이리
심하십니까." 백제가 듣고 다시 말하지 않았다.[38]

(『三國史記』 3, 新羅本紀 3, 奈勿尼師今 18年(373))

백제왕은 글에서 "양국은 和好하여 형제로 약속하였다"고 했다. 이
로 보아, 백제와 신라가 화호한 시기는 373년 이전이 분명하다. 그런데
내물왕 11년(366) 3월에 백제인이 來聘하였다. 이어 내물왕 13년(368)
봄에도 백제가 사신을 보내 良馬 2필을 바쳤다.[39]

---

38) 『三國史記』 3, 新羅本紀 3, 奈勿尼師今 18년(373). "十八年 百濟禿山城主 率人三百來
投 王納之 分居六部 百濟王移書曰 兩國和好 約爲兄弟 今大王納我逃民 甚乖和親之意
非所望於大王也 請還之 答曰 民者無常心 故思則來역則去 固其所也 大王不患民之
不安 以責寡人 何其甚乎 百濟聞之 不復言."

39) 『三國史記』 3, 신라본기 3, 奈勿尼師今. "十一年 春三月 百濟人來聘……十三年 春
百濟遣使 進良馬二匹." 백제가 신라에 두 번 사신을 보낸 것은 양국의 화호에
백제가 적극적이었음을 나타낸다. 이에 비해 신라는 백제에 答禮使臣을 파견하지
않았다. 당시 신라는 백제의 화친제의에 소극적인 입장을 취했던 것으로 보인다

여기에서 백제가 사신을 보냈을 때인 366년과 368년이 주목된다. 360년대 중·후반에 백제는 발 빠른 외교활동으로 주변 여러 나라들의 침략 위협을 우려하지 않고 오로지 고구려의 남침에 군사력을 집중시킬 수 있었다. 이 결과 백제는 369년 고구려의 남침을 저지하고 371년 평양성 전투에서 대승을 거두었다.[40]

그런데 奈勿王 18년(373)에 禿山城主가 신라에 항복한 사건에서 보듯이, 형제관계였던 신라−백제는 긴장관계에 들어갔다고 생각된다. 신라에서는 이 사건을 계기로, 고구려와의 외교관계를 모색한 것으로 보여진다.[41]

이와 관련하여 晉 孝武帝 太元 2년(377)의 기록이 주목된다. 이 기사에 따르면, 고구려와 신라 사신이 함께 前秦에 조공하고 있다.[42] 이미 이때에 신라 사신이 고구려에 가서 함께 전진에 조공한 것으로 생각된다.[43]

이로 보아 신라는 고구려의 도움을 받아서 사신을 보냈음이 분명하

고 한다(전덕재, 「4세기 국제관계의 재편과 신라의 대응」『역사와 현실』36, 2000, 84쪽).

40) 전덕재, 위의 논문, 2000, 85쪽.

41) 전덕재, 위의 논문, 2000, 86쪽.

42) 『資治通鑑』104, 晉紀 26, 孝武帝 太元 2年(377). "太元二年春 高句麗新羅西南夷 皆遣使入貢于秦."

43) 공석구, 앞의 책, 1998, 205쪽. 『三國史記』에는 내물왕 26년(381)에 신라가 衛頭를 前秦의 符堅에게 파견하여 방물을 바치고 있음이 기록되어 있다(『三國史記』 신라본기 3, 내물이사금 26년(381). 그리고 중국의 사서인 『太平御覽』에는 부견건 원 18년(382)에 신라가 衛頭를 전진에 사신으로 보낸 기록이 보인다(『태평어람』 781, 사이부 2 동이 2 신라). 『태평어람』의 기록에 나오는 신라 사신 위두는 『三國史記』의 위두와 동일인이며, 부견과 위두의 대화 내용이 두 사서가 동일하다. 따라서 신라는 381년 혹은 382년에 전진의 부견에게 사신을 보낸 것이 분명하다. 이때 신라는 고구려의 도움으로 또 한 번 전진에 사신을 파견하였다(공석구, 앞의 책, 1998, 205쪽 ; 전덕재, 앞의 논문, 2000, 86쪽).

다. 이것은 377년 무렵에 두 나라의 관계가 밀접하였음을 전제하는 것이다. 이를 통해 볼 때, 이 무렵을 전후하여 신라가 백제와 등을 돌리고 고구려와 연결하였음을 유추할 수 있다.[44]

고구려와 신라의 우호관계는 고구려에게는 대 백제 전략에 있어 유리한 고지를 차지하는 계기가 되었다. 반면에 백제로서는 신라와의 失和 때문에 국력이 분산되는 결과를 초래하였다.[45]

이렇게 신라가 백제와 등을 돌리고 고구려와 연결한 이유는 무엇일까? 앞에서 보았듯이, 백제 독산성주의 망명사건을 계기로 신라는 백제와 사이가 벌어졌다. 이를 계기로 신라는 백제-왜-가야세력이 연합하여 자신을 협공하는 상황을 우려했다. 이에 신라는 백제-왜-가야의 연합세력을 견제하기 위해서 고구려와의 연결을 적극 꾀했을 가능성이 높다. 또한 고구려는 신라를 끌어들이면, 백제 공격에 전략적으로 유리한 입장이므로 신라에 접근하였다.[46]

이런 가운데 392년 5월에 고국양왕이 승하했다.[47] 광개토왕은 즉위한 후 2개월만인 392년 7월에 남으로 백제를 쳐서 10성을 차지했다.[48]

고구려가 무려 10개의 백제 성을 빼앗았다는 것은 그 공격이 대규모였음을 말한다. 이를 위해서는 고구려가 백제를 치기 위한 준비기간이 상당한 시간 소요되어야 할 것이다. 그러므로 광개토왕이 즉위한 해에 이루어진 백제의 10개 성을 빼앗기 위한 전쟁 준비는 고국양왕대에

---

44) 전덕재, 위의 논문, 2000, 85~86쪽.
45) 공석구 앞의 책, 1998, 205쪽. 고구려와 신라의 우호 분위기의 성숙은 광개토왕대에 이르러 위력을 발휘하게 된다고 한다(공석구, 위의 책, 1998, 205쪽).
46) 전덕재, 앞의 논문, 2000, 86쪽.
47) 『三國史記』18, 고구려본기 6, 고국양왕 9년 5월(392). "夏五月 王薨 葬於故國壤 號爲故國壤王."
48) 『三國史記』18, 고구려본기 6, 광개토왕 즉위년(392).

이루어졌다고 볼 수 있다.

이전 시기인 고국양양 7년(390) 9월에, 백제는 達率 眞嘉謨를 보내어 고구려의 도곤성을 함락시키고 200인을 사로잡아갔다.[49] 이로 볼 때, 고구려는 도곤성을 함락당한 후 부터 백제에 대해 대대적인 공세를 준비한 듯하다.

한편 고구려는 고국양왕 9년(392) 봄에, 신라의 실성을 볼모로 받아 들여 관계를 공고히 하였다. 고구려와 신라에 있어 볼모를 통한 우호관계 유지는 최초의 일이었다. 이 사실은 고구려의 백제에 대한 대대적인 공격이 있기 전에 있었다. 따라서 고구려는 신라와 볼모관계를 통해 우호관계를 돈독히 하여, 백제 공격에 그 역량을 집중시키려 했다.

그렇다면 고구려의 이러한 백제에 대한 대승은 어떻게 가능했는지 가 궁금해진다. 사실 광개토왕의 부왕인 고국양왕대에 고구려와 백제 는 호각지세를 이루었다. 『삼국사기』는 고국양왕대에 세 번에 걸쳐, 백제와 전투를 했음을 기록하고 있다. 다음의 기록을 보자.

3)- ㉮ 고국양왕 3년(386) 가을 8월에 (고국양)왕이 군사를 내어 남쪽에서 백제를 쳤다(『三國史記』 18, 高句麗本紀 6).

㉯ 진사왕 2년 8월에 고구려가 침범해왔다(『三國史記』 25, 百濟本紀 3).

4)- ㉮ 고국양왕 6년(389) 가을 9월에 백제가 쳐들어와 남쪽 변경 부락을

49) 백제의 達率 眞嘉謨는 고구려의 도곤성을 함락한 뒤 兵官佐平이 되었다(『삼국사기』 25, 백제본기 3, 진사왕). 달솔은 2품이다. 그리고 병관좌평은 군사에 관한 일을 맡았으며, 1품이었다(『삼국사기』 23, 백제본기 1, 고이왕 27년). 도곤성을 함락시킨 공으로, 진관모는 달솔에서 병관좌평으로 승진했다고 보여진다. 그만큼 백제는 고구려의 도곤성을 함락시킨 것을 큰 전과로 보았다고 생각된다.

약탈하여 돌아갔다(『三國史記』18, 高句麗本紀 6).

　　㉯ 진사왕 5년 9월에 왕이 군사를 보내서 고구려의 남변을 침략하였다
(『三國史記』25, 百濟本紀 3).

5)-㉮ 고국양왕 7년(390) 가을 9월 백제가 달솔 진가모를 보내 도압성을
　　공파하고 2백 명을 사로잡아 돌아갔다(『三國史記』18, 高句麗本紀 6).
　　㉯ 진사왕 6년 9월에 왕이 達率 眞嘉謨에게 명하여 고구려를 쳐
　　도곤성을 함락시키고 200명을 노획하였다. 왕이 嘉謨를 兵官佐平으
　　로 삼았다(『三國史記』25, 百濟本紀 3).

　　위의 세 기사는 고구려가 백제와 국경선에서 치열한 싸움을 벌였음
을 보여준다. 3)의 고구려에 의한 백제 침입 기사와 비교해 볼 때
4)와 5)에 기록된 백제의 고구려 침입기사는 구체적인 성과까지 나와
있어 백제의 공격이 더 우세했음을 알 수 있다.[50)]
　　그러나 이때까지는 어느 한 쪽이 압도적으로 우세하다고 말할 수는
없다. 그것은 백제가 고구려의 도압성 하나만을 공취한 것에서도 알

---

50) 강선, 앞의 논문, 2002, 155~156쪽. 고구려는 故國壤王代에 백제에 대해 1회를
　　공격했으나, 백제는 2회에 걸쳐 고구려를 공격하고 있다. 백제가 보다 강력하게
　　고구려를 공격하고 있다. 이와 같은 상황은 고구려가 요동지방 진출에 관심을
　　쏟게 되자 백제지역에 대한 방비가 소홀해졌고, 이를 틈탄 백제의 공격이라고
　　한다(공석구, 앞의 책, 1998, 204~205쪽). 그런데 고구려는 고국양왕 2년(385)
　　6월에 4만 명의 병력으로 요동과 현토를 함락시켰다. 이어 11월에 다시 후연의
　　모용농이 요동현토 두 군을 빼앗았다(『삼국사기』18, 고구려본기 6, 고국양왕
　　2년(385). 『삼국사기』에는 고국양왕 2년 11월 이후부터 9년까지, 고구려가 다시
　　요동지역으로 진출하려 한 기록이 없다. 이로 보아 고구려는 고국양왕 2년
　　11월 이후부터 9년까지 후연의 군사적 우세를 인정하고 요동지역에 대한 진출을
　　시도하지는 않았다고 보인다.

수 있다. 광개토왕이 즉위한 392년 7월에는 고구려가 백제의 10개 성을 빼앗고 10월에 요새인 관미성을 함락시켰다.[51] 고구려가 압도적 인 우세를 지닌 상황이 되었던 것이다.

고구려가 이렇게 압도적으로 우세할 수 있었던 배경은 무엇이었을 까. 이와 관련하여 주목되는 것이 백제의 정치적 상황이다. 다음의 사료를 보자.

6) 辰斯王은 近仇首王의 둘째 아들이요 침류왕의 동생이다. 사람됨이 强勇하고 聰惠하며 智略이 많았다. 침류왕이 죽자 태자가 어린 까닭 에 숙부인 진사가 왕위에 올랐다.[52]

7) 백제의 枕流王이 죽자 왕자인 阿花가 나이가 어렸다. 叔父 辰斯가 왕위를 찬탈하였다.[53]

6)에서 태자는 진사왕의 뒤를 이어 왕이 된 아신왕이었다. 그는 枕流王의 元子였다.[54] 6)의 사료에서 태자가 어렸기 때문에 숙부인 진사가 왕위에 올랐다고 하였다. 그러나 7)의 『일본서기』 기록에는 왕자 阿花[55]가 나이가 어려 숙부인 진사가 왕위를 빼앗았다고 하였다.

---

51) 『삼국사기』 18, 고구려본기 6.
52) 『삼국사기』 25, 백제본기 3, 辰斯王 卽位年. "近仇首王之仲子 枕流王之弟 爲人强勇聰 慧多智略 枕流之薨也 太子少 故叔父辰斯卽位."
53) 『日本書紀』 9, 神功紀 65년. "百濟枕流王薨 王子阿花年少 叔父辰斯奪立爲王."
54) 『삼국사기』 25, 백제본기 3 아신왕 즉위년. "阿莘王 或云阿芳 枕流王之元子." 아신왕은 『삼국사기』의 진사왕 즉위년에는 태자로 기술되었다. 한편 같은 기록 의 아신왕 즉위년에는 침류왕의 원자로 되어 있다. 그런데 太子는 天子를 계승할 아들이라는 뜻이다. 元子는 天子의 嫡長子이다(민중서림, 『漢韓大字典』, 2009). 太子와 元子라는 용어로 보아, 침류왕을 계승할 사람은 아신왕이었을 것이다.

204

진사는 아신을 밀어내고 즉위하였던 것이다.[56]

진사왕이 재위한 기간 동안에 그의 정치적 행보는 어떠했을까. 진사왕은 즉위한 다음 해(386)에 國內의 15세 이상 사람을 징발하여 關防을 설치했다. 그것은 靑木嶺에서 북으로 八坤城에, 서로는 바다에 이르렀다.[57] 이러한 관방 설치는 고구려의 공격에 대비한 것이었다.[58] 이어 진사왕 5년(389) 9월에, 병력을 보내 고구려의 남변을 쳤다. 동왕 6년 9월에는 달솔 진가모에게 명령하여 고구려를 쳐 도곤성을 함락시켰다.[59] 도곤성 함락은 침류왕, 진사왕과 후대인 아신왕을 통해 볼 때,

---

55) 『일본서기』에는 阿莘王이 阿花로 되어 있다. 그런데 『삼국사기』에는 阿莘王을 혹은 阿芳이라고도 한다고 했다. 그러면 阿花와 阿芳이 통한다고 한다(이병도, 『국역삼국사기』, 1989, 381쪽).
　　　진사왕은 아신이 연소하다는 이유만으로 왕위를 찬탈할 수 없었을 것이다. 진사왕이 즉위하기 이전까지 백제는 고구려와 격렬한 대립을 하고 있었다. 진사왕의 아버지인 近仇首王 2년(376) 11월에 고구려가 백제의 북변을 침입하였다. 백제는 근구수왕 3년 10월에 왕이 군사 3만 명을 거느리고 고구려의 평양성을 침공했다. 고구려는 이에 대한 반격으로 이 해 11월에 백제를 침입했다(삼국사기 24, 백제본기 2, 근구수왕) 이런 상황을 몸소 겪은 진사왕은 고구려를 누구보다도 의식하고 있었던 인물로 이해된다. 진사왕은 어린 아신으로는 고구려와의 전쟁에 대비할 수 없다는 논리로 왕족과 귀족들을 설득하고 회유하여, 태자 아신의 계승권을 빼앗았을 것이다. 이 점은 진사왕이 즉위한 후 6년까지 고구려의 공격에 대비해 관방을 설치하고, 고구려를 공격한 점에서 이해할 수 있다.
56) 노중국, 「백제의 정치」 『백제의 역사와 문화』, 학연문화사, 1996, 110쪽. 진사가 규합한 세력은 그의 즉위 후에 이루어졌던 관직임명을 통해 알 수 있다. 진사왕 3년에 達率로 임명된 眞嘉謨와 恩率로 임명된 豆知가 그들이다. 진가모는 진사왕 6년에는 도곤성을 함락시켜 다시 병관좌평에 임명되고 있다(『삼국사기』 25, 백제본기 3, 진사왕). 이로 보아 진가모와 두지는 진사왕의 왕위계승에 참여한 귀족세력의 중심인물이라고 한다(최윤섭, 앞의 논문, 2006).
57) 『삼국사기』 25, 백제본기 3, 진사왕 2년 봄. "春 發國內人年十五歲已上 設關防 自靑木嶺 北距八坤城 西至於海."
58) 서영일, 앞의 논문, 2006, 51~52쪽.
59) 『삼국사기』 25, 백제본기 3, 진사왕. "五年 秋九月 王遣兵侵掠高句麗南鄙 六年 ……九月 王命達率眞嘉謨伐高句麗 拔都坤城 虜得二百人."

백제가 유일하게 고구려의 영토를 빼앗은 사건이었다.

주목되는 것은 이러한 진사왕의 고구려에 대한 능동적인 대처가 변하고 있다는 점이다. 진사왕 7년(391) 정월에, 왕은 宮室을 중수하고 못을 파고 산을 만들어서 기이한 짐승과 이상한 풀과 나무를 기르는[60] 등 종래의 모습과 다른 면모를 보이고 있다.

궁실을 중수했다는 점을 보자. 궁실 중수는 왕권을 과시하기 위해 이루어졌을 것이다. 앞에서 보았듯이, 아신은 연소하여 태자였으나 왕이 되지 못하고 진사가 왕이 되었다. 진사왕의 궁궐 중수를 통한 왕권과시는 장성하고 있는 아신측을 겨냥하여 이루어졌을 가능성이 높다. 문제는 궁실을 중수하고 못을 파고 산을 만드는 행위가 가져올 파장이다.

그것은 진사왕대와 유사한 상황이 나타난 후대인 蓋鹵王代(455~475)의 사실로 알 수 있다. 다음의 사료를 보자.

> 개로왕 21년 9월에 고구려왕 巨璉(장수왕)이 군사 3만 명을 거느리고 와서 왕도 漢城을 포위하였다. 왕은 城門을 닫고 나가 싸우지 못하였다. ......
>
> 왕은 窮迫하여 어찌할 바를 몰라 數 10騎를 거느리고 門을 나서 西쪽으로 달아났다. 고구려인이 쫓아가 살해했다.
>
> 이에 앞서 고구려 長壽王이 몰래 백제를 도모하려 하여 간첩으로 갈 수 있는 자를 구하였다. 이때에 僧 道琳이 응모하여 말하기를 "愚僧이 아직 道를 알지 못하였으므로 (돌이켜) 나라의 은혜에 보답하고자 생각합니다. 원하옵건대 대왕은 신을 어리석다 하지 마시고 쓰시면 반드시

---

60)『三國史記』 25, 辰斯王. "七年 春 正月 重修宮室 穿池造山 以養奇禽異卉."

왕명을 욕되게 하지 않겠습니다."라고 하였다. 왕이 기뻐하여 비밀리에 보내어 백제를 속이게 하였다.……(백제의) (개로)왕이 말하기를, "옳다. 내가 그렇게 하리라"하고 이에 나라 사람을 징발하여 흙을 쪄서 성을 쌓고 안에는 宮室·樓閣·臺榭 등을 지었는데, 모두가 장려하였다. 또 욱리하에서 큰 돌을 캐다가 곽을 만들어 부왕의 뼈를 장하고 강 연변에 따라 둑을 쌓되 사성 동쪽에서 시작하여 숭산북에까지 이르렀다. 이로 인하여 창름이 비고 인민이 곤궁하니 나라의 위태로움이 알을 쌓아 놓음보다 더하였다.[61]

위의 사료에서 보듯이, 개로왕이 행한 宮室·樓閣·臺榭 등을 짓는 공사와 둑을 쌓는 것은 심각한 결과를 낳았다. 그것은 창름이 비고 인민이 곤궁하여 나라의 위태로움이 알을 쌓아 놓음보다 더한 결과로 나타났다. 이렇게 되면, 민심의 이반이 필연적으로 일어날 것이다.

진사왕대에 행해진 일련의 공사 역시 창름이 비고 인민이 곤궁한 결과를 낳았으리라는 것은 개로왕대의 상황으로 유추할 수 있다.

또한 진사왕이 궁실을 중수하고 못을 파고 산을 만들기 위해서는 백성들의 요역이 동원되어야 한다. 결국 진사왕대에도 민심의 이반이 있어났을 것이다.

진사왕이 벌인 행위는 그의 정치적 입지를 좁게 만드는 결과를

---

61) 『三國史記』 25, 百濟本紀 3. "蓋鹵王 二十一年 秋九月 麗王巨璉(長壽王)帥兵三萬來圍王都漢城 王閉城門 不能出戰.……王窘不知所圖 領數十騎 出門西走 麗人追以害之 先是 高句麗長壽王 陰謀百濟 求可以間諜於彼者 時浮屠道琳應募曰 愚僧旣不能知道 思有以報國恩 願大王不以臣不肖 指使之 期不辱命 王悅密使諜百濟…… (百濟) (蓋鹵)王曰諾 吾將爲之 於是盡發國人 蒸土築城 卽於其內作 宮室樓閣臺榭 無不壯麗 又取大石於郁里河 作槨以葬父骨 緣河樹堰 自蛇城之東 至崇山之北 是以倉庾虛竭 人民窮困 邦之隍杌甚於累卵."

가져왔다고 보여진다. 진사왕에 대한 백제인들의 민심 이반은 적법한
왕위계승자였던 아신의 정치적 위상을 끌어올렸을 것이다.

더욱이 진사왕 7년 4월에, 말갈이 백제 북변의 적현성을 쳐서 함락시
켰다.[62] 적현성 함락은 민심의 이반이 일어나는 가운데, 진사왕의 권위
에 타격을 주었을 것이다.

이러한 상황에서 같은 해인 진사왕 7년 7월과 8월에, 왕은 두 번에
걸쳐 사냥을 했다.[63] 다음의 사료를 보자.

8) 진사왕 7년 7월에 나라 서쪽의 큰 섬에서 사냥하였는데 왕이 친히
   사슴을 쏘았다.[64]

9) 진사왕 7년 8월에 또 橫岳의 서쪽에서 사냥을 하였다.[65]

위의 사료는 진사왕이 사냥을 하였다는 기사이다. 왕은 한 해에
두 달에 걸쳐, 두 번의 사냥을 했다. 이전 왕인 近仇首王·枕流王代와
이후 왕인 阿莘王代에는 이런 예가 없다. 그러므로 진사왕의 연이은
사냥은 이례적인 일이다.

그런데 백제는 전쟁수행이라는 측면에서 전렵(사냥)을 이용했다.
이 점은 "온조왕 26년 10월에 왕이 군대를 출동시켜 겉으로는 전렵을
한다고 말하고는 몰래 마한을 습격하여 드디어 그 국읍을 병탄하였
다"[66]는 기사에 잘 나타난다. 그러므로 국왕의 전렵은 전투를 위한

---

62) 『三國史記』 25, 辰斯王 7年 夏 4月. "夏四月 靺鞨攻陷北鄙赤峴城."
63) 연소한 이유로 왕위에 오르지 못한 아신은 장성함에 따라, 진사왕의 정치적
    입지를 불안하게 하였을 것이다.
64) 『삼국사기』 25, 백제본기 3. "秋七月 獵國西大島 王親射鹿."
65) 『삼국사기』 25, 백제본기 3. "八月 又獵橫岳之西."

군사훈련과 결부지어 해석하는 것이 가능하다.[67]

그렇지만 진사왕의 사냥은 고구려와의 전쟁에 대비한 군사훈련이었다고 볼 수 없다. 왜냐하면 이듬해인 진사왕 8년에 백제는 고구려에게 일방적으로 밀리고 있기 때문이다.[68] 백제의 일방적 패배로 보아, 진사왕의 두 번에 걸친 사냥은 고구려에 대비한 군사훈련이 아니었다. 그것은 왕위계승에서 라이벌의 위치에 있었던 아신측에 대한 왕권과시로 이루어졌다고 파악된다. 이 점은 왕권을 과시해야 할 만큼, 진사왕의 왕권이 불안하고 아신측의 세력이 만만치 않았음을 보여준다.

진사왕 7년 무렵에, 진사와 아신이 대립함에 따라 백제의 내정은 불안해졌다. 그런데 아신은 비범한 인물이었다. 이 점을 알 수 있는 것이 다음의 기록이다.

> 阿莘王(혹은 阿芳이라고도 한다)은 枕流王의 元子이다. 처음 漢城 別宮에서 태어날 때 신령한 빛이 밤을 비추었다. 長成함에 이르자 의지와 기개가 호기롭고 뛰어났으며 매 사냥과 말 타기를 좋아했다. 왕이 돌아갈 때에 나이가 어렸다. 그런 까닭에 叔父인 辰斯가 자리를 이었다. 8년에 (진사왕이) 돌아가자 즉위했다.[69]

아신왕이 가진 자질은 사람들을 끌어들이기에 충분하다. 그가 출생할 때 나타났다는 신령한 빛은 진사왕이 가지지 못한 요소이다. 신령한

---

66) 『三國史記』 23, 백제본기 1, 온조왕 26년 10월. "冬十月 王出師陽言田獵 潛襲馬韓 遂幷其民邑."

67) 이도학, 『백제고대국가연구』, 일지사, 1995, 290쪽.

68) 백제의 일방적 패배에 대해서는 후술하고자 한다.

69) 『三國史記』 25, 百濟本紀 3, 阿莘王 卽位年. "阿莘王(或云 阿芳) 枕流王之元子 初生於漢城別宮 神光炤夜 及壯志氣豪邁 好鷹馬 王薨時年少 故叔父辰斯繼位 八年薨 卽位."

빛은 왕위계승에서의 적통과 관련지어 볼 수 있다.

다음으로 아신왕은 의지와 기개가 호기롭고 뛰어났다고 한다. 이런 자질은 사람들을 끌어들이게 마련이다. 아신은 매사냥과 말타기를 통해 사람들과 친교를 도모하며 그의 세력을 형성해 나가고 있었을 것이다.

결국 진사왕 7년 무렵에 백제의 정국은 변화하고 있었다. 진사왕과 아신측의 긴장관계가 전개되고 있었던 것이다. 진사왕과 아신의 긴장 관계 속에서, 진사왕 8년(392 : 광개토왕 즉위년)에 이르러 백제는 고구려의 반격으로 수세에 몰리게 된다. 다음의 사료를 보자.

진사왕 8년……가을 7월에 고구려 왕 談德이 군사 4만 명을 거느리고 북쪽 변경을 침입해 石峴 等 10餘 城을 함락시켰다. 왕은 담덕이 用兵에 능하다는 말을 듣고 나가 拒戰하지 못하니 漢水 북쪽의 여러 部落들이 많이 함락되었다. 겨울 10월에 고구려가 關彌城을 쳐서 함락시켰다. 왕은 狗原으로 사냥을 가서 10일이 지나도 돌아오지 않았다. 11월에 狗原行宮에서 돌아갔다(『三國史記』 25, 百濟本紀 3, 辰斯王 8年).

위의 기록을 보면 백제가 진사왕 8년(392) 7월에 고구려에게 석현 등 10여 성을 빼앗겼음을 알 수 있다. 이 전투에서 고구려는 漢水 북쪽의 여러 백제 부락을 차지하게 되었고, 백제는 감히 이에 맞서지 못했다.[70]

---

70) 『삼국사기』의 部落은 광개토왕릉비문의 村을 말하는 것 같다. 여기에서 '漢水北' 은 한강이북 지역으로 오인될 여지가 있다. 그렇지만 石峴城과 關彌城의 위치를 비정하면, 이때 공략한 지역을 대략적으로 추론할 수 있다. 석현성은 개성 서북방 에 있으며, 관미성은 예성강 하구에 위치한다고 한다. 이로 보아 한수 북쪽의 부락은 임진강 유역에 위치했다고 한다(서영일, 앞의 논문, 2006, 51~53쪽).

또한 진사왕 8년(392) 10월에 고구려가 함락시킨 관미성은 백제 북변의 要塞地였다.[71] 그러므로 관미성 함락은 쉽지 않았다. 관미성은 네 면이 가파르고 바닷물로 둘려 있었다. 이에 광개토왕이 군사를 7道로 나누어 공격하여 20일 만에 함락시켰다.[72]

광개토왕이 7도로 군사를 나누어 관미성을 공격했다는 것은 그만큼 백제에서 관미성을 요새로 만들어 수비했음을 말한다. 백제의 전략적 요충지인 관미성이 진사왕 8년(392) 10월에 고구려에게 함락됨으로써, 백제는 수도인 漢城의 안위에 중대한 위협이 따르게 되었다.[73]

고구려의 대공세에 백제의 진사왕은 속수무책이었다. 이러한 상황은 진사왕이 가진 특성을 생각해 보면 잘 이해가 되지 않는다. 진사왕은 굳세고 용감하며, 총명하고 슬기로웠다. 거기다가 진사왕은 지모와 才略까지 많았다.[74]

이런 자질을 가진 그가 광개토왕이 용병이 능하다는 이유로 나가서 拒戰하지 못했다는 것은 석연치 않다. 더욱이 광개토왕은 즉위한 후 처음의 출전이었다. 그가 왕으로서 전투를 지휘한 경험은 일천하였던 것이다.

진사왕은 關彌城이 함락된 시기에 이에 대한 대처는 하지 못한 채, 구원으로 갔다. 사료에서 보듯이, 구원에는 行宮이 있었다. 임금이 거동할 때에 머물거나 묵는 별궁인 행궁에서 그는 사냥을 했다. 고구려

---

71) 『삼국사기』 25, 백제본기 3, 아신왕 2년 가을 팔월(393). "秋八月 王謂武曰 關彌城者 我北鄙之襟要也 今爲高句麗所有 此寡人之所痛惜 而卿之所宜用心而雪恥也" 關彌城 은 『廣開土王陵碑』의 永樂6년(396) 기사 중에 보이는 閣彌城과 동일한 명칭으로 보여진다고 한다(공석구, 위의 책, 1998, 211쪽).

72) 『삼국사기』 18, 고구려본기 6, 광개토왕 1년.

73) 신형식, 『백제사』, 이화여자대학교 출판부, 1992, 158~159쪽.

74) 『삼국사기』 25, 백제본기 3, 진사왕 즉위년.

보론1 : 백제 枕流王·辰斯王代의 정국과 고구려의 동향   211

의 침입으로 큰 피해를 보는 중에 사냥을 한 것은 피난을 한 것이었다.[75]

고구려에 대한 어떤 대처도 하지 못한 채, 자신의 행궁에서 사냥을 하는 진사왕의 행동은 자포자기적인 모습을 보여준다. 그리고 진사왕은 8년 11월에 구원행궁에서 돌아갔다.

진사왕의 죽음에 대해 『삼국사기』에는 구원 행궁에서 전렵을 하다가 죽은 것으로 되어 있다. 그렇지만 『일본서기』에는 百濟國이 진사왕을 죽였다고 기록되어 있다.[76]

여기에서 백제국이라는 서술이 주목된다. 백제국의 권력은 진사왕과 귀족들, 그리고 아신측이 가지고 있었다. 귀족들과 아신측의 세력이 진사왕을 권력에서 축출한 것을, 백제국이 진사왕을 죽였다는 것으로 해석할 수 있다.[77] 아마도 그는 아신이 중심이 된 반대세력들에 의해 구원행궁에서 피살되었을 가능성이 크다.[78] 그렇다면 무엇 때문에 진사왕은 고구려의 공격에 대해 나가 싸우지 못했을까.

진사왕은 담덕(광개토왕)이 용병에 능하다는 말을 듣고 나가 막지

---

75) 申瀅植, 『三國史記研究』, 一潮閣, 1981, 183쪽.

76) 『日本書紀』10, 應神紀 3年. 『일본서기』10, 응신기 3년의 반설화적 기사에 의하면 진사왕은 피살된 것으로 되어 있다. 이 사료를 보자. "是歲 百濟辰斯王立之 失禮於貴國天皇 故遣紀角宿禰 羽田矢代宿禰 石川宿禰 木菟宿禰 嘖讓其無禮狀 由是百濟國殺辰斯王以謝之 紀角宿禰等便立阿花爲王而歸." 이 기사의 '失禮於貴國天皇'이라고 한 문구 자체가 우스운 말이다. 또 紀角宿禰 等이 그 無禮함을 나무라자 국인이 진사왕을 죽이고 사과하였다는 것도 믿을 수 없다고 한다(이병도, 『국역 삼국사기』하, 을유문화사, 1983, 49쪽).

77) 최윤섭, 앞의 논문, 2006.

78) 노중국, 앞의 논문, 1996, 111쪽 아신이 진사왕을 죽이고 왕이 되는 데는 장인인 眞武세력과 木氏세력이 중심적인 역할을 하였던 것 같다(노중국, 위의 논문, 1996, 111쪽). 진사왕은 구원에서 사냥하다가 그곳 행궁에서 (갑자기) 돌아갔다. 이로 보아, 진사왕은 어떤 사고로 非命에 돌아갔던 것이 아닐까 추찰된다고 한다(이병도, 앞의 책, 1983, 49쪽).

212

못했다고 한다. 이 점은 굳세고 용감했다는 진사왕의 개성을 파악하면 의심스럽다. 이로 보아 진사왕이 보인 고구려에 대한 소극적인 행동은 광개토왕이 아니라, 아신측을 의식했기 때문으로 보인다.

적법한 계승자인 아신이 한성에 있는 상황에서 진사왕이 전선에 나간다면 어떻게 될까? 아신은 志氣가 뛰어났을 뿐 아니라 매 사냥과 말타기를 통해 사람들을 자기 세력으로 끌어들이고 있었다. 쿠데타의 가능성이 높아지는 것이다. 더욱이 진사왕은 391년 정월에 궁궐을 중수하고 못을 파고 산을 만들며 백성들을 동원해 민심을 잃고 있었다. 이 점들이 바로 진사왕이 광개토왕에 대항해 싸우지 못한 중요한 요인 이었던 것이다.

문제는 고구려가 이러한 백제 왕실의 분열을 알았느냐이다. 앞에서 보았듯이,『일본서기』9, 神功紀 65년조에는 백제 침류왕이 돌아가자 왕자 阿花가 年少하여 숙부 진사가 찬탈하여 왕이 되었다는 기록이 있다. 이 사실은 대외비로 할 만한 내용이 아니다. 공공연하게 알려졌으 므로『일본서기』에 기록되었을 것이다. 그러므로 고구려는 백제의 왕위교체상의 문제와 불화를 알고 있었다고 보인다.

고구려는 백제 왕실의 분열을 파악하고 392년 두 번에 걸친 백제에 대한 공격을 성공시켰다고 해석된다.

Ⅳ. 맺음말

지금까지의 내용을 정리하면 다음과 같다. 고구려는 고국양왕 2년 (385) 6월에 4만 명의 군사로 요동과 현토를 차지했다. 이 무렵에 고구 려의 숙적인 백제는 내정이 혼란스러웠다. 침류왕이 재위한 384~385

년에 백제는 불교를 공인하는 데 있어 찬·반 양 세력의 갈등이 있었던 것이다.

고구려는 백제의 내정이 불안해진 것을 기회로, 서북방인 요동과 현토로 진출하고자 했다. 고구려는 남쪽에서 백제가 공격할 수 없으리라는 판단하에, 요동과 현토를 공격했던 것이다.

여기에서 살피고 넘어가야 할 점이 있다. 그것은 고구려와 백제의 관계이다. 고구려와 백제는 371년 고구려 고국원왕의 전사 이후 숙적이 되었다. 고구려는 백제가 불교 공인을 계기로 혼란스러운 틈을 타, 백제를 공격할 수도 있었다. 그 대신 고구려는 요동과 현토를 공격해 차지했다.

이렇게 고구려가 먼저 이 지역을 공격한 것은 북중국에서 전진의 쇠락으로, 요동과 현토에 대한 점령이 용이했을 것으로 판단했기 때문이다.

다음으로 들 수 있는 것은 요동지역이 가진 풍부한 철 때문이었다. 고구려가 이 지역에 진출하고자 한 것은 이 지방에 있는 평곽현의 鐵場이 생산력과 무력증강에 이바지할 수 있었기 때문이다. 장기적으로 볼 때, 고구려는 백제에 대한 경제적, 군사적 우위를 확보함에 있어 이 지역에 대한 지배가 필요했던 것이다.

그렇지만 385년 11월에, 고구려는 후연의 모용농이 이끈 대군에게 요동, 현토의 두 군을 다시 빼앗겼다. 이 점은 고구려의 군사적인 역량이 새로 일어난 후연에게 미치지 못했음을 말한다.

한편 고구려는 고국양왕 9년(392) 봄에, 신라의 왕족인 실성을 인질로 받아들여 관계를 밀접하게 했다. 곧이어 광개토왕은 즉위년(392) 7월에, 남쪽으로 백제에 대한 대대적인 공격을 단행해, 10개의 성을 빼앗았다. 이로 보아 고구려는 백제에 대한 공격에 앞서 실성을 인질로 삼아, 신라와의 우호관계를 돈독히 하려 했다. 그 결과 고구려는 백제에 대한 공격에 그 역량을 집중할 수 있었다.

침류왕의 뒤를 이어 태자인 아신이 즉위하지 못하고, 진사왕이 즉위했다(385). 진사왕은 아신이 어리다는 이유로 왕위를 찬탈했다.

진사왕은 즉위한 이듬해에 고구려에 대한 방어를 위해 關防을 설치하고, 6년에 고구려의 도곤(압)성을 함락시켰다. 이렇게 적극적으로 고구려에 대한 정책을 펼쳤던 진사왕은 7년(391) 정월에 궁실을 중수했다. 그리고 그는 못을 파고 산을 만들어서 이상한 짐승과 화초를 길렀다. 이러한 행위를 위해 백성들은 과중한 요역을 제공해야만 했다. 진사왕의 행위는 민심의 이반을 불러왔다.

더욱이 진사왕이 즉위할 때에 어렸던 아신은 진사왕 7년 무렵에는 이미 자신의 지원세력을 가질 만큼 성장했다. 이 점은 진사왕 7년에 두 번에 걸쳐 이루어진 왕의 사냥이 잘 말해준다. 진사왕의 사냥은 왕권을 견제하고 있는 아신을 의식해 이루어졌던 것이다. 이 점은 왕권이 동요되고 있다는 점을 잘 보여준다.

이듬해인 진사왕 8년(392), 고구려 군대의 공격에 백제는 10여 성이 함락되고 전략적 요충지인 관미성마저 빼앗겼다. 그럼에도 진사왕은 고구려의 공격에 속수무책이었다. 이 점은 진사왕이 민심의 이반과 아신측의 반란 기도를 의식해, 고구려의 공격에 제대로 대응하지 못했음을 말한다.

이러한 사실은 역사가 오늘날의 우리들에게 가르쳐주는 커다란 교훈이다. 결국 고구려는 진사왕과 정치적 라이벌로 왕권을 견제하던 아신의 분열을 이용해 백제에 대한 공격을 성공시켰다.

신라 瑞鳳塚의 銀盒 연대와 그 築造時期에 대한 신 검토
─역사적 맥락과 관련하여─

Ⅰ. 머리말

瑞鳳塚은 1926년 9월에 경주의 路西里에서 발굴되었다. 이에 앞서 金冠塚과 金鈴塚에서 金冠이 발견되었다. 그 뒤에 세 번째로 서봉총에서 純金冠을 비롯하여 풍부한 유물이 출토되었다.[1]

정식 보고서의 未刊으로, 정확한 내용은 알 수 없어, 이 고분에 관한 몇 개의 자료를 참고하여 판단할 수밖에 없다. 발굴 전 이 고분의 형상은 주위의 건축물에 의하여 원형을 잃고 남북장경 약 51.6m, 동서 단경 약 34.5m, 높이 약 6.9m의 남북으로 긴 봉분이 남아 있었다고 한다. 이것이 북분으로, 당시 스웨덴(瑞典)의 구스타브(Gustav) 황태자가 참관하였고, 출토된 금관의 중앙 테에 오려붙인 3마리 鳳凰 때문에 서봉총이라 명명하였다.

---

1) 李弘稙, 「延壽在銘 新羅 銀盒杅에 대한 一·二의 考察」, 『韓國古代史의 研究』, 新丘文化社, 1971, 459쪽. 서봉총에 관한 발굴경위는 이홍직, 위의 책, 1971을 참조할 것.

그런데 서봉총의 남단 일부를 파괴하고 축조된 또 하나의 적석부가 있었다. 이것은 남분으로 1929년에 발굴되었으며, 발굴자금을 댄 데이비드(P. David)의 이름을 따 데이비드총이라 명명하였다.

그러므로 서봉총은 2개의 봉분이 남북으로 붙어 있던 瓢形墓 가운데, 북분을 말한다. 北墳인 瑞鳳塚의 외호석과 南墳 적석부와의 관계로 미루어 보아, 北墳이 먼저 축조되고 南墳이 뒤에 추가된 것이 분명하다.

서봉총에서 출토된 중요유물은 銀盒, 羊頭形의 注口가 붙은 靑銅鐎斗, 金銅釦로 장식된 漆塗角瓶, 유리杯 3개, 구연부에 朱色의 火焰形連續文이 있고 把手 부분 전면에 半開의 蓮花紋이 그려진 漆匙, 內帽形帶 上端에 3首의 鳳凰이 붙여진 金冠, 유리製 팔찌, 主環이 格子狀으로 透刻된 太環式 耳飾 등이 있다.[2]

본장에서는 서봉총에서 출토된 銀盒의 명문에 주목하고자 한다. 은합의 盒蓋內面과 盒身의 外底에 延壽라는 연호와 辛卯라는 年干支 등이 새겨져 있다. 그런데 연수가 몇 년이라는 데 대해서는 학계에서 첨예하게 의견이 나뉘어져 있다.

여기서는 이 은합의 제작연대에 대한 여러 견해들을 살펴보고, 역사적 맥락에서 그 제작연대를 살피고자 한다. 이와 관련하여, 『三國史記』의 故國壤王 8年(391) 3月에 "왕이 하교하여 불교를 숭신하여 복을 구하게 하고 有司에게 명하여 國社를 세우고 宗廟를 수리하게 하였다"는 구절이 주목된다. 본장에서는 이러한 국가적인 행사와 은합을 연관시켜 살펴보고자 한다.

다음으로 서봉총의 축조연대를 검토해 보고자 한다. 본장에서는

---

2) 小泉顯夫,「慶州瑞鳳塚の發掘」『史學雜誌』38-1. 1927 ; 崔秉鉉,『新羅古墳研究』, 一志社, 1992, 167~168쪽, 347~350쪽 ; 朴光烈,「新羅 瑞鳳塚과 壺衧塚의 絶對年代 考」『韓國考古學報』41, 1999.

서봉총의 축조연대인 辛卯年의 해당연도에 있는 (1) 391년, (2) 451년, (3) 511년 무렵의 고구려와 신라의 관계를 통해, 이 고분의 축조연대를 살펴보려 한다.

여기에서 중점을 두어야 할 사실은, 고구려와 신라가 우호적이며 종속관계에 있을 때 은합이 묻혔을 것이라는 점이다. 왜냐하면 고구려의 연수라는 연호가 새겨진 은합이 신라의 왕릉급 무덤에 묻혔다는 점은, 신라가 고구려의 연호를 인정하고 있었음을 말하기 때문이다.

본장에서는 이 점에 착안점을 두고 은합의 제작연도와 서봉총의 축조시기를 검토할 것이다.

Ⅱ. 은합의 연대에 대한 견해와 분석
－故國壤王 8年의 기사와 관련하여－

우선 서봉총에서 발견된 銀盒에 새겨진 銘文을 검토해 보자.[3]

  1) 銀盒蓋內面 : 『延壽元年太歲在卯三月中
      太王敬(또는 敎)造合杅用三斤六兩』
  2) 銀盒外底面 : 『延壽元年太歲在辛三月中
      太王敬(또는 敎)造合杅用三斤六兩』

위에서 보듯이, 銀盒의 蓋內面과 外底面에 명문이 새겨져 있다. 이

---

3) 銀盒의 銘文은 다음을 참고로 하였다. 濱田耕作, 「新羅の寶冠」 『寶雲』 2, 1935 ; 『考古學研究』, 1939, 354~355쪽 ; 李弘稙, 앞의 책, 1971, 462~464쪽 ; 崔秉鉉, 앞의 책, 1992, 348~349쪽 ; 朴光烈, 앞의 논문, 1999, 78~79쪽.

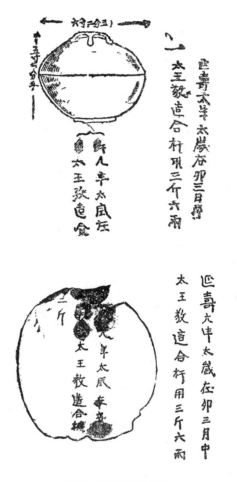

瑞鳳塚 出土의 銀盒 銘文
(左: 外底 右: 蓋內 / 上: 濱田耕作 論考, 下: 李弘稙 論考)

절에서는 이 은합의 제작연대에 대한 여러 견해들을 보고, 역사적 의미에서 은합의 제작연대를 살피고자 한다.

이 명문에서 보이는 延壽는 연호가 분명하지만 현재까지의 자료에 의하면 중국, 일본에서 사용된 예가 없다. 그리고 은합의 명문에서,

이 은합이 延壽 元年 辛卯에 만들어졌음을 알 수 있다.

지금까지의 연구결과를 종합하면 辛卯年에 대해서는 다음과 같은 견해가 있다.[4]

   (1) 391년(新羅 奈勿尼師今 36年, 高句麗 故國壤王 8年)

   (2) 451년(新羅 訥祇麻立干 35年, 高句麗 長壽王 39年)

   (3) 511년(新羅 智證王 12年, 高句麗 文咨王 20年)

   (4) 571년(新羅 眞興王 32年, 高句麗 平原王 13年)

위의 (4)는 적석목곽분의 출현과 소멸시기로 보아 제외된다.[5] 왜냐하면 신라의 수도 경주에 적석목곽분이 출현한 시기는 4세기 전반기의 中頃이다. 경주에서 적석목곽분이 소멸된 시기는 6세기 중엽, 아마도 520년대였을 것으로 판단되기 때문이다.[6]

위의 (1)에 대해서는 최병현과 북한의 연구자가 주장하고 있다. 다음은 최병현의 견해를 살펴보자.

최병현은 '延壽'라는 연호는 고구려와 신라의 연호 사용연대, 그리고 이 銘文에도 등장하는 '大王' 또는 '太王' 칭호의 고구려와 신라에서의 등장시기로 보아 고구려의 연호로 생각된다고 하였다. 그러나 十字形 꼭지盒이 고구려 계통인 것은 분명하지만 靑銅鑄造品이 아닌, 이와 똑 같은 銀板製鍛造品이 皇南大塚 南墳에도 있고, 또 刻銘手法과 字體도 壺衧塚의 호우와는 달리 황남대총 北墳에서 나온 과대의 '夫人帶'銘과

---

   4) 은합연대에 대한 제 견해는 최병현, 앞의 책, 1992 ; 金昌鎬,「古新羅 瑞鳳塚 출토 銀盒 銘文의 검토」『歷史敎育論集』16, 1991 ; 朴光烈, 위의 논문, 1999 등에 정리되어 있다.

   5) 박광렬, 위의 논문, 1999, 78쪽.

   6) 최병현, 앞의 책, 1992, 373쪽.

똑 같으며, 당시 고구려와 신라의 정치적 상황에서 그와 같은 銘文을 신라에서 새겨 넣었을 수도 있다. 그러므로 지금으로서는 이 은합이 꼭 고구려에서 만들어졌다고는 볼 수만은 없어, 그 제작지 문제는 판단을 유보해 두는 것이 좋겠다고 하였다.

이제 남은 문제인 辛卯年의 해당 연도는 신라 적석목곽분의 소멸 연대, 그리고 서봉총의 상대 연대에 비추어 볼 때, 일단 511년은 고려의 대상이 될 수 없고, 391년 또는 451년만이 대상이 될 수 있다. 그 중에서 최병현은 十字形꼭지 盒이 나온 七星山 96號墓와 皇南大塚 南墳의 연대, 그리고 신라 적석목곽분 제3기의 연대를 참작하여 볼 때, 391년 으로 보아야 모순 없이 자연스럽다고 하였다.[7]

그런데 391년은 고구려에서 廣開土大王 元年, 즉 永樂 원년이므로 延壽 元年이 될 수는 없다는 견해가 있다.[8] 그러나 391년은 고구려에서 는 故國壤王 末年이고, 廣開土大王 元年이다. 그러므로 고구려에서는 고국양왕 말년에 처음으로 연호를 정했다가 그 해에 왕이 교체되므로 연호가 새로 바뀌었을 수도 있다. 고국양왕은 391년 5월에 죽었는데, 서봉총 은합의 연도가 延壽 '元年'이고 그 중에도 연도 상반기인 '三月' 인 점을 감안하면 그와 같은 가정은 충분히 가능한 것이고, 연수가 逸年號가 된 이유도 오히려 그에 있지 않았을까 생각할 수도 있다고 하였다. 따라서 최병현은 이 은합의 '延壽元年辛卯'는 서기 391년이고, 서봉총과 서봉총이 속한 제4기 고분은 제2, 3기의 연대, 그리고 적석목 곽분의 하한연대로 보아 5세기 초에서 약간 내려오는 전반기로 설정되 어야 한다고 하였다. 이와 같은 연대는 이 은합의 연도와도 모순이

---

7) 최병현, 위의 책, 1992, 375~377쪽.
8) 小田富士雄, 「集安高句麗積石墓遺物と百濟·古新羅遺物」 『古文化談叢』 제6집, 1979, 209쪽.

222

없고 오히려 자연스러운 것으로 보인다고 하였다.[9]

다음으로 (2)안은 대부분의 국내 연구자들이 지지하고 있는 안이다.[10] 이와 관련된 金昌鎬의 견해를 보자. 먼저 서봉총 출토 은합명문이 고구려에서 새겨졌느냐, 아니면 신라에서 새겨졌느냐이다. 고구려에서 글씨가 새겨졌다면 명문의 太王은 고구려의 왕을 가리키게 되고, 신라에서 글씨가 새겨졌다면 명문의 太王은 신라의 왕을 가리킨다.

그런데 신라의 금석문 자료인『蔚州川前里書石』乙卯銘을 보면, 法興王 22년(535)에 처음으로 太王이란 용어가 신라에서 사용되었다. 그리고 524년에 건조된『蔚珍鳳坪碑』에서는 牟卽智寐錦王이라고 기록되어 있다. 이로 보아, 535년 이전에는 태왕이란 용어가 사용되었다고 보기 힘들다. 위의 자료들을 볼 때, 391년, 451년, 511년에 신라에서 태왕이란 용어가 사용되었을 가능성은 거의 없다. 그렇다면 서봉총의 은합에 새겨진 글씨는 호우총의 호우와 마찬가지로 고구려에서 작성된 것으로 추정된다. 은합의 글자가 고구려에서 새겨졌다면 은합 자체의 제작지도 고구려임이 분명하다.

따라서 은합에 새겨진 태왕은 고구려의 왕이다. 그렇다면 태왕은 고구려의 어느 왕일까?『廣開土王陵碑』의 예에 따르면 광개토왕은 시호이고, 재위시에는 永樂太王이라고 불렸다. 고구려의 왕 가운데 太王의 앞에 연호나 왕명이 붙지 않고, 재위시의 왕을 태왕이라고 부를 수 있는 왕은 재위기간이 긴 왕일 가능성이 크다. 은합 명문의 태왕을 10년 미만으로 재위했던 고국양왕으로 보기는 어려운 것이다. 따라서 서봉총에서 왕명이 없이 단독으로 나오는 태왕을 고국양왕으로 보기 힘들고 장수왕으로 비정하는 쪽이 타당할 것이다. 그러면 서봉총 은합

---

9) 최병현, 위의 책, 1992, 373~378쪽.
10) 朴光烈, 앞의 논문, 1999, 78쪽.

의 延壽元年辛卯는 장수왕 39년(451)이 된다는 것이다.[11]

한편 (3)안은 주로 일본의 연구자들이 적석목곽분의 상한을 400년으로 정하고, 출토된 유물인 토기와 유리 배에 근거해 511년 안을 지지하고 있다.[12]

앞에서 서봉총 은합의 延壽元年辛卯에 대해, 391년(신라 내물이사금 37년, 고구려 고국양왕 8년), 451년(신라 눌지마립간 35년, 고구려 장수왕 39년), 511년(신라 지증왕 12년, 고구려 문자왕 20년)이라는 견해가 있음을 살펴보았다.

이와 관련하여 주목할 만한 사실이 있다. 그것은 391년이 고국양왕 8년이었다는 점이다. 이때 특기할만한 일이 있었다. 다음의 사료를 보자.

3)-㉮ 故國壤王 8年(391) 봄에 왕은 사신을 신라로 파견하여 修好하니,

---

11) 金昌鎬, 앞의 논문, 1991, 50~57쪽. 박광렬은 연수는 지증왕의 연호로 피장자는 지증왕일 개연성이 있다고 한다(박광렬, 앞의 논문, 1999, 82~83쪽). 그러나 이 견해는 『三國史記』 5, 新羅本紀 5 眞德王 2년의 연호에 대한 기록을 본다면, 재검토되어야 한다. 다음의 사료를 보자.
   "진덕왕 2년(648) 봄 정월에, 사신을 大唐에 보내어 조공하였다.……겨울에 邯帙許를 사신으로 보내 당에 조공하였다. 태종이 御史를 시켜 물었다. '신라는 신하로서 당을 섬긴다고 하는데 어찌하여 따로 연호를 칭하는가.' 帙許가 대답하였다. '일찍이 天朝에서 正朔을 반포하지 않았기 때문에, 先祖 法興王이래로 사사로이 紀年이 있었습니다. 만약 大朝의 명령이 있었다면 작은 나라가 또한 어찌 감히 따르지 않겠습니까? 태종이 그렇다고 여겼다." 위의 기록에 따르면, 법흥왕이래로 기년이 있었다. 이 점은 법흥왕 23년(536)에 처음으로 年號를 칭하여 建元元年이라 하였다는 『三國史記』의 기록(『三國史記』 4, 新羅本紀 4, 法興王)으로 알 수 있다. 따라서 신라는 법흥왕 대부터 연호를 쓴 것이 된다. 지증왕은 법흥왕 이전의 왕이므로, 위의 견해는 문제가 있다.
12) 穴澤和光, 「慶州古新羅古墳の編年」『古代學』17-2, 1972. 연수원년을 511년으로 보면, 은합의 태왕은 문자왕을 가리키지만 511의 문자왕 설은 한 번도 학계에 제기된 적이 없다고 한다(金昌鎬, 앞의 논문, 1991, 54쪽).

신라왕은 조카 實聖을 파견하여 볼모로 삼았다. 3월에 下敎하여 佛法을 믿어 복을 구하게 하였다. 有司에게 명하여 國社를 세우고 宗廟를 수리했다. 여름 5월에 왕이 돌아가시므로 故國壤에 장사지내고 시호를 故國壤王이라 하였다(『三國史記』18, 高句麗本紀, 故國壤王).

㉯ 奈勿尼師今 37年(392) 봄 正月에 고구려가 사신을 보내니, 왕은 고구려가 强盛하므로, 伊湌 大西知의 아들인 實聖을 보내어 볼모로 삼게 하였다(『三國史記』3, 新羅本紀, 奈勿尼師今).

3)-㉮의 사료를 보면, 고국양왕 8년(391) 3월에, 고구려에서 중요한 일이 있었음을 알 수 있다. 그것은 "왕이 하교하여 불교를 숭신하여 복을 구하게 하고 有司에게 명하여 國社(社稷)를 세우고 종묘를 수리하게 하였다"는 내용이다.

먼저 왕의 명령으로 불교를 숭신하여 복을 구했다는 것은 고구려에서 국가적인 법회가 열렸음을 말한다.

다음으로, 有司에게 명하여 국사(사직)를 세우고 종묘를 수리했다는 것은 범상히 보기 힘들다. 여기에서 國社를 보자. 국사는 작은 나라에서 세우는 太社이다.[13] 태사는 임금이 백성을 위하여 后土를 제사지내던 곳이다.[14] 후토는 토지의 神을 말한다.[15]

그리고 종묘와 관련된 내용을 보자. 종묘는 帝王家의 역대제왕의 위패를 모시는 사당이다. 이는 太廟 또는 大廟라고도 한다.[16]

그런데 역대 왕조는 宗廟와 社稷을 가장 중요한 祭祀의 대상으로

---

13) 이희승, 『국어대사전』, 민중서림, 1994, 423쪽.
14) 이희승, 위의 책, 1994, 3983쪽.
15) 이희승, 위의 책, 1994, 4504쪽.
16) 이희승, 위의 책, 1994, 3480쪽.

모셨다.17) 따라서 고구려 역시 고국양왕 8년에, 국사를 세우고 종묘를 수리하였다는 것은 커다란 국가적인 행사로 거행되었을 것이다. 그리고 이 행사에서 제사가 있었을 가능성이 크다.

그런데 법회나 제사 때에는 음식을 담는 그릇이 필요하다. 따라서 이 은합은 바로 고구려의 법회 또는 제사와 관련된 용도로 쓰였을 것이다.18)

그런데 은합의 銀盒蓋內面에 "延壽元年太歲在卯三月中"이라 새겨져 있다. 銀盒外底面에는 "延壽元年太歲在辛三月中"이라 되어 있다. 이것은 은합이 三月에 만들어졌음을 말한다. 앞에서 고국양왕 8년 3월에 불교를 통한 기복, 국사를 세우고 종묘를 수리하게 했다. 延壽元年 3月이라는 은합의 명문과 고국양왕 8년 3월의 기록에서 3월이 일치하고 있음은 그냥 지나치기에는 석연치 않다. 이 점은 은합에 새겨진 연수가 고국양왕의 연호임을 보여주는 방증이라고 파악할 수 있다.

그런데 고구려 왕족의 고분에서 고구려의 제사와 관련된 유물이 나왔다면 평범하게 볼 수가 있다. 그렇지만 신라 왕족의 무덤에서 고구려왕의 제사와 관련된 유물이 나왔다는 것은 범상히 볼 일이 아니다. 고구려의 국가적인 행사와 관련된 그릇인 은합이 신라 왕족의 무덤에 묻혔던 것이다. 틀림없이 고구려와 관련된 은합에는 중요한 역사적 의미가 담겨 있을 것이다.

---

17) 박정해, 「宗廟와 社稷壇, 園丘壇 立地의 風水環境」, 『退溪學과 儒敎文化』 52, 2013, 251쪽.

18) 위의 사료에서 '불교를 믿는 것이 곧 福을 구하는 일'이라 함은 당시 고구려 불교의 求福의 성격을 보여주는 것이다. 그런데 이 조치는 같은 해의 社稷과 宗廟를 정비하는 일과 함께 이루어지고 있음을 주목할 수 있다. 즉 이들이 국가의 통치체제의 정비과정에 의해 이루어졌음을 의미한다(申東河, 「高句麗의 寺院造成과 그 意味」, 『韓國史論』 19, 1988, 13쪽).

은합에는 延壽라는 고구려 태왕의 연호가 새겨져 있다. 신라는 고구려의 연호가 새겨진 은합을 부장했다. 이 점은 신라가 고구려 태왕의 연호를 인정했음을 말한다. 더욱이 신라 왕족의 무덤에 부장된 유물은 상징성을 지닌다. 이 점을 생각해 본다면, 고구려 태왕의 연호가 새겨진 유물이 얼마나 신라 왕족에게 귀중하게 받아들였는지를 알 수 있다. 다시 말해 신라가 고구려의 영향을 강하게 받고 있을 때, 은합이 부장되었을 것이다.

이와 관련하여 3)-㉮의 『三國史記』 高句麗本紀의 사료를 보자. 고국양왕 8년(391) 봄에 왕은 사신을 신라로 파견하여 수호하니, 신라왕은 조카 실성을 파견하여 볼모로 삼았다고 하였다. 3)-㉯의 신라본기에서는 고구려와 신라의 관계가 구체적으로 나오고 있다. 내물이사금 37년 (392) 정월에 왕은 고구려로 사신을 파견하였다. 이때에 고구려가 크게 강성하였으므로, 이찬 대서지의 아들 실성을 보내어 볼모로 삼았다는 것이다.[19]

이상의 내용은 다음과 같이 정리할 수 있다. 실성이 고구려에 인질로 갈 무렵에, 신라는 고구려의 강력한 영향을 받았다. 고구려는 고국양왕 8년 3월에 국가적인 법회와 제사를 지낸 다음 이와 관련된 은합을 신라에 하사했다. 이것은 고구려가 신라와의 우의를 다지기 위한 상징적인 조치였다.

그리고 고구려는 은합에 고국양왕의 연수라는 年號를 새겨 신라에 보냈다. 연호는 天子의 나라만이 쓸 수 있으며, 천자의 나라에 臣屬한

---

19) 『三國史記』 新羅本紀는 내물이사금 37년에 고구려가 강성하였으므로, 왕이 이찬 대서지의 아들 실성을 보내어 볼모로 삼았다고 하였다. 내물이사금 37년은 392년이다. 그런데 같은 사건이 있는 『三國史記』 高句麗本紀의 고국양왕 8년은 391년이다. 『三國史記』의 고구려본기와 신라본기는 1년의 차가 나고 있다.

小國은 연호를 짓지 못한다.[20] 이 점은 고구려가 천자의 나라라 자처하며, 신라를 소국으로 보고 있었다는 근거로 볼 수 있다.

Ⅲ. 역사적 맥락에서 본 서봉총의 축조연대

이 절에서는 서봉총의 축조연대를 고구려와 신라의 관계에서 살펴보고자 한다. 앞에서 은합이 만들어진 연대를 검토하였다. 서봉총 은합의 延壽元年辛卯에 대한 연대를 다시 서술하면 다음과 같다.

(1) 391년(신라 내물이사금 36년, 고구려 고국양왕 8년)

(2) 451년(신라 눌지마립간 35년, 고구려 장수왕 39년)

(3) 511년(신라 지증왕 12년, 고구려 문자왕 20년)

기존의 견해는 은합 명문의 연대와 서봉총의 축조시기를 연관시키고 있다.[21] 그렇다면 우리는 앞의 기년에서 어느 기년을 정확한 것으로 보아야 할까? 은합의 延壽元年辛卯와 관련하여 서봉총의 축조연대를 살펴보기로 하자. 이 점을 고구려와 신라의 역사적 맥락에서 짚어보자.

먼저 (1) 391년(신라 내물이사금 36년, 고구려 고국양왕 8년)의 견해를 보자. 이 무렵 고구려와 신라의 관계를 살펴보면 다음과 같다.

4)-㉮ 내물이사금 26년 봄과 여름에……衛頭를 前秦의 苻堅에게 보내어

---

20)『三國史記』5, 新羅本紀 5, 眞德王 4年.

21) 최병현, 앞의 책, 1992, 374~377쪽 ; 박광렬, 앞의 논문, 1999, 75~83쪽.

방물을 바쳤다. 부견이 위두에게 묻기를, "경의 말에 海東의 일이 옛날과 같지 않다고 하니 무엇을 말합니까?"라고 하였다. 대답하기를, "이는 중국에서 시대가 변혁되고 이름이 바뀐 것과 같으니, 지금이 어찌 옛날과 같겠습니까"라고 하였다(『三國史記』 3, 新羅本紀, 奈勿尼師今 26年(381)).

5)- ㉮ 故國壤王 8年(391) 봄에 사신을 신라로 파견하여 수호하니, 신라왕은 조카 實聖을 보내 볼모로 삼았다(『三國史記』 18, 高句麗本紀, 故國壤王).

㉯ 신라 내물이사금 37년(392) 봄 정월에, 고구려에서 사신을 보내왔다. 왕은 고구려가 강성하였으므로 伊湌 大西知의 아들 實聖을 보내 볼모로 삼았다(『三國史記』 3, 新羅本紀, 奈勿尼師今 37년).

4)-㉮의 기록에서, 신라는 내물이사금 26년(381)에 북중국지역의 전진에 사신을 보냈다. 그런데 신라가 전진에 사신을 보낸 것은 이때가 처음이 아니었다. 내물이사금 22년(377) 봄에도 신라 사신은 고구려 사신과 함께 공물을 前秦으로 가져왔다.[22] 신라 사신은 이때 고구려 땅을 경유해 고구려의 도움을 받았다.

그런데 5)의 ㉮과 ㉯의 기록에서 보듯이, 신라는 고구려에 인질을 보내나 고구려는 인질을 보내지 않았다. 이 점은 위의 사료에서 말한 대로, 고구려의 힘이 강성했기 때문이다.

사실 신라는 고구려에 대해 내물이사금대부터 눌지마립간이 즉위할 무렵까지 완전히 열세에 있었다. 이 점은 399년, 신라 영토 내에 침입한

---

22)『資治通鑑』 104, 晉紀 26, 太元 2年.

왜를 물리치기 위해, 내물이사금이 奴客을 자처하며 고구려에 대한 구원 요청을 하였으며, 이에 대해 광개토왕은 400년, 보기 5만을 보내어 신라를 구원했다는 점[23]에서 여실히 드러난다. 내물이사금대에 신라는 완전히 고구려에 종속적인 입장에 있었다.

그런데 奈勿尼師今의 뒤를 이은 實聖尼師今의 즉위과정에도 고구려세력이 개입되어 있었다. 왜냐하면 실성은 내물이사금의 장자인 눌지가 있음에도 왕위에 올랐기 때문이다. 실성의 즉위는 고구려의 지원 아래 이루어진 것이었다.[24]

또한『廣開土王陵碑』에는 신라왕이 고구려의 수도인 국내성에 조공했다고 하였다. 다음의 기록을 보자.

옛날에는 신라 寐錦이 몸소 고구려에 와서 보고를 하며 聽命을 한 일이 없었는데 國崗上廣開土境好太王대에 이르러……寐錦이……朝貢하였다(『廣開土王陵碑』).

위의 기록은 永樂 10年(400)에, 광개토왕이 5만의 병력으로 신라를 구원한 기사 다음의 내용이다. 다음 기록이 영락 14년(404)의 내용이다. 따라서 이 기록은 400~404년 사이의 내용이다. 내물이사금은 402년 2월에 죽고,[25] 실성이사금이 즉위하였다.[26]

위의『광개토왕릉비』에는 신라매금이 보인다. 이 매금은『蔚珍鳳坪碑』에도 보인다.『울진봉평비』는 신라 法興王 11년(524)에 건립된 비석

23)『廣開土王陵碑』.
24) 李弘稙, 앞의 책, 1971, 445~446쪽.
25)『三國史記』3, 新羅本紀 3, 奈勿尼師今 47年 봄 2月.
26)『三國史記』3, 新羅本紀 3, 實聖尼師今 卽位年.

이다. 이 비에 새겨진 "牟卽智寐錦王"은 『蔚州川前里書石』追銘에 보이는 "另卽知太王"과 같은 인물로 생각된다. 그런데 『南史』新羅傳에서 法興王을 募秦이라고 하였는데, 募秦과 牟卽은 통하는 말이라고 한다.[27]

이로 보아, 신라인들은 스스로 자신의 왕을 매금왕으로 표현하였다. 따라서 매금이라는 칭호는 신라인들이 왕을 부르는 칭호였다.[28]

그렇다면 『廣開土王陵碑』의 신라매금은 누구일까? 시기적으로 보아, 내물이사금과 실성이사금 중의 한 왕일 것이다. 그런데 실성이사금이 즉위한 후 고구려의 후원에 대한 보답으로 직접 고구려에 조공했을 것이라는 주장이[29] 일리가 있다.[30] 그러므로 실성이사금은 고구려와 밀접한 인물이었다.

이 점과 관련하여, 고구려의 太王과 관련된 은합이 어떻게 인식되었을까를 살펴 볼 필요가 있다. 강대국이던 고구려의 태왕과 관련된 유물은 신라에서 귀중하게 받아들여졌을 것이다. 그리하여 고구려의 태왕이 새겨진 은합이 신라의 왕릉에 묻힐 수 있었을 것이다.

이로 보아, (1)의 시기는 역사적 맥락에 부합한다. 그것은 고구려와 신라가 우호적인 때에, 고구려 왕의 연호를 새긴 391년(신라 내물이사금 36년)의 은합 명문이 나타났다고 볼 수 있다. 또한 이 은합이 귀중품으로 보관되다가 뒤 시기에 고구려와 밀접한 왕이었던 실성이사금대에 매납되었을 가능성도 있을 것이다.

다음으로 (2)의 견해를 보자. 그것은 451년(신라 눌지마립간 35년,

---

27) 李明植, 「蔚珍 鳳坪碑」 『譯註韓國古代金石文』 제2권, 1992, 14~21쪽.
28) 고구려가 건립한 『中原高句麗碑』에는 新羅寐錦으로 신라왕을 표기하고 있다 ("五月中高麗太王祖王令□新羅寐錦世世爲願如兄如弟上下相和守天東來之").
29) 朱甫暾, 「朴堤上과 5세기 초 新羅의 政治 動向」 『慶北史學』 21, 1998, 27쪽.
30) 장창은, 「新羅 訥祗王代 고구려세력의 축출과 그 배경」 『한국고대사연구』 33, 2004, 219~220쪽.

고구려 장수왕 39년) 무렵에 서봉총이 축조되었다는 것이다.

이 무렵에 고구려와 신라의 관계는 어떠했을까? 신라는 실성이사금의 뒤를 이은 눌지마립간대에 점차 고구려로부터 자주성을 찾기 위한 시도를 하였다. 그것이 바로 433년과 434년에 이루어진 신라와 백제의 화친이다. 다음의 사료를 보자.

> 6)- ㉮ 訥祇痲立干 17년 가을 7월에 백제가 사신을 보내 화친을 청하므로 따랐다(『三國史記』 3, 新羅本紀 3).
> ㉯ 눌지마립간 18년 봄 2월에 백제왕이 良馬(좋은 말) 두 필을 보냈다. 가을 9월에 또 白鷹(흰 매)을 보냈다. 겨울 10월에 왕이 황금과 明珠(야광주)를 백제에 예물로 보내 보답하였다(『三國史記』 3, 新羅本紀 3).

신라와 백제의 화친은 결국 고구려를 견제하기 위한 것이었다. 이 화친의 체결로 인해 신라와 고구려는 소원해졌다.

종래에는 위의 기록을 통해 신라와 백제 사이의 나제동맹이 체결된 것으로 보았다. 그러나 나제동맹군의 활동이 눌지마립간 39년(455)에 이르러서야 나타나고 있다.[31] 또한 『中原高句麗碑』는 449년 무렵까지도 신라 영토 내에 고구려 당주가 상주하고 있음을 전하고 있다. 다시 말해, 433년과 434년의 신라와 백제 사이의 화친이 바로 신라 내에서 고구려 세력의 축출을 의미하는 것은 아니었다.[32] 이로 보아 433년과 434년에 있은 신라와 백제 사이의 화친으로 실질적으로 나제동맹이 체결된 것은 아니며, 나제동맹의 체결은 나제동맹군의 활동이 나타나

---

31) 눌지마립간 39년 겨울 10월에 고구려가 백제를 침입하여 왕이 군대를 보내 (필자 주 : 백제)를 구원하였다(『삼국사기』 3, 신라본기 3, 눌지마립간 39년(455)).
32) 장창은, 앞의 논문, 2004, 225~226쪽.

는 눌지마립간 39년(455)이라는 것이다.[33]

여기에서 주목되는 것은 訥祗痲立干 17년(433)과 눌지마립간 18년 (434)의 신라와 백제의 화친은 눌지마립간이 고구려 세력을 배제하는 분위기에서 맺어졌다는 것이다. 이를 통해서 신라, 고구려, 백제의 관계가 이전과 달라진 것이 분명하다.[34]

신라 눌지마립간은 433년부터 백제와의 화친을 통해 본격적으로 자주성을 모색했다. 433년 백제가 사신을 보내 화친을 청하여, 신라가 이에 따랐다는 것은 무엇을 의미하는가? 이것은 이미 433년 이전에 신라와 백제 사이에는 화친을 위한 물밑교섭이 존재했음을 말한다.

따라서 적어도 430년 무렵부터, 신라는 고구려에 대해 종속적인 입장에서 벗어났음은 분명해 보인다.

고구려의 입장에서는 원수인 백제와 화친을 맺은 신라를 더 이상 종속적으로 볼 수 없었을 것이다. 한편 신라의 입장에서는 백제와의 화친을 통해, 이전과는 다른 자주성을 선언한 것이다.

이를 통해 볼 때 430년대 무렵부터 신라에서 고구려왕의 연호가 새겨진 제사용기인 은합은 더 이상 신라에서 귀중품으로 받아들여질 수는 없었을 것이다. 고구려는 이때 와서 더 이상 신라의 후견국이 아니었다.

다시 말해, 눌지마립간의 재위연대인 430년대부터 신라에서 고구려 세력을 배제하려는 분위기가 있었다. 이 무렵부터 신라 왕족은 더 이상 상징성을 갖는 유물로 고구려왕의 연호가 새겨진 은합을 매장하지는 않았을 것으로 판단된다.

그런데 뒤 시기인 449년(신라 눌지마립간 33)에 『中原高句麗碑』가

---

33) 鄭雲龍, 「中原高句麗碑의 建立年代」 『白山學報』 76, 2006, 154쪽.
34) 장창은, 앞의 논문, 2004, 226쪽.

세워졌다.35) 이 비에서 고구려와 신라는 형제관계를 천명하는 의식을 치렀다. 그 과정에서 고구려의 장수왕은 東夷 寐錦인 눌지마립간과 신하들에게 의복 등을 하사했다. 이때에도 고구려의 군대가 신라의 영토 내에 주둔하고 있음이 '新羅土內幢主'라는 명문으로 알 수 있다. 신라토내당주는 신라 영토내의 당주라는 의미이며, 당주는 고구려 군부대의 지휘관을 의미한다.36)

이로 보아 433년과 434년에 신라와 백제가 화친을 맺은 이후에도 고구려 군대가 신라에 주둔한 것을 알 수 있다. 그러나 450년에 신라와 고구려 간에는 결정적인 사건이 일어난다. 다음의 사료를 보자.

7) 눌지마립간 34년(450) 가을 7월에 고구려의 변방장수가 悉直의 들에서 사냥하는 것을 何瑟羅 城主 三直이 군사를 내어 불시에 그를 죽였다. 고구려왕이 그것을 듣고 노하여 사신을 보내 말하였다. "내가 대왕과 우호를 닦은 것을 매우 기쁘게 여기고 있었는데. 지금 군사를 내어 우리의 변방장수를 죽였으니 이것이 어찌 의리 있다 하겠는가?" 이에 군사를 일으켜 우리의 서쪽 변경을 침입하였다. 왕이 낮은 사람의 말로 사과하자 물러갔다(『三國史記』 3, 新羅本紀 3).

장수왕이 "내가 대왕과 우호를 닦은 것을 매우 기쁘게 여기고 있었다."고 하였다. 이 말은 고구려와 신라 사이에 『中原高句麗碑』와 관련된 우호관계의 성립을 말한 것으로 파악된다.37) 여기에서 장수왕은 '매우

---

35) 『中原高句麗碑』의 건립연대에 관한 연구사는 장창은, 위의 논문, 2004를 볼 것.
36) 李基白, 「中原 高句麗碑의 몇 가지 問題」 『史學志』 13, 1979 ; 『韓國古代政治社會史研究』, 一潮閣, 1996, 120쪽.
37) 鄭雲龍, 앞의 논문, 2006, 156~157쪽.

기쁘게 여겼다'는 표현을 썼다. 그것은『中原高句麗碑』에서 체결된 양자 관계가 고구려의 주도로 이루어졌음을 보여준다.

위의 사료에서 보듯이, 눌지마립간 34년(450)에, 신라의 하슬라 성주삼직이 병사를 내어 고구려의 변방장수를 죽였다. 그 이유는 사료에 나타나 있지 않다. 이때의 충돌은 무엇 때문에 일어났을까? 그것은『中原高句麗碑』에서 고구려가 신라를 東夷로 불렀던 데에서[38] 기인되었다고 생각된다. 동이는 동쪽 오랑캐라는 뜻으로, 고구려가 신라를 비칭으로 부른 것이다. 이것은 고구려가 스스로를 중국과 같은 위치에 놓고 신라를 자기의 주변에 있는 未開한 국가로 보았다는 사실을 나타낸다. 이로 보아 고구려는 신라에 대해서 宗主國으로 자처하고 있었던 것 같다.[39]

결국 449년에 체결되었던『中原高句麗碑』로 표상되는 고구려와 신라의 우호관계는 단 1년밖에 지속되지 못했다. 이 무렵에 신라는 자신을 동이라 부르는 고구려에 대해 적개심을 가졌을 것이며, 고구려의 침입으로 그 적개심은 더욱 커졌다고 보인다. 다음의 사료를 보자.

8)- ㉮ 눌지마립간 38년……8월에 고구려가 북쪽 변경을 침입하였다(『三國史記』 3, 新羅本紀 3).

㉯ 눌지마립간 39년 겨울 10월에 고구려가 백제를 침입하여 왕이 군대를 보내 (백제를) 구원하였다(『三國史記』 3, 新羅本紀 3).

위의 기록에서 보듯이, 고구려와 신라는 눌지마립간 38년(454)에는 완전히 적대국의 관계로 들어서고 있다. 이 점을 잘 보여주는 사료가

---

38)『中原高句麗碑』. "甲寅東夷寐錦上下至于伐城敎來."
39) 李基白, 앞의 책, 1996, 119쪽.

눌지왕 39년 고구려가 백제를 침입했는데, 눌지마립간이 군대를 보내 백제를 구원했다는 것이다. 완전히 신라와 고구려는 적대국이 되었다.

이와 관련하여, 고구려의 太王과 관련된 은합이 신라에서 어떻게 인식되었을까를 살펴 볼 필요가 있다. 앞에서 보았듯이, 강대국이던 고구려의 태왕과 관련된 유물은 내물왕과 실성왕대에는 신라에서 귀중하게 받아들여졌을 것이다.

그러나 눌지왕은 고구려로부터 자주성을 지키기 위해, 백제와의 화친을 행하였다. 그 이후 다시 신라는 고구려와 갈등하며, 전쟁이 일어났다. 이때 고구려의 태왕과 관련된 은합은 더 이상 귀중한 유물이 아니었을 것이다. 그것은 신라를 동이로 부르는 적대국의 유물일 뿐이었다.

신라 왕족의 무덤에 묻히는 유물은 상징성이 크다. 그것은 지배자의 상징인 금관[40]을 비롯한 철제무기와 철제농기구를 통해 알 수 있다. 이로 보아 고구려와 대립적인 관계로 들어서던 눌지마립간 35년 무렵에, 서봉총이 축조되었다고 파악하는 것은 무리라고 판단된다.

이어서 511년(신라 지증왕 12) 무렵에 서봉총이 축조되었다는 견해에 대해 검토해 보자. 이를 파악하기 위해서는 눌지마립간 이후인 慈悲麻立干代부터 智證王代까지 신라와 고구려와의 관계는 어떠하였을까를 규명하는 것이 필요하다. 자비마립간대의 『三國史記』의 기록을 보자.

---

40) 신라에서 금관이 사용되던 시기는 신라왕들의 칭호가 麻立干이었을 때이고 더욱 구체적으로는 김씨계의 내물마립간(352~402)를 필두로 그의 가계의 2대 눌지(417~458), 3대 자비(458~479), 4대 소지(479~500)과 지증(500~514)까지 시용하였다. 다음 법흥왕은 칭호도 왕으로 바뀌었을 뿐만 아니라 사상도 샤머니즘에서 불교로 바꾸면서 금관을 쓰는 전통이 끊기고 만다(김병모, 「금관의 의미」 『中原文化論叢』 4집, 2000, 322쪽).

9)-㉮ 자비마립간 11년(468) 봄에 고구려는 靺鞨과 함께 북쪽 변경의
   悉直城을 습격하였다(『三國史記』 3, 新羅本紀 3).

   ㉯ 자비마립간 17년(474)……가을 7월에 고구려왕 巨連(장수왕)이
   친히 군사를 거느리고 백제를 공격하였다. 백제왕 慶(개로왕)이 왕자
   文周를 보내 도움을 청하므로, 왕은 군사를 내어 이를 구원하였으나,
   신라군이 이르지 않았을 때에 백제는 이미 함락되고 慶 또한 죽음을
   당하였다(『三國史記』 3, 新羅本紀 3).

   자비마립간대의 9)-㉮ 기록에서 보듯이, 신라는 고구려의 침입을
받고 있다. 9)-㉯에서 신라는 고구려의 침입을 받은 백제를 구원하고
있다. 이로 보아, 자비마립간대에도 신라는 고구려와 적대적인 관계에
있었다.
   다음으로 자비마립간의 뒤를 이은 소지마립간대의 기록을 보자.

10)-㉮ 炤知麻立干 3年(481) 봄 2月에 比列城에 행차하여 군사들을 위로하
   고 솜을 넣어 만든 군복을 하사하였다. 3월에 고구려가 말갈과 함께
   북쪽 변경에 침입하여 狐鳴城 등 일곱 성을 빼앗고, 또 彌秩夫로
   진군하였다. 우리 군사가 백제, 가야의 원병과 함께 길을 나누어
   막았다. 적이 패하여 물러가므로, 추격하여 泥河의 서쪽에서 격파하
   고 1천여 명을 목 베었다(『三國史記』 3, 新羅本紀 3).

   ㉯ 소지마립간 6년……가을 7월에 고구려가 북쪽 변경에 침입하므
   로, 우리 군사가 백제와 더불어 함께 母山城 아래에서 공격하여
   크게 깨뜨렸다(『三國史記』 3, 新羅本紀 3).

   ㉰ 소지마립간 11년……가을 9월에 고구려가 북쪽 변경을 갑자기
   쳐들어와 戈峴에 이르렀고, 겨울 10월에 狐山城을 함락하였다(『三國

史記』3, 新羅本紀 3).

㉱ 소지마립간 16년……가을 7월에 장군 實竹 등이 고구려 군사와 薩水의 들판에서 싸웠으나 이기지 못하고 물러나 犬牙城을 지키니, 고구려 군사가 이를 포위하였다. 백제왕 牟大가 군사 3천 명을 파견하여 구원하자 포위를 풀었다(『三國史記』3, 新羅本紀 3).

㉲ 소지마립간 17년……가을 8월에 고구려가 백제의 雉壤城을 포위하니, 백제가 구원을 청하였다. 왕은 장군 德智에게 명하여 군대를 거느리고 구원하게 하자, 고구려의 무리들이 흩어졌다. 백제왕이 사신을 보내와 사례하였다(『三國史記』3, 新羅本紀 3).

㉳ 소지마립간 18년……가을 7월에 고구려가 牛山城으로 쳐들어왔다. 장군 實竹이 나가 泥河 위쪽에서 격파하였다(『三國史記』3, 新羅本紀 3).

㉴ 소지마립간 19년 8월에……고구려가 牛山城을 공격하여 함락시켰다(『三國史記』3, 新羅本紀 3).

위의 소지마립간대의 기록을 보면, 이때 신라는 완전히 고구려와 적대적인 관계로 되어 있었다. 소지마립간 3년, 6년, 11년, 16년, 17년, 18년, 19년에 나타난 기록은 고구려와 신라의 군사적인 충돌을 보여준다.

소지마립간대의 군사적인 충돌은 고구려의 침입에 대한 신라의 대응으로 파악된다. 이런 상황이라면, 일방적인 고구려의 공격으로 신라인의 고구려에 대한 감정은 대단히 좋지 않았을 것이다.

앞의 내용을 정리한다면, 자비마립간, 소지마립간 기간 동안에 신라는 고구려와 적대적이었다. 소지마립간의 뒤를 이은 智證王代의 신라와 고구려 관계를 보자. 지증왕이 재위한 15년 동안에 고구려와의 관계가 보이지 않는다.41) 그런데 눌지마립간부터 소지마립간까지 신라와 고구려와는 적대관계였다. 앞 시기 신라와 고구려의 관계로 보아, 지증왕 시기에 고구려의 태왕호와 연호가 새겨진 은합을 부장할 만큼 고구려를 존중하지는 않았다고 보인다. 따라서 511년(신라 지증왕 12)에 서봉총이 축조되었다는 견해는 문제가 있다.

지금까지의 역사적 맥락으로 보아, 서봉총이 축조된 시기는 언제일까? 그것은 은합을 귀중품으로 매장할 정도로 고구려와 관계가 좋았으며, 고구려에 종속적이었던 신라의 왕을 통해 추론해 볼 수 있다. 앞에서 보았듯이, 이와 관련된 왕은 내물이사금과 실성이사금이다.

그런데 서봉총은 여성의 능으로 생각된다. 왜냐하면 金冠의 冠垂下式이 太環式이며, 木棺內에 大刀가 없고 刀子만 있기 때문이다.

또한 서봉총은 瓢形墳의 북분이다. 표형분의 일반적인 성격으로 보아 남분의 피장자는 남자이며, 북분의 것은 여자이다. 婦人이 먼저 사망하여 북쪽에 서봉총이 만들어지고, 남편이 뒤에 사망하여 그 무덤이 부인의 남쪽에 추가된 것이라 하겠다.42) 이런 견지에서 본다면, 서봉총의 피장 자는 왕비가 된다. 그렇다면 서봉총의 주인공은 내물이사금의 왕비 또는 실성이사금의 왕비로 추정된다.43)

---

41) 『三國史記』 4, 新羅本紀 4, 智證麻立干.

42) 최병현, 앞의 책, 1992, 168쪽.

43) 서봉총은 5세기 초에서 약간 내려오는 전반기로 설정된다는 견해가 있다(최병현, 위의 책, 1992, 377쪽). 5세기 전반기의 신라왕은 내물이사금(352~402)과 실성이사금(402~417)이다.

Ⅳ. 맺음말

맺음말은 지금까지의 내용을 정리하는 것으로 대신하고자 한다.

신라의 고분인 서봉총에서 발굴된 은합에는 "延壽元年辛卯三月"이라는 문자가 새겨져 있다. 辛卯年에 대해서는 그 시기를 (1) 391년(신라 내물이사금 36, 고구려 고국양왕 8), (2) 451년(신라 눌지마립간 35, 고구려 장수왕 39), (3) 511년(신라 지증왕 12, 고구려 문자왕 20)으로 보는 여러 가지 견해가 있다. 이와 관련하여 주목할 만한 사실이 있다. 그것은 391년이 고국양왕 8년이었다는 점이다.

고국양왕 8년(391) 3월에, 고구려에서 중요한 일이 있었다. 그것은 "왕이 하교하여 불교를 숭신하여 복을 구하게 하고 有司에게 명하여 國社(社稷)를 세우고 종묘를 수리하게 하였다"는 내용이다.

먼저 왕의 명령으로 불교를 숭신하여 복을 구했다는 것은 고구려에서 국가적인 법회가 열렸음을 말한다.

다음으로 고국양왕 8년에 국사를 세우고 종묘를 수리했다. 이때 제사가 있었을 가능성이 크다. 따라서 음식을 담는 그릇인 은합은 바로 고구려의 법회 또는 제사와 관련된 용도로 쓰였을 것이다.

그리고 은합이 만들어진 달이 주목된다. 銀盒蓋內面과 銀盒外底面에는 '三月中'이라 되어 있다. 이것은 은합이 三月에 만들어졌음을 말한다. 앞에서 고국양왕 8년 3월에 불교를 통한 기복, 국사를 세우고 종묘를 수리하게 했다.

延壽元年 3월이라는 은합의 명문과 고국양왕 8년 3월의 기록에서 3월이 일치하고 있다. 이 점은 은합에 새겨진 연수가 고국양왕의 연호임을 보여주는 방증이라고 파악할 수 있다.

다음으로 서봉총의 축조시기를 은합과 관련하여 살펴보자. 고구려왕의 연호인 연수가 새겨진 은합이 신라왕족의 무덤에 묻혔다. 이 점은 신라가 고구려를 상위국으로 인정했기에 가능한 것이었다.

신라는 내물이사금대에 고구려에 인질로 보내나 고구려는 인질을 보내지 않았다. 이 점은 신라에 비해 고구려의 힘이 강성했음을 말한다. 그리고 내물이사금의 뒤를 이은 실성이사금의 즉위과정에 고구려세력이 개입되어 있었다.

이를 통해 볼 때, 신라는 실성이사금대에도 고구려에 대해 종속적인 입장에 있었다. 이런 상황에서, 내물이사금대와 실성이사금대에, 고구려왕의 연호가 새겨진 은합은 신라에서 대단히 귀중하게 받아들여졌을 것이다. 그리하여 이 무렵에 은합이 서봉총에 매납될 수 있었을 것이다.

이로 보아, (1) 391년(신라 내물이사금 36, 고구려 고국양왕 8)의 시기가 역사적 맥락에 부합한다. 다시 말해 신라는 내물이사금·실성이사금 무렵의 시기에 서봉총을 축조하고 은합을 매납했을 가능성이 크다.

다음으로 (2)의 451년(신라 눌지마립간 35, 고구려 장수왕 39)과 (3)의 511년(신라 지증왕 12, 고구려 문자왕 20) 무렵에 서봉총이 축조되었다는 견해가 있다. 이 견해는 이 시기 신라와 고구려의 긴장관계로 보아, 적합하지 않다. 왜냐하면 이때 와서, 고구려의 태왕과 연수라는 연호가 새겨진 은합은 신라에서 귀중품으로 부장될 수 있는 것이 아니었기 때문이다.

그렇다면 서봉총의 주인공은 (1) 391년(신라 내물이사금 37년, 고구려 고국양왕 8년)에서 멀지 않은 시기에 묻힌 왕족이었을 것이다. 그런데 이 고분에서 발굴된 金冠의 冠垂下式이 太環式이며, 木棺內에 大刀가 없고 刀子만 있다. 또한 이 고분이 瓢形墳의 북분이다. 이로

미루어 보아, 서봉총의 피장자는 女性이었다. 그렇다면 서봉총의 주인
공은 시기적으로 보아, 내물이사금의 왕비 또는 실성이사금의 왕비로
추정된다.

참고문헌

1. 자료

『廣開土王陵碑』『中原高句麗碑』『蔚州川前里書石』『蔚珍鳳坪碑』『三國史記』
『漢書』『三國志』『晉書』『十六國春秋』後燕錄『十六國春秋輯補』『魏書』『南齊書』
『梁書』『北史』『資治通鑑』『太平御覽』『日本書紀』

檀國大學校 東洋學研究所, 『漢韓大辭典』, 檀國大學校出版部, 2007.
民衆書林 編輯局 編, 『漢韓大字典』, 민중서림, 2003.
이희승 편저, 『국어대사전』, 民衆書林, 1994.
임종욱, 『동양학대사전』 2, 경인문화사, 2006.
張三植 編, 『大漢韓辭典』, 博文出版社, 1975.
『中國歷史大辭典』 歷史地理, 上海辭書出版社, 1996.

2. 저서

강종원, 『4세기 백제사연구』, 서경문화사, 2002.
공석구, 『고구려 영역확장사 연구』, 서경문화사, 1998.
金聖昊, 『沸流百濟와 日本의 國家起原』, 知文社, 1982.
金翰奎, 『古代東亞細亞幕府體制研究』, 一潮閣, 1997.
김한규, 『한중관계사』 I, 도서출판 아르케, 1999.
김한규, 『요동사』, 문학과 지성사, 2004.

노중국, 『백제정치사연구』, 일조각, 1988.

노태돈, 『고구려사 연구』, 사계절, 1999.

佟冬 主編, 『中國東北史』 제1권, 吉林文史出版社, 2006.

문동석, 『백제지배세력연구』, 혜안, 2007.

박시형, 『광개토왕릉비』, 푸른나무, 2007.

范文瀾 지음, 金榮煥 옮김, 『魏晉南北朝史』(上)·(下), 吉祥得, 2006.

三崎良章 저, 김영환 옮김, 『오호십육국』, 경인문화사, 2007.

申政勳, 『한국 고대의 서상과 정치』, 혜안, 2013.

申瀅植, 『三國史記研究』, 一潮閣, 1981.

申瀅植, 『백제사』, 이화여자대학교 출판부, 1992.

申瀅植, 『고구려사』, 이화여자대학교 출판부, 2004.

양기석, 『백제정치사의 전개과정』, 서경문화사, 2013.

王健群 著, 林東錫 譯, 『廣開土王碑研究』, 역민사. 1985.

이기동, 『백제사연구』, 일조각, 1996.

이도학, 『백제고대국가연구』, 일지사, 1995.

이도학, 『고구려광개토왕릉비연구』, 서경문화사, 2006.

李丙燾, 『한국고대사연구』, 박영사, 1985.

李丙燾, 『국역 삼국사기』, 한국학술정보, 2012.

李龍範, 『韓滿交流史研究』, 同和出版公社, 1989.

李熙德, 『韓國古代 自然觀과 王道政治』, 혜안, 1999.

인천직할시사편찬위원회, 『인천시사』 상권, 인천직할시, 1993.

田景 外 지음, 『中國地理』, 白山出版社, 1996.

池培善, 『中世東北亞史研究-慕容王國史를 중심으로-』, 一潮閣, 1986.

池培善, 『中世中國史研究』, 연세대학교 출판부, 1998.

崔秉鉉, 『新羅古墳研究』, 一志社, 1992.

堀敏一, 『中國と古代東アジア世界』, 岩波書店, 1993.

武田幸男, 『高句麗と東アジア』, 岩波書店, 1989.

坂元義種, 『古代東アジアの日本と朝鮮』, 吉川弘文館, 1978.

3. 논문

姜仙, 「高句麗와 五胡十六國의 關係」 『고구려연구』 14, 2002.

강재광, 「고구려 광개토왕의 요동확보에 관한 신 고찰」 『한국고대사탐구』 2, 2009.

공석구, 「高句麗와 慕容 '燕'의 갈등 그리고 교류」 『강좌 한국고대사』 4, 2003.

공석구, 「고구려의 요동지방 진출정책과 모용씨」 『군사』 54, 2005.

공석구, 「고구려와 모용 '연'의 전쟁과 그 의미」 『동북아연구논총』 15, 2007.

공석구, 「광개토왕의 遼西地方 進出에 대한 고찰」 『한국고대사연구』 67, 2012.

金起燮, 「미추홀의 위치에 대하여」 『한국고대사연구』 13, 한국고대사학회, 1998.

김병모, 「금관의 의미」 『中原文化論叢』 4집, 2000.

김영하, 「고구려의 순수제」 『역사학보』 160, 1985.

金裕哲, 「중국사서에 나타난 고구려의 국가적 정체성」 『고구려연구』 18, 2004.

김종완, 「고구려의 조공과 책봉의 성격」 『고구려연구』 18, 2004.

金昌鎬, 「古新羅 瑞鳳塚 출토 銀盒 銘文의 검토」 『歷史敎育論集』 16, 1991.

노중국, 「삼국의 정치와 사회」 II 백제, 『한국사』 6, 국사편찬위원회, 1995.

노중국, 「百濟의 政治」 『百濟의 歷史와 文化』, 학연문화사, 1996.

노태돈, 「廣開土王陵碑」 『역주 한국고대금석문』 I, 한국고대사회연구소, 1992.

朴京哲, 「高句麗軍事戰略考察을 위한 一試論－平壤遷都以後 高句麗軍事戰略의 指點을 中心으로－」 『史學研究』 40, 1989.

朴光烈, 「新羅 瑞鳳塚과 壺衦塚의 絶對年代考」 『韓國考古學報』 41, 1999.

박성봉, 『고구려의 남진발전에 관한 연구』, 경희대학교 박사논문, 1979.

박정해, 「宗廟와 社稷壇, 圜丘壇 立地의 風水環境」 『退溪學과 儒敎文化』 52, 2013.

서영수, 「광개토왕릉비문의 정복기사 재검토(중)」 『역사학보』 119, 1988.

서영수, 「廣開土太王과 고구려 남진정책」 『廣開土太王의 漢江流域 진출과 그 역사적 의미』, 2002.

서영일, 「고구려의 백제 공격로 고찰」 『사학지』 38, 2006.

시노하라 히로카타, 「고구려 문자자료의 특성」『고대 동아시아 세계론과
　　　고구려의 정체성』, 동북아역사재단, 2007.

申東河, 「고구려의 寺院造成과 그 意味」『韓國史論』19, 1988.

신정훈, 「百濟 枕流王·辰斯王代의 정국과 高句麗의 동향」『白山學報』90, 2011.

신정훈, 「고구려 광개토왕의 백제정벌이 가진 의미에 대하여」『대한정치학회
　　　보』제19집 2호, 2011.

신정훈, 「동아시아의 정치적 정세와 高句麗의 동향-397年(廣開土王 6年)~400
　　　年(廣開土王 9年)을 중심으로-」『大丘史學』118, 2015.

신정훈, 「新羅 麻立干期와 中古期의 瑞祥과 政治」『국학연구논총』15, 2015.

申瀅植, 「百濟史의 性格」『汕云史學』6, 1992.

余昊奎, 「『광개토왕릉비』에 나타난 고구려의 대중인식(對中認識)과 대외정책」
　　　『역사와 현실』55, 2005.

余昊奎, 「高句麗와 慕容燕의 朝貢·冊封關係연구」『한국 고대국가와 중국왕조의
　　　조공·책봉관계』, 2006.

余昊奎, 「『廣開土王陵碑』에 나타난 高句麗 天下의 空間範圍와 주변 族屬에
　　　대한 인식」『역사문화연구』32, 2009.

余昊奎, 「4세기~5세기 초 高句麗와 慕容 '燕'의 영역 확장과 지배방식 비교」
　　　『한국고대사연구』67, 2012.

윤병모, 『고구려의 전쟁과 요서 진출 연구』, 성신여자대학교 박사논문, 2009.

李成珪, 「中國의 分裂體制模式과 東아시아 諸國」『한국고대사논총』8, 1996.

李明植, 「蔚珍 鳳坪碑」『譯註韓國古代金石文』제2권, 1992.

李宇泰, 「정치체제의 정비」『한국사』7, 국사편찬위원회, 1997.

李春植, 「中國古代 朝貢의 실체와 성격-朝貢의 성격과 그 韓國的 意味-」
　　　『古代韓中關係史의 硏究』, 三知院, 1987.

李弘稙, 「延壽在銘 新羅 銀盒杅에 대한 一·二의 考察」『韓國古代史의 硏究』,
　　　新丘文化社, 1971.

임기환, 「南北朝期 韓中 冊封·朝貢관계의 성격」『한국고대사연구』32, 2002.

장창은, 「新羅 訥祗王代 고구려세력의 축출과 그 배경」『한국고대사연구』
　　　33, 2004.

전덕재, 「4세기 국제관계의 재편과 신라의 대응」『역사와 현실』36, 2000.

246

鄭雲龍,「中原高句麗碑의 建立年代」『白山學報』76, 2006.

朱甫暾,「朴堤上과 5세기 초 新羅의 政治 動向」『慶北史學』21, 1998.

池培善,「高句麗와 五胡十六國의 關係에 대한 토론」『고구려연구』14, 고구려연
　　　구회, 2002.

千寬宇,「廣開土王代의 高句麗領域에 대하여」『문예진흥』92, 1984.

최윤섭,「4世紀 末 百濟의 王位繼承과 貴族勢力」『靑藍史學』14, 2006.

濱田耕作,「新羅の寶冠」『寶雲』2, 1935 ;『考古學研究』, 1939.

小田富士雄,「集安高句麗積石墓遺物と百濟·古新羅遺物」『古文化談叢』 제6집,
　　　1979.

小泉顯夫,「慶州瑞鳳塚の發掘」『史學雜誌』38-1. 1927.

穴澤和光,「慶州古新羅古墳の編年」『古代學』17-2, 1972.

Politics and diplomacy of King Gwanggaeto of Goguryo

Shin, Jung-Hoon

Table of Contents

Chapter I : The meaning of invading Baekje by King Gwanggaeto of Goguryo—Focusing on between 392 A.D.~394 A.D.—

King Gwanggaeto of Goguryo had a battle with Baekje between 392 A.D. and 394 A.D. This paper analyzed several combats between Goguryo and Baekje, correlated with the situation of North China and Mongol area.

At that time, Later-Yan and Northern Wei were competing in North China and Mongol area.

In 385 A.D., Goguryo had a war with Later-Yan for taking Yodong. In this battle, Goguryo was defeated.

There were plenty of natural resources such as iron in Yodong. At that time, the iron was fundamental element in the military forces and economic power of the nation. So it was vital to Goguryo to take possession of Yodong.

After the war between Goguryo and Later-Yan, both countries became potential enemies for each other. Until 394 A.D., they had not any political and diplomatic relations.

From 392 A.D. to 394 A.D., Later-Yan was in rivalry with Northern Wei and overthrew Geakso and Western Yan. And Later-Yan mobilized a large scale of army to capture Sandong. It seems that only small defense troops of Later-Yan were stationed in Yodong. But King Gwanggaeto did not attack Yodong area.

Considering the unstable condition of North China, King Gwanggaeto could have invaded Yodong area.

In that time, King Gwanggaeto waged a surprise attack to Baekje, and took 10 castles and the castle of Goanmi situated in strategic point in this era.

If King Gwanggaeto had invaded Yodong, Later-Yan would have attacked Goguryo. Under these circumstances, Goguryo had to wage the double-sided battles with Later-Yan and Baekje. For this reason, Goguryo did not attack

Yodong.

Therefore, King Gwanggaeto attacked Baekje in serious consideration of Later-Yan from 392 A.D. to 394 A.D. Goguryo was surrounded by hostile countries such as Later-Yan and Baekje. Goguryo was in danger of being attacked by the pincer movement of Later-Yan and Baekje.

In fact, King Gwanggaeto had to meet such possibility effectively.

Therefore King Gwanggaeto attacked Baekje in 392 A.D. Through the invasion, Goguryo made military forces of Baekje weaker. Under these circumstances, Goguryo could prepare for emergencies efficiently.

In conclusion, King Gwanggaeto's policy toward Baekje was a consideration of the situation among North China and Mongol area from 392 A.D.- to 394 A.D.

Chapter II : . The meaning of invading Paeryo and installation relationship with Later-Yan by King Gwanggaeto of Goguryo

In 395 A.D., King Gwanggaeto of Goguryo conquered Paeryo in the area of Siramuren River. At that time, Later-Yan went into war with Northern Wei. Northern Wei invaded territory of Later-Yan in the march of 395 A.D. Northern Wei utterly defeated Later-Yan in Chamhabpa of Eastern Mongolia.

In 385 A.D., Goguryo had a war with Later-Yan for taking Yodong. After the war between Goguryo and Later-Yan, both countries became potential enemies for each other.

Later-Yan had a battle with Northern Wei In 395 A.D. At that time, King Gwanggaeto conquered Paeryo, unchecked by Later-Yan. Goguryo obtained flocks of sheep, horses and cattle. These material resources were used to attack Baekje.

After conquest of Paeryo, King Gwanggaeto of Goguryo made a round of Yodong for hunting.

At that time, Yodong was territory of Later-Yan. Later-Yan raised a large scale of army against Northern Wei. In the face of these situations, the Goguryo forces could understand the topograpies and planimetric features of Yodong area.

Meanwhile, this thesis takes note of relationship between Goguryo and Later-Yan. Goguryo employed a foreign policy that it maintained the installation relationship with Later-Yan in 396 A.D. At this time, Later-Yan was consistently attacked by Northern Wei.

In this situation, if Goguryo had invaded Later-Yan, Later-Yan would have had to make double-sided battles with Goguryo and Northern Wei. For this reason, Later-Yan used installation relationship as a safety device. On one hand, Goguryo accepted installation relationship. Why did Goguryo accept installation relationship with Later-Yan? Because Goguryo was recognized the dominium in the region of Pyeongju, Yodong and Daebang by Later-Yan.

Also, it had relevance to a relation with Baekje. Goguryo captured 58 castles and 700 hamlets of Baekje in 396 A.D. In this situation, Goguryo could concentrate on attacking Baekje without being conscious of Later-Yan.

Chapter III : Political conditions of East Asia and movement of Goguryo(高句麗)－Focusing on between 397 A.D.~400 A.D.－

Northern Wei(北魏) occupied Jungsan of Later-Yan(後燕) in 397 A.D. After conquest of Jungsan, Later-Yan split into Later-Yan and Southern-Yan. For these reasons, the national power of Later-Yan weakened. Later-Yan intended to attack Northern Wei in February of 398 A.D. On the contrary,

Dansokgol and Songjuegmi revolted against Moyongbo, emperor of Later-Yan. In the midst of such confusion, Nanhan assassinated Moyongbo. But Moyongsung removed Nanhan in July of 398 A.D. He governed Later-Yan and became emperor three months later. Rebellion plots and implication cases occurred at this time of the year.

Comparably, Northern Wei occupied Rouran(柔然) and Hsiung-nu(匈奴). As a result of the attack, Northern Wei took human resources and material resources of the Rouran and Hsiung-nu.

Takbalgue became Northern Wei's first emperor in December of 398 A.D.

Meanwhile, Goguryo(高句麗) didn't attack Baekje(百済) in 397-398 A.D. Goguryo developed national power to improve the system of nation at this time.

But a great change appeared in Korean peninsula in 399-400 A.D. King Namul of Silla(新羅) requested King Gwanggaeto for rescue against Wae(倭). Thereupon, King Gwanggaeto sent horse and foot to the Silla territory. The Goguryo army was a membership of fifty thousands. This was the largest scale in Goguryo history. The Goguryo army pursued and attacked retreating Gaya and Wae. They reached the downstream of Nakdong River(洛東江). The rise in Goguryo influence in the Korean peninsula was connected with the rapid weakening of Later-Yan.

But Later-Yan invaded Goguryo with 30,000 men in February of 400 A.D. Later-Yan took two castles of Shinsung and Namso and expanded the territory of 700 ri. However, the invasion of Later-Yan occurred in a very short time. Later-Yan was undergoing political confusion such as the revolt of Yangpuengryung Dangdeng in March of 400 A.D. Because of this, the Goguryo army attacked Gaya and Wae in a succession. The advance of Goguryo army into the southern part of Korean peninsula was associated with the political instability of Later-Yan.

The ruler of Later-Yan, Moyongsung was killed by the revolt. An extraordinary events took place in the Later-Yan. Later-Yan was in a state of disorder at that time. Goguryo continued to expand the influence in the southern Korean peninsula in such circumstances.

Chapter IV : Political conditions of East Asia and movement of Goguryo(高句麗)－Focusing on between 401 A.D.~404 A.D.－

Goguryo(高句麗) hsd a chance to take advantage of the new era. During 401 A. D.~402 A. D., Goguryo(高句麗) and Later-Yan(後燕) shared a common border. At this time, the ruler of Later-Yan, Moyongsung(慕容盛) was killed by the revolt. Moyonghee(慕容熙) ascended the throne. The royal authority in Later-Yan was shaken by the revolt. Internal insecurity in the Later-Yan gave advantage to Goguryo.

A great change occurred in the East Asia in 402 A.D. Power dynamics in the East Asia was divided into Northern Wei(北魏) and Later-Qin(後秦). And Jou-Jan(柔然) had sided with Later-Qin in a military alliance.

Later-Qin and Northern Wei fought a fierce battle from May to October in 402 A. D. Jou-Jan supported Later-Qin militarily at this time. In May A. D 402, Goguryo attacked Sukgoon(宿軍) of Later-Yan. The governor of Pyungju(平州), Moyonggui(慕容歸) of Later-Yan fled, abandoning the castle. Later-Yan did not strike back to Goguryo in A. D 402. And Goguryo attacked Later-Yan in November A. D 404 once more.

Although Later-Yan was going through a political confusion at this time, Moyonghee built giant garden and palace.

People of Later-Yan suffered from the tyranny. The decline of Later-Yan appeared during Moyonghee's reign. What's more, Later-Yan was not connected with Later-Qin and Jou-Jan. Later-Yan was isolated in the East

Asia. These situations led to the triumphs of Goguryo.

Chapter Ⅴ : Political conditions of East Asia and movement of Goguryo(高句麗)－Focusing on between 405 A.D.~407 A.D.－

The internal affairs of Northern Wei(北魏) were in the state of political instability in 407 A. D. And the ruler of Later-Yan(後燕), Moyonghee(慕容熙) was killed by the coup. Later-Yan perished at that time. Later-Yan was followed by Northern-Yan(北燕).

At the same time, King Gwanggaeto of Goguryo(高句麗) captured Saguseung(沙溝城), Nuseung(婁城) etc. of Baekje(百済). Silla (新羅) was under the influence of Goguryo(高句麗). Goguryo(高句麗) finally continued to expand the influence in the Korean peninsula.

Goguryo established her own independent sphere of influence at that time. The development of Goguryo came from political stability and public welfare stability. Also checks and coexistences of nations in the East Asian region enabled Goguryo to expand.

Chapter Ⅵ : Advance to the north of Eastern Chin and countermeasures of Goguryo

In 408 A.D, there were many natural calamities in Southern-Yan(南燕). Southern-Yan was located in Shandong. These natural calamities were connected with the political complications.

King Gwanggaeto of Goguryo(高句麗) paid tributes to the Southern-Yan on 408. A.D. Goguryo sent ten Chengliins and one Chenglima to Southern-Yan at this time. Chengliin was a person who could run 1000 ri(里). Chenglima was a horse which could run 1000 ri.

Southern-Yan invaded territory of Eastern Chin(東晉) in February 409 A.D. Eastern Chin counterattacked Southern-Yan in military attacks in July 409 A.D. Eastern Chin besieged the capital of Southern-Yan.

There was the possibility for Southern-Yan to ask Goguryo for help in this situation. If Goguryo had rescued Southern-Yan, Goguryo would have had to make war against Eastern Chin. That's the reason why Goguryo did not attempt military intervention in Southern-Yan.

Eastern Chin conquered Southern-Yan in Feburary A.D. 410. Eastern Chin overthrew Western Shu(西蜀) in July, A.D. 413 in succession. Eastern Chin conquered Southern-Yan and Western Shu. King Jangsu of Goguryo paid a tribute to Eastern Chin at that time. Tribute of King Jangsu was closely connected with the conquest of Eastern Chin.

On the one hand, King Jangsu built the King Gwanggaeto stele on September 29, A.D. 414. The King Gwanggaeto stele was the tallest tombstone in East Asia. This means that Goguryo had an independent world.

Also Youngrock was carved in the King Gwanggaeto stele (『廣開土王陵碑』). Youngrock was the era name of King Gwanggaeto. The era name of Eastern Chin was not seen in the King Gwanggaeto stele. In this regard, Goguryo and Eastern Chin maintained independent relation.

Strange birds appeared in Goguryo in August. A.D. 414. And King Jangsu hunted white roe in October, A.D. 414. Strange birds and white roe were auspicious phenomena. These were connected with the construction of the King Gwanggaeto stele.

Supplementary paper I: The political situation of King Chimryu
and King Jinsa in Baekje, and the trend of Goguryo

In the time of Goguryo, King Gogukyang took the possession of Yodong
and Hyunto with forty thousand troops in his second year.

At that time, one of the enemies of Goguryo, Baekje, was in political
difficulties.

King Chimryu accepted Buddhism in spite of some disagreements between
384-385. Goguryo tried to advance to Yodong and Hyunto by taking
advantage of instability of the political situation of Baekje.

Goguryo and Baekje had rival relationship after the death of King Gogukwon
during the battle in 371. In 384-385, Goguryo had enough power to invade
Baekje. Goguryo, however, took Yodong and Hyunto. The reason of the
dispute in the area of North China was that Goguryo concluded that it
was easier to take Yodong and Hyunto rather than invade Baekje.

The second reason of the occupation of Yodong was that there were
plenty of natural resources such as iron. Goguryo also thought that they
were superior to Baekje in military and economy power.

Goguryo, however, was deprived of Yodong and Hyunto by Later-Yan
in Nobember of 385. This means that Goguryo had not established the
superiority to Later-Yan in the military power.

Meanwhile, Goguryo held Silsung as a hostage in the Spring of 392.
Silsung belonged to royal family in Silla. Soon Goguryo made massive attacks
on Baekje. Goguryo took 10 castles from Baekje. Through friendly relationship
with Silla, Goguryo concentrated on attacking Baekje.

The crown prince of King Chimryu in Baekje was Ashin. Jinsa, however,
occupied the throne in 385. King Jinsa was an uncle of Ashin. King Jinsa
built forts to prevent the Goguryo from entering Baekje in 386. King
Jinsa also took a castle of Dogon in Goguryo.

In spite of these political and military successes, King Jinsa began to lose power. He rebuilt the royal chambers in 391. He dug a pond and made a mountain. The subjects of Baekje had to offer heavy labor. Therefore King Jinsa lost the support of the public.

Ashin gathered a strong support of the leading groups against King Jinsa in those days. Baekje was deprived of 10 castles by Goguryo troops in 392. Moreover Baekje lost a castle of Goanmi in strategic point.

Goguro prevailed over Baekje in the military power. The victory of Goguryo was due to the political instability in Baekje.

Supplementary paper II : A study on the date of the bowl with lid
silver and the construction time of Seobong-chong
－About the historic coherence－

This study is focusing on the two carved words, Younsu(延壽) and Sinmyo(辛卯), which could indicate the name of an era and Chinese zodiac respectively and the study also focuses on possible period of Seobong-chong(瑞鳳塚)'s construction time with the words.

Younsu and Sinmyo was carved in the bowl with lid silver(銀盒). Younsu did not use the name of an era of China and Japan. and there are several opinions on Sinmyo.

There are three different opinions on Sinmyo. King Namul(奈勿王) 36 years in Silla(新羅) and King Gogukyang(故國壤王) 8 years in Goguryo(高句麗) is a first possible assumption of this time frame that might be A. D. 391. King Nulji(訥祗王) 35 years in Silla, and King Jangsu(長壽王) 39 years in Goguryo is the second opinion on actual time of Sinmyo. that might be A. D. 451. King Jijung(智證王) 12 years in Silla, King Moonja(文咨王) 20 years in Goguryo is the other opinion on Sinmyo. and this could be in

A. D. 511.

The first assumption, A. D. 391 was the same time of the King Gogukyang 8 years. At that time, Goguryo held the national Buddhist mass, established Guksa(國社) and repaired Jongmyo(宗廟).

Judging from those facts, the bowl with lid silver, which was buried in Seobong-chong, could be used for the Buddhist mass or national sacrifice. Therefore, Younsu as the name of an era could be used at the time of King Gogugyang.

In those time of years, Silla was dependent on Goguryo. The assumption is based on the facts that King Namul of Silla had to send Sllsung(實聖) to Goguryo as a hostage, and Goguryo intervened the accession of King Silsung. On the background of the times, Younsu was carved in the bowl with lid silver. which was buried in the period of King Namul or King Silsung's reign.

The other two arguments of Sinmyo might be the year A. D.451(King Nulji 35 years in Silla, King Jangsu 39 years in Goguryo) or the year A. D. 551(King Jijung 12 years in Silla, King Moonja 20 years in Goguryo) might not be logical because of the hostile relationship between Silla and Goguryo. It is assumed that Silla could not bury the bowl with lid silver of Goguryo as there valuable in their royal ancient tomb.

찾아보기

266

출 전

신정훈, 「고구려 광개토왕의 백제정벌이 가진 의미에 대하여」 『대한정치학회보』 제19집 2호, 2011.

신정훈, 「高句麗 廣開土王代의 稗麗 征討와 後燕과의 冊封이 가진 의미」 『중앙사론』, 2013.

신정훈, 「東晉의 북진과 高句麗의 대응」 『白山學報』 98, 2014.

신정훈, 「동아시아의 정치적 정세와 高句麗의 동향－397年(廣開土王 6年)~400年(廣開土王 9年)을 중심으로－」 『大丘史學』 118, 2015.

신정훈, 「401年(廣開土王 10年)~404年(廣開土王 13年) 동아시아의 정세와 高句麗의 동향」 『국학연구논총』 16집, 2015.

신정훈, 「405年(廣開土王 14年)~407年(廣開土王 16年) 동아시아의 정세와 高句麗의 동향」 『국학연구논총』, 2016.

신정훈, 「百濟 枕流王·辰斯王代의 정국과 高句麗의 동향」 『白山學報』 90, 2011.

신정훈, 「新羅 瑞鳳塚의 銀盒 年代와 瑞鳳塚 築造時期에 대한 신 검토 －역사적 맥락과 관련하여－」 『국학연구논총』 13, 2014.

신정훈申政勳

1965년 생. 여의도고등학교 졸업, 서강대학교 사학과 졸업, 연세대학교 대학원(문학석사),
중앙대학교 대학원(문학박사), 중앙대학교 한국교육문제연구소 전임연구원, 중앙대학교
인천대학교 가천대학교 서울예술대학교 강사, 서울대학교규장각한국학연구원 한국역사정
보통합시스템구축사업 해제원, 택민국학연구원 연구교수.
현재 초당대학교 교양교직학부 교수

논저_『8세기 신라의 정치와 왕권』(한국학술정보), 『한국 고대의 서상과 정치』(혜안) 외
다수

고구려 광개토왕의 정치와 외교

신 정 훈 지음

초판 1쇄 발행 2018년 11월 30일

펴낸이 오일주
펴낸곳 도서출판 혜안

등록번호 제22-471호
등록일자 1993년 7월 30일

주 소 ⑦04052 서울시 마포구 와우산로 35길 3(서교동) 102호
전 화 3141-3711~2
팩 스 3141-3710
이메일 hyeanpub@hanmail.net

ISBN 978-89-8494-618-7 93910
값 26,000 원